U0905448

珍藏本
纪念版

汉译世界学术名著丛书

法律史解释

〔美〕罗斯科·庞德 著

邓正来 译

商务印书馆
SINCE 1897 The Commercial Press

2017年·北京

Roscoe Pound
INTERPRETATIONS OF LEGAL HISTORY
The Macmillan Company, 1923
本书据麦克米伦出版公司 1923 年版译出

汉译世界学术名著丛书
（120年纪念版·珍藏本）
出 版 说 明

2017年2月11日，商务印书馆迎来120岁的生日。120年前，商务印书馆前贤怀揣文化救国的理想，抱持"昌明教育，开启民智"的使命，立足本土，放眼寰宇，以出版为津梁，沟通中西，为中国、为世界提供最富智慧的思想文化成果。无论世事白云苍狗，潮流左右激荡，甚至战火硝烟弥漫，始终践行学术报国之志，无改初心。

迻译世界各国学术名著，即其一端。早在20世纪初年便出版《原富》《天演论》等影响至今的代表性著作，1950年代后更致力于外国哲学和社会科学经典的译介，及至1980年代，辑为"汉译世界学术名著丛书"，汇涓为流，蔚为大观。丛书自1981年开始出版，历时三十余年，迄今已推出七百种，是我国现代出版史上规模最大、最为重要的学术翻译工程。

丛书所选之书，立场观点不囿于一派，学科领域不限于一门，皆为文明开启以来，各时代、各国家、各民族的思想与文化精粹，代表着人类已经到达过的精神境界。丛书系统译介世界学术经典，引领时代思想，为本土原创学术的发展提供丰富的文化滋养，为推动中国现代学术和现代化进程做出了突出的贡献。

为纪念商务印书馆成立120周年，我们整体推出“汉译世界学术名著丛书”120年纪念版的珍藏本，寄望既利于文化积累，又便于研读查考，同时向长期支持丛书出版的译者、编者和读者致以敬意。

两甲子后的今天，商务印书馆又站在了一个新的历史时间节点上。我们不仅要铭记先辈的身影和足迹，更须让我们的步伐充满新的时代精神。这是商务人代代相传的事业，更是与国家和民族的命运始终紧密相连的事业。我们责无旁贷，必须做好我们这代人的传承与创造，让我们的努力和成果不仅凝聚成民族文化的记忆，还能成为后来人可以接续的事业。唯此，才能不负前贤，无愧来者。

商务印书馆编辑部

2017年10月

目　　录

前　　言

本书收录的讲义乃是1922年春季学期我在剑桥大学三一学 xv
院(Trinity College)所开设讲座的文稿。编辑成书时增加了一些注释,既是为了做些说明,也是为了给那些有兴趣更进一步钻研这个论题的人提供一些帮助。

关于19世纪法律科学的全部历史,涉及欧洲大陆某些思想和美国宪法中18世纪法律哲学的遗产以及以卢梭理论为基础的新卢梭主义理论(a neo-Rousseauist theory)的兴起,涉及发生在19世纪形而上学派中的各种不同的运动,而且还将涉及社会哲学派在哲学领域中的兴起以及新经院哲学(the neo-scholasticism)和在20世纪复兴的自然法的哲学根源与法理学根源。这部历史将探寻19世纪形成的有关晚近法律哲学中心理学运动和逻辑学运动的思想之开端,还将探寻幸存于19世纪的18世纪自然法及19世纪的形而上学—历史法理学(the metaphysical-historical jurisprudence)各自同法律经济实在论(juristic economic realism)及所谓的正统社会主义法理学(orthodox socialist jurisprudence)之间的关系。另一方面,这部历史还将辨识构成分析法学派的各种要素,揭示该学派对英国的历史法理学及早期的社会学法理学(sociological jurisprudence)的影响,并且指出该学派与当下社会功利主义(the social utilitarianism)之间的联系。再者,这部历史还将探寻 19 世纪机械社会学法理学(the mechanical sociological jurisprudence)的哲学根源和法理学根源,并且揭示当今的社会学法理
xvi 学是如何伴随着社会科学的进步而从希望渺茫的隙缝中逐渐发展壮大起来的。但是需要指出的是,这一历史进程的主要线索却是历史法学派的兴起、称雄与衰落。这一历史将表明,17 和 18 世纪的自然法思想是如何在 18 世纪下半叶分裂为两派,进而到 19 世纪分裂为三派并最终四分五裂的。它还将揭示这些法学思想的涓涓细流是如何在 19 世纪末期开始逐渐汇集并最终在本世纪形成两大派系的。但是这部历史仍将指出,当历史学家回顾这一历史的整个过程时会发现,在 19 世纪,历史法学派基本上代表了法学思想发展的主流。萨维尼创立的历史法学派的兴衰史虽说不是整个 19 世纪的法学思想史,但是它却是这部历史的核心和最主要的部分。正如 19 世纪的各个学派都是在自然法学派的衰败中兴起的,今天的各个法学流派也都是在萨维尼历史法学派的衰落中兴起的。历史法学派对今天的法律及法律思想的影响,同自然法学派对 19 世纪上半叶的法律及法律思想的影响一样显著。

本书收录的讲义只限于较小范围的研究,因为它甚至没有论及 19 世纪历史法理学的历史。它只探讨了历史法学派中的一个问题,即历史法学派理解法律史的方法以及它的解释与当时各种目的之间的关系。另外,本书的构设并不旨在对法理学历史本身做一鳞半爪的介绍,而是旨在把历史法学派及其衍生出来的各种学派的思想模式视作当今法律科学中的一个要素进行思考,旨在就这些思想模式对当下各种目的的价值做出评估,并旨在对那些

为 19 世纪历史法学派所反对或忽视的其他解释方法的可能性进行探讨。但是,如果不把 19 世纪的各种法律史解释视作那个世纪法律思想史的一部分,又如果不把这些解释视作它们与其寓于其中的当今各种潮流间关系的一个部分,那么我们就不可能达到上述目的。

我要特别感谢参议员贝纳托·克罗齐(Benedetto Croce)。我在注释中征引了他的论著,而这些论著对我来说有着特别重要的意义。另外,我在撰写这些讲义时还有幸就这个论题与他进行了 xvii
讨论。最后,我还要真诚地感谢剑桥大学的法学教师以及三一学院的院长及同仁对我的友善礼待——他们的友善礼待使我同这些学者短暂的相处成了一件值得我永远铭记在心的事情。

罗斯科·庞德

1922 年 5 月 4 日

于剑桥大学

斯库里法律图书馆

第一章　法律与历史

1 法律必须稳定，但又不能静止不变。因此，所有的法律思想都力图协调稳定必要性与变化必要性这两种彼此冲突的要求。一般安全中的社会利益促使人们去探寻某种据以彻底规制人之行动的确定基础，进而使一种坚实而稳定的社会秩序得到保障。但是，社会生活情势的不断变化却要求法律根据其他社会利益的压力和种种危及安全的新形式不断做出新的调整。因此，法律秩序就必须既稳定又灵活。人们必须根据法律应予调整的实际生活的各种变化，不断地对法律进行检查和修正。如果我们探寻原则，那么我们就必须既探索稳定的原则，又探寻变化的原则。由此可见，法律思想家所致力于解决的始终是如下几个重要问题：第一，如何将固定法律（不给个人任意行为留有任何空间）的思想与变化、发展和制定新法律的思想相协调；第二，如何将法律理论与立法理论统一起来；以及第三，如何将司法制度与司法人员执法的事实统一起来。

更为具体地讲，有关稳定必要性与变化必要性之间的协调问题，从某个方面来看，变成了一个在规则与自由裁量权之间进行调适的问题，变成了一个在根据确定的规则（或至多根据从严密确定的前提所做出的严格的推论）执行法律与根据多少受过训练的、有经验的司法人员的直觉进行司法之间调适的问题。无论从哪个角度看，法律科学中几乎所有争论不休的问题都可以被证明是上述协调问题的不同方面。在 19 世纪的时候，分析法学派与历史法学派就法律性质的问题（亦即人们究竟是应当将法律制度中的传统成分[the traditional element]还是应当将法律制度中的命令成分 2
[the imperative element]视作法律类型的问题），就与立法性质相关的问题（亦即法律究竟是由法官和法学家发现的还是由有意识的立法者所制定的问题），而且还就与法律权威性之基础相关的问题（亦即权威在于理性和科学还是在于命令和主权者意志的问题），展开了诸多重大的论战。但是，上述问题的全部意义却都在于它们对规则与自由裁量权之间的调适或协调问题具有影响，或者从终极的角度来看，它们对稳定与变化——一般安全与人类个体生活——之间的协调问题具有影响。因此，这些问题既是法理学的哲学问题，也是法律中最具争议的实际问题。当我们讨论法律与道德的关系、法律与衡平之间的区别、法院与陪审团各自职权的范围、固定规则或诉讼程序中广泛司法权的可取性的时候，或者当我们讨论有关对刑事犯罪分子实行司法审判或个体化行政管理等颇具争议的问题的时候，我们都必须从根本上去探究有关稳定必要性与变化必要性之间的调适这个基本问题的各种形式。①

为了使法律的稳定与变化相协调或相和谐，为了使法律秩序

① 我在一篇题为《各种法律理论》(Theories of Law)一文中详尽地阐述了这一主张。该文载《耶鲁法律杂志》(*The Yale Law Journal*)第 22 卷，第 114 页。

在成为某种确定不变且不容置疑的东西的同时又能够与永无止境且变化无穷的人之欲望的强烈要求相调适，人类主要依循三条路线进行了尝试，亦即权威、哲学和历史这三条路线。古希腊和古罗马社会一开始依赖权威，尔后又依赖哲学。现代社会则先后依赖权威、哲学和历史——大致而论，现代社会从12世纪到16世纪依赖权威、17和18世纪依赖哲学，而19世纪则依赖历史。但是需要指出的是，当一种方式占据优势之时，其他的方式并没有消失。当哲学占据支配地位的时候，我们所拥有的乃是一种与权威并存并使权威本身相形见绌的哲学权威；而当历史占据支配地位的时候，我们则发现了一种与固有的权威及哲学权威并存且使这二者都黯然失色的历史权威与历史哲学。

3 权威观的最早形式表现为人们对由神定或神授的规则体的信奉：一方面，《汉穆拉比法典》(*Hammurabi's Code*)中就有太阳神将业已制定好的规则体赐给汉穆拉比的记述；另一方面，《摩西法典》(*The Mosaic Law*)或《摩奴法典》(*The Law of Manu*)中则有摩奴之子在摩奴亲临现场并在其指导下向圣贤们口授法典的记述。权威观的最新形式表现为这样一种信条，即在一个按政治方式组织的社会中，法律乃是主权者的命令体，并最终依赖于任何被认为存在于主权者能力背后的基础。这曾是共和时期罗马法学家关于严格法的学说；此外，既然罗马皇帝代行罗马人的全部法律权力，那么人们就可以由此得出这样一项法律命题，即罗马皇帝的意志具有法律效力。这种思维方式乃是与16和17世纪法国那些支持王室权威的法学家的权威观相一致的；此后通过这些法学家，对权威的上述理解又被注入进了现代公法学说之中。1688年以后，

这种权威观念轻易地就与柯克(Coke)所主张的议会万能(the om-
nipotence of Parliament)的思想融合在了一起，并且成了英国的
正统学说；现在，柯克的这一思想已成了政治上的现实。另外，在
美国革命及其后的法国大革命中，“人民”被认为是英国议会主权
或法国国王主权的取代者；这时，这种权威观念就很容易与人民主
权的观念(a conception of popular sovereignty)相符合。在所有
上述形式中，权威观都在法律秩序的背后安置了一个唯一的、终极
的和不容置疑的权威，并且把它作为每一项法律律令的渊源——
它所宣称的意志因此也就具有了约束力。它宣称，在司法过程中
实际适用的所有规则，都直接或间接地出自于最高权威这一渊源。
它把法律解释视作是确定该项律令制定者的实存意图的一种简单
过程；而把法律适用视作是一种有关准确无误的法律逻辑的纯粹
机械过程——在这种机械过程中，有关谁碰巧成了法律的解释者
或法律的适用者，而又何以由他来解释或适用法律等问题，对于法
律适用的结果来说根本就是无关紧要的。为了取代早期法典中的
自然神或宗教神(the nature-god or religious god)，权威观确立了
一尊以人民或国家为形式的政治神(a political god)。按照这种方
式进行思考的人对法律稳定必要性的关注，远甚于他们对法律变 4
化必要性的关注。他们通常都否认法律的变化，至少是很容易就
对法律表象后面不断发生的变化熟视无睹。这些人一次又一次
地做出了不可避免的修正，但是他们所采取的方式却是：更改明
文记载的启示，采用各种保留原有文字但同时却给予相关文本
以一种全新含义的解释，杜撰各种常常可以与激发儿童想象力
的说法(“让我们来玩”某个游戏)相类似的虚构，甚或炮制种种

权威性的新神谕去陈述旧启示这样一种更为微妙的虚构，等等。当这些信奉权威的人充分意识到了所发生的变化并且被迫为此去寻求一个确定且绝对的基础的时候，他们就会把他们的政治神经过审慎思虑而公布的某种特别的创造物或新的启示作为其基设。

当政治、商业或工业广泛而迅速地扩展暂时致使变更法律的必要性成了人们最主要的关注点时，他们就会求助于哲学。这是因为：如果需要对法典中最僵硬的内容进行“解释”或“适用”（在揭示那些术语趋于隐藏的种种适应性的同时），进而使之适应生活的变化，那么最为迅速的法律发展或扩展也不会允许法律人忽视人们对法律稳定性的诉求。因此，对一种具有指导作用和组织作用的理论的需求，取代了建立一种终极的且不容置疑的法律渊源之理论的需求；而根据这种具有指导作用和组织作用的理论，人们便可以使法律的发展与维护一般安全相协调。在实践中，法律的变化或发展可以通过将某种新技术适用于旧的内容或者通过将大体经过修正的旧内容与从法律外获得的新内容加以综合的方式而得到发展。通常来讲，这一过程主要是一种以类比的方式发展旧内容的过程，亦即对旧的内容进行增补删减、综合归纳，以及至少在一定程度上用旧的内容谨慎地开拓新路并运用反复试错的方式揭示出新的方向。从英国衡平法的早期历史中和美国制度形成时期一些州的早期法律史中，人们可以看到，这样一种过程很容易扰乱一般安全。为了维系一般安全，人们就需要有某种东西来确定新的技术、划定修正的路线、指导以类比方式进行的增补删减并为试错过程设定限制。无论是在古罗马法中，还是在 17 和 18 世纪现

代法类比时期中，这一需要都经由表现为自然法理论(the theory 5
of a law of nature)的哲学而得到了满足。

事实上，以自然法理论为依据的法学家、法学教科书的撰写者、法官或立法者，都是通过参照一种有关特定时空之社会秩序的理想图景以及一种根据该理想社会秩序而形成的有关法律目的的观念去评估各种情势和努力解决各种问题的。实际上，他们之所以如此努力型构或建构法律制度和法律律令，其原因就在于他们认为法律秩序应当维护和发展这一理想。需要指出的是，尽管这种理想化的社会秩序图景在实践中足以使他们在发展法律时适当兼顾一般安全，但是它却并不是一种充分的保障。正如权威观念在此前就已经表明的那样，它既不能满足人们对建立一种完美无缺而又恒定不变的法律的欲求，也不足以向人类证明这样一个道理，即由于法律赖以为基础的某种东西要比人的意志更稳定，要比人们实现公平待遇的欲求更恒久，要比人类的智慧更值得信赖，因此它可以要求人类完全且无条件的服从。据此，社会秩序的这种理想被认为是最基本的现实，而法律制度、法律规则和法律学说只不过是对它的反映或宣告。事实上，人们并不是按这种方式论述这个问题的。自然法理论认为：第一，自然法乃是一种精准地表达了法律理念的法律；第二，一项自然法规则就是一种精准地表达了适用于所受理问题的法律理念的规则；第三，实在法的全部效力都来自于它所反映并宣告的这种自然法。但是，一切事物所依赖的这种法律理念，却是一种用法理学的方法对特定时空之社会秩序所构设的理想化图景。

最初，作为一种法理学学说的自然法理论，乃是一种有关制定法律的理论。法律中的旧内容应当接受这个理想的检验并通过修正以使它们符合这一理想；如果它们无法与这一理想相符合，那么就应当予以否弃。如果存在着需要填补的空白，那么就应当依据这一理想方案进行填补。然而，在一般安全利益的压力下，自然法理论又趋于成为一种法律理论。因此，一种新的权威，亦即“事物
6 之本性”或“人之本性”这种哲学权威，便应运确立起来了。法律秩序再一次成了神的启示。这个新的法律之神（the juristic god）被称作“理性”，它被认为是一种与权威敌对的力量。但是值得注意的是，“理性”只同除它自己以外的其他诸神之权威相抗衡。一旦法律世界依其想象而得到改造，法律进程、法律结构和法律学说就会像在自然神、宗教神或政治神的统治下一样变得僵化、固化和难以改变，因为哲学启示仅提供了一幅理想化的社会图景。法律人主要是根据他们学过的法律素材来填补其间的细节的；一旦这些细节填补完毕，这种法律秩序便获得了理想方案的所有权威性。为了迎合“美国制度之本性”这个理想观念而改造普通法教条的事例，在美国宪法中可以说比比皆是；它们被确定为自然法的内容，而且不受立法变化的影响。

然而，从哲学上对法律的稳定与变化进行调和毕竟是一个显著的进步，因为如果这种努力使得该项方案超出了人定法的立法者的能力所及，那么它便会要求人们对这一大厦的各个细节进行详尽的研究，以确使它们与该项方案相符合。因此，这种努力考虑到了实在法本身中的各种变化。再者，虽然这一方案在被人们发现时就是恒久不变的，但是它也是由理性发现的，而且人们总是可

以争辩说，相对于完善的方案来说，人们在此前所认为的那项权威性的方案只不过是一项不完善的相似方案罢了。当各种法律制度像英国衡平法的发展与英国法吸纳商法那样可以自由地从外部世界吸收素材的时候，自然法理论起到了很大的作用。但是，当这种吸纳过程暂告完成的时候，当法律的稳定性要求暂停这种吸纳过程以便充分消化其在发展期间所吸纳的东西的时候，当法律的稳定性又要求内部细节彼此协调、系统化和有序化而不是要求创造的时候，自然法理论也就无法再满足上述各种需要了。简而言之，这要求人们从稳定的角度而不是从变化的角度对法律的稳定与变化进行调和，而这一调和努力则是通过历史观予以实现的。

法律领域与其他一切领域一样，19 世纪乃是历史观支配的世纪(the century of history)。18 世纪的每一项判例、每一部论著和每一部法规都以法律哲学为前设，而且都自觉或不自觉地 7
构成了哲学解释的一部分。与此相同，19 世纪的每一项判例、每一部论著和每一部法规(从对它的解释和适用来看，如果不是从对它的认识和制定来看)也都是以法律史为前设的，而且还作为历史的一部分都自觉或不自觉地包含了一种对历史的解释。因此，虽然专业法律史学家对于本书的讨论极为重要，但是我们还是不能把自己的眼光仅仅局限在他们的身上。我们必须把全部的法律文献——判例、法理著述和制定法——都考虑进去，因为在 19 世纪，人们关于历史和历史解释的观念影响了所有的法律和所有的法律文献。

在这个方面，19 世纪的上述情形与此前的法律文献之间存在着一种根本的区别。保留在《学说汇纂》(*The Digest*)中的罗马法简史,系庞波尼乌斯(Pomponius)所著,但它只不过是罗马法教义梗概的一个有趣的绪言而已。它告诉了我们几个人的名字,这些人建立了罗马法律秩序中的几项制度;它指出了最权威的制定法是由谁建议的;它还告诉了我们一些法学家的名字,这些法学家通过解答、言说和著述的方式宣称并传播了种种适用于法律争讼的存在于事物本性之中的原则。即使将这篇绪言删去或从头到尾彻底改写一遍,绪言之后的所有内容(亦即指罗马法教义梗概等内容)的意义也不会发生任何变化。盖尤斯(Gaius)置于其《十二铜表法》(*The Twelve Tables*)评注之前的略带有辩护性质的前言,亦是如此。他实际上是在追问这样一个问题,即一个人在评注罗马法时,为什么要始于罗马城的创建?由于这种始于源头的历史考察不仅仅是一篇绪言——他从修辞本身的角度出发对这个问题做了明确的论证,因此可以说它是哲学态度的一个部分。一事物唯有在其各个部分都完整时才是完美的,因而任何事物的开端也都是其重要的组成部分。因此,自然的或理想的评注必须将历史包括进去。[①] 12 至 15 世纪的罗马法教师和罗马法研究者并没有把罗马法视作是历史的一部分,而是把它看作是权威。由于查士

① "根据我对罗马人的法律的看法,为了阐述古代法而追溯至罗马城的建立,似乎是正确的,也是当然的。毋庸赘言,这不是因为我要写冗长的解释,而是因为我注意到,在所有的事务之中,唯有当相关事物之各部分都得到完成以后,该项事物才会完美。毫无疑问,开端乃是任何事情的最为基本的部分。再者,如果说有人在讲坛上争论一项诉案并且在未经初步陈述的时候就将该案件移交给法官的做法乃是极其可笑的,那么我们就可以说,一个人不顾开端、切割掉历史原因并且无知地即刻就处理应予解释的论题的做法,就是极不合适的。"Gaius(on the Law of the Twelve Tables,I),*Digest*,1,2,1.

丁尼(Justinian)的继承者仍旧坐在奥古斯丁(Augustus)的宝座 8
上，所以他们所宣称的查士丁尼的意志实际上是一种活的权威体系。对这些继承者来说，根本就不存在什么历史问题，所存在的只是如何解释和适用一项有约束力的法律条文的问题。居雅斯(Cujas)一直被认为是历史法学派的先驱；他所著的法律史，作为当时知识运动的一部分，乃是对古典古代所做的一种人道主义的重构；但是它却并不试图将历史上发现的那些原则归于查士丁尼的王权。即使是康林(Conring)所做的得到广泛承认的历史研究，[①]也只是表明，在哲学取代了权威因而有关罗马帝国的法律及政治持续有效的教条已失去支配作用以后，关键的问题已不再是奥古斯丁和查士丁尼的真正王权了；因此我们可以说，他的历史研究只是推翻了此前被归于王权的东西。

19 世纪以前撰写的有关英国法律史的论著与 19 世纪的法律史有着一种更为紧密的联系，因为这些英国法律史论著带着一种民族主义的色彩，而且还有着一个直接而现实的目的，即为法律秩序确立一种历史权威的基础。福特斯库(Fortescue)撰写了一本历史概论，以说明英国在此之前一直受着罗马时代以前的英国习惯的统治。他既不认为英国的不成文普通法拥有查士丁尼的权威，也不宣称它拥有任何其他最高立法者的权威。但是，“成文法”却规定，在没有成文法的情形下，古老悠久的习惯具有与成文法同样的权威，而且历史也表明，英国的普通法乃是英国人一直用来裁

① Stobbe, *Hermann Conring, Der Begründer der deutschen Rechtsgeschichte* (1870).

定争议和指导其行为的规则体系。柯克所撰写的《英国法总论》第二卷乃是一部公法史。他在该书中试图证明普通法法院是反对斯图亚特王朝的;为此,他指出,英国人的那些古老的普通法权利,从一开始就为他们的祖先所享有,而且还得到了英国《大宪章》
9 (*Magna Carta*)、一部接一部的大量法规以及一个接一个的无数判例的确认。该书的前提与福特斯库的书相同,但采用的方法则属于那种辩护性的方法。该书的目的不是为权威寻找一个基础,而是要辨识或确认权威。黑尔(Hale)在其著作中认为,英国法律的起源就像尼罗河的发源地一样极难发现。在这里,我们又看到了一种从历史上辨识或确认权威的观点,尽管在哲学居支配地位的时期曾有人建议将历史与哲学结合起来(这种建议可以见之于盖尤斯的论著)。最后,在哲学支配的顶峰时期,布莱克斯通(Blackstone)一方面通过吸收由福特斯库、柯克和黑尔所阐述的关于古老习惯连续性的历史理论,而另一方面又在此基础上通过提出议会有权变更法律的学说(依据是柯克的理论和1688年的革命),对法律的稳定与法律的变化进行了调和。此外,布莱克斯通还根据有关自然法的哲学理论将法律的稳定与法律的变化这两种观点统一了起来,因为在他看来,这两种观点都是对自然法的宣称,而且这两种观点还都经由对自然法的遵循而获得了终极效力。

然而值得我们注意的是,19世纪的法律史论著却有着一个与19世纪前的论著根本不同的目的。它们所考虑的并不是那种一成不变的法律,而是一种发展起来的法律。它们通过确立发展原则去探寻法律的稳定性,而所谓确立发展原则,也就是探寻法律发展所遵循的并将继续遵循的路线。它们试图用一种把历史权威观与哲学历史观结合起来的方法将法律的稳定与法律的变化统一起来，而且还试图通过运用权威观为 17 和 18 世纪的法律理论奠定一个历史的基础，作为对某种比立法者或法官本身的宣告具有更高权威的东西的宣称。法律并不是对道德规范的宣称，也不是对作为道德实体或理性动物的人的本性的陈述，而是对经由人类执法经验而发现的那些发展原则的宣称，亦是对文明社会中人类交往经验的那些原则的陈述。那些原则并不是经由理性发现的自然法原则，而是对一种展现于人类经验和各种制度发展过程之中的观念的实现——这种观念需要得到形而上学的论证和历史的验证。关于这种认识的整个学说的发展并不是一蹴而就的，但是，这确确实实就是那个在整个 19 世 10
纪法律科学中处于支配地位的学派所遵奉的信条；当然，我们也可以从该世纪的各种法理学思想中洞见到这一信条的不同形式，甚至还可以从那些宣称采用不同方法的学派中辨识出这一信条。

历史法学派的盛兴持续了约一百年，而且在 19 世纪下半叶几乎可以说是独霸法学舞台，但是到了 19 世纪末，该学派却明显遭到了冷遇；正如自然法学派在 18 世纪末彻底崩溃一样，历史法学派也在 20 世纪初遭到了同样的厄运。早在 1888 年，施塔姆勒(Stammler)就在其撰写的《法律科学的历史方法》(*Methode der geschichtlichen Rechtswissenschaft*)一书中，从哲学的角度向历史法学派进行了猛烈的抨击；此后，他又在 1896 年和 1902 年出版的两部著名著作中继续对历史法学派进行了抨击。1902 年，法国历史法学派的一位代表人物开始指责历史法学"退化"并导致了法律的僵化；事实证明，萨莱耶(Saleilles)此举对自然法在法国所谓的复兴起到了决定性的推动作用。[1] 在历史法学派如日中天的日子里，法官霍姆斯(Holmes)先生曾在用历史观解释英美法律的方面做出过杰出的贡献，但是在1897年，他却对历史法学派展开了批判，认为这一学派的痼疾在于：第一，它不能自觉地去考虑法律规则的正当性论证必须赖以为基础的各种社会利益因素；第二，它对法律的改进总是持否定态度；第三，它还根深蒂固地认为，一项业已确立的法律规则，只要法律年鉴能够表明它早已存在或已然成为历史原则的一部分，在今天也必定是一项适当的甚或是必要的行为规则。[2] 历史法学派中的一些论者转向了实证主义，另一些论者则改用经济观去解释法律史或者转而采用历史唯物主义，还有一些主张必须对"历史与历史法学派"做出明确界分的论者则放弃了历史法理学，只信奉一种纯粹描述的法律史学和一种纯粹描述的法律学说。[3] 最后，在历史法理学方面做出过巨大贡献的柯
11 勒(Kohler)也转向了哲学。他在其新黑格尔哲理法理学(neo-Hegelian philosophical jurisprudence)中，坚持强调创造能动性的因素并坚持主张将那些由旧文明形成且与旧文明相适应的法律资料同现代文明的迫切需要和一种不断发展变化的文明所提出的要求

① Saleilles, "L' École historique et droit naturel", *Revue trimestrielle de droit civil*, 1, 90, 94(1902).

② "The Path of the Law", 10 *Harvard Law Review*, 457, 467(1907); *Collected Papers*, p. 184.

③ Saleilles, *Le code civil et la méthode historique*, Livre du centennaire du code civil, 1, 99(1904).

相适应。[1] 的确，历史法学派的这种分崩离析乃是与 19 世纪各个领域普遍否弃历史哲学思想和恢复对人类努力之功效的信念（同时要求用行为哲学和创造性哲学取代刚刚走向没落的政治宿命论和法理学悲观主义）的状况相应合的。这种情形在第一次世界大战前极为明显，而这场战争又起到了进一步的推动作用，因为战争表明，人的创造力虽说在一定程度上讲是盲目的、错误的或误导的，但它确实在各种制度的建构和人类重大事件的形成过程中起到了重大的作用；战争还明显地摧毁了已遭到削弱但仍在发挥作用的 19 世纪思想的社会基础和心理基础。19 世纪所有的学派都一致认为人类有意识的行动是没有什么作用的，尽管各学派的出发点不尽相同。在这些学派的设想中，各种事件和各项制度都是以一种缓慢且有条不紊的方式承前启后前后相继的；在这个过程中，各种事物也都是通过逐渐演化而趋于完善的。同样明显的是，20 世纪初各种类型的哲学也都属于行为哲学的范畴。

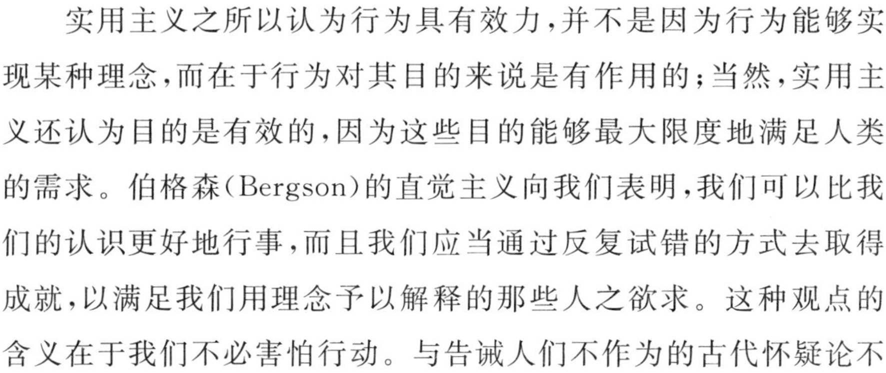

实用主义之所以认为行为具有效力，并不是因为行为能够实现某种理念，而在于行为对其目的来说是有作用的；当然，实用主义还认为目的是有效的，因为这些目的能够最大限度地满足人类的需求。伯格森（Bergson）的直觉主义向我们表明，我们可以比我们的认识更好地行事，而且我们应当通过反复试错的方式去取得成就，以满足我们用理念予以解释的那些人之欲求。这种观点的含义在于我们不必害怕行动。与告诫人们不作为的古代怀疑论不

① *Rechtsphilosophie und Universalrechtsgeschichte*，§ 8（1904）.

同，历史怀疑论（historical scepticism）则通过抨击历史宿命论之教条和那种认为凡不存在于历史理念中的东西都是一种空想的学说来启示人们的行动。此前的唯心主义认为，关注行动的人对于恒定不变的合理秩序来讲只是个徒劳无益的扰乱者，而能动唯心主义（activist idealism）所得出的结论则恰恰与此前唯心主义所得
12 出的上述结论相反。正在各个领域崛起的相对主义（relativisms），从实践的维度来看，乃是有关与某种令人欲求的东西相关的行动的哲学。克罗齐（Croce）对哲学和历史的认识否弃了19世纪的历史哲学，因而是一种关于生活各个方面（行为、变革、折衷和适应）的哲学。当人们按这种哲学观去思考时，一种功能主义的态度就不可避免地会在法理学中应运而生。这种思维方式不仅仅是那些在过去十年中所发生的深刻变革的当事者或旁观者所采取的一种自然且暂时的态度。它产生于人们所具有的这样一种需要：用行动去适应由社会秩序的变化而产生的新要求的压力以及用行动去适应这些变化背后的及隐含在这些变化之中的新欲求的压力。自然法理论乃是作为一种发展和创造的理论出现的，旨在较多地考虑法律的稳定与法律的变化相协调这个问题中的变化因素，并且达致了这样几项最终的结论：第一，它业已发现了一把适用于一切时代的唯一能够开启理性的钥匙；第二，它业已创制出了可以永远指导普通人、法律制定者和民族的社会宪章、法律宪章与政治宪章。因此，这种在进步和发展理念中探寻一种新的调和方案的历史理论最终将否认一切有效和真正意义上的发展和进步，因为它以为自己已然发现了永远不变的发展道路或一劳永逸地勾画出了一条固定的进步轨迹，而偏离这些道路或轨迹，任何运动都

是不可能发生的。

这样，我们便有充分的理由认为，法理学思想上的一个时代已告结束，因此展开下述工作的时机也已然成熟了，而这些工作包括：评价这一时代的工作，追问它取得了哪些永恒的价值，探究哪些当今的需求是它无力满足的，并考虑为什么这一时代统一法律稳定与变化的方式在被人们推崇了一个世纪之后如今却不再有效了，等等。

要理解19世纪历史学派的法理学教义，我们就必须牢记：就研究法律论题而言，历史法学派实际上是一种消极且压抑性的思想模式，它完全背离了哲学时代那种积极且创造性的法理思想。当然，这还不是全部。从更为直接的角度看，历史法学派在两个方面背离了晚期的自然法思想：一是背离了自然法关于制定成文宪法的观念及其狂妄无视传统政治制度和法国大 13
革命时代特定时空下的条件的做法；二是背离了自然法相信理性的力量可以在立法中创造奇迹的思想（而作为这一思想的结果，18世纪末和19世纪初有不少国家都满怀信心地开始了制定法典的工作）。1789年，杰斐逊（Jefferson）在一封致麦迪逊（Madison）的信中指出，地球的“用益权属于生者”，因此每一部宪法和每一部法律的自然有效期限都不应当超过19年；如果它的有效期延长了，那么它的实施所凭靠的就是强力而不是正义。后来，在讨论被统治者同意这项政治原则的时候，杰斐逊还指出，法律的约束力来自于人们的同意，因此每一代新人都应当就法律规则做出新的同意；如果对每一项法律规则的同意没有得到新一代人的更新，那么有关的法律规则也就丧失了

它的强制性。[①] 事实一再表明，伯克(Burke)为了反对法国大革命时期所盛行的上述思想，一直在政治科学中探寻那些日后经由历史学派的努力而在法理学中风靡一时的思想。[②] 在萨维尼
14 (Savigny)那本值得纪念的小册子出版前 14 年，库柯(Cuoco)就已经为政治历史学确立了这些思想。[③] 看来，伯克所出版的《关于法国大革命的反思》(*Reflections on the Revolution in France*)一书确实对萨维尼产生过直接的影响。[④]

---

① "我在自认为不证自明的基础上宣称：'地球的用益权属于生者'，死者对其既无权力也无权利……根据同一个理据，我们还可以证明，任何社会都不能制定一部永恒的宪法甚或一部永恒的法律。地球永远属于活着的那代人。他们在行使地球用益权的过程中管理它以及它所滋生出来的东西。他们也是自己的主人，因此只要他们愿意，他们便可以统治自己。但是，人与财产构成了政府统治的对象之总和。在其自然的进程中，那些因前辈们的意志而得以形成的宪法和法律压制了他们。那些宪法和法律可以在他们成长起来以前存在，但是却只能到此为止。因此，每一部宪法和每一部法律在到了第 19 个年头的时候也就自然失效了。"Letter to James Madison, September 6, 1789, Jefferson's *Writings* (Ford's edition), V, 115 - 116, 121.

"自弗吉尼亚宪法形成至今已有 40 年了。这一时刻表告诉我们：在这 40 年中，当时成年人当中的 2/3 现在已经去世了。余下 1/3 的人如果有愿望的话，是否还有权利要求组成当今成年人多数的另外 2/3 的人遵从他们的意志并且遵从他们当时制定的法律呢？如果他们没有权利这样做，那么谁有此项权利呢？死者乎？可是死者没有任何权利。死者即无，而无则不能拥有某种东西。没有本体，也就不可能有任何从属物。这个有形的地球以及地球上的一切之物，经由世代交替而属于当下有形的居住者所有。唯有他们有权利指导他们自己所关心的事情，而且也有权利宣告符合这个方向的法律。当然，只有他们中的多数才能做出这种宣告。"Letter to Samuel Kerchevall, July 12, 1816, Ibid., X, 43 - 44.

② "的确，社会乃是一种契约。然而，唯有那些有关偶然利益之物的从属性契约才可以随意解除——但是我们绝不应当把国家仅仅视作是类似于胡椒、咖啡、印花布、烟草或者某种其他较少为人所关注的商品的合伙交易协议，绝不应当把国家视作是某种暂时性的利益，而且也绝不应当认为国家乃是那种可以由合约方按其意愿随时解除的合伙协议。"*Reflections on the Revolution in France*, *Works* (1839 edition), III, 118 (1790).

③ *Saggio storico*, §§ 1 - 7 (1800).

④ 参见：Braune, *Edmund Burke in Deutschland* (1917)。

然而需要指出的是，萨维尼的学说主要还是为了反对立法化和法典化时期(也就是在哲学统治趋于终结的时期)自然法学派的立法理论。自然法学派的立法理论认为，只要通过理性的努力，法学家就能够塑造出一部作为最高法律智慧而由法官按一种机械的方式加以实施的完美无缺的法典。在这种思想的影响下，人们往往会蔑视历史并无视传统上的法律材料。在他们看来，人们所要求的所有东西都可以由理性独立地完成，就好像过去从来就不存在立法似的。唯一需要做的就是下述三件事情：第一，调动国内最强有力的理性；第二，通过运用这种理性去建构一部完美的法典；第三，使那些具有较少理性的人臣服于该法典的规定。[①] 1749 年公布的《腓特烈大帝法典》(*The Code of Frederick the Great*)的第一草案(尽管这部法典当时尚未完成，而且直到 1780—1794 年间才开始生效)、1811 年开始实施的《奥地利法典》([*The Austrian Code*]该法典于 1713 年提出建议并于 1767 年着手草拟)、1800 年着手制定并于 1804 年开始实施的《法国民法典》([*The French Civil Code*]该法典在 19 世纪时为世界各国广为仿效)，都是落实上述理论的结果——幸亏实践并非总是遵循这一理论的。[②] 法典化乃是自然法哲学所导致的一个结果，是自然法哲学所导致的个

---

① 因此，《腓特烈大帝法典》(*The Code of Frederick the Great*)中没有规定司法解释权。在遇到任何疑难问题的时候，法官都应当去咨询皇家委员会，而且也应当完全受其解答的约束。*Prussian Landrecht*, Introduction, §§47－48. 请比较：*French Civil Code*, Art. 5; Savigny, *System des heutigen römischen Rechts*, 1, §31。

② "人们期望新法典。这些新法典在完成以后应当确保法院可以精准而机械地司法，因此那些从执行一己观点中解脱出来的法官也只能够逐字逐句地适用这些法典。"Savigny, *Vom Beruf unserer Zeit für Gesetzgebung und Rechtswissenschaft*, chap. 1(1814), 2nd ed., p. 5.

15 人意见极端扩张(尤其是在它把法律与道德规范等而视之方面的扩张)的结果,而且也是17和18世纪西欧中央集权的君主专制政府兴起的结果。

萨维尼所撰写的有关立法和法理学的时代使命的小册子标志着历史法学派的诞生;正是在这本小册子中,萨维尼态度鲜明地对上文所描述的18世纪法律思想的三个方面进行了抨击。但是,他却是按照自己的理解进行批判的;这一点尤可见之于他对这种法律思想的第三个方面导致的那些结果所做的批判,因为他认为,这些结果融合了拜占庭的法律观念,而这种法律观念源出于《国法大全》(*The Corpus Juris*)并经由12世纪西欧有关罗马法评注典籍的学术思想而传承下来。[①]

萨维尼清楚地看到了《法国民法典》的制定者们在历史和理论这两个方面所表现出来的不成熟。[②] 确实,萨维尼看得太透彻了,以至于他忽略了糟糕的罗马法经常被他们改造成良好的法国法的程度。因此,他可以毫不费力地指出,《法国民法典》的制定者们完

---

① “[人们对法典的需求]与18世纪中期以降人们在制定法典方面所提出的许多计划及各种尝试颇有关联。当时,整个欧洲都被一股盲目的改革热情所促动。所有认为过去时代颇为重要的观念,所有认为社会和制度会自然发展的观念,进而所有在历史中合理且可贵的观念,都丢失了。这些观念被人们对当下具有的各种可能性所持的过度期待所取代。可以确信的是,这种期待只不过是一种尽善尽美的理想而已。”Ibid.,2nd ed.,pp. 6 - 7.

② “类似于德斯卡林(Desquiron)论及‘一位《十二铜表法》以后的罗马法学家和法官李伯修’(Lipsius)与论及狄奥西多二世时代《狄奥西多法典》的制定者‘著名的雪卡德’(Sicardus)这样的现象极为重要。”Ibid.,chap. 7,2nd ed.,p. 61. 也许,人们没有必要说李伯修是一位16世纪荷兰的人道主义者,也没有必要说雪卡德是一位16世纪法兰西的编辑者——即《狄奥西多法典》的编辑者。

全误解和错误地表述了罗马法中关于被盗财产的取得时效的条款。[①] 但是，他们制定的那项规则（实际上取自法国北部的习惯法），对于一个商业和工业的社会来说，要远远胜于依古罗马城当时的情况为基础而制定的那项真正的罗马法规则。他们所采用的那项规则，只是被误解为罗马法的规则而已；实际上，该项规则已在所有的罗马法国家中确立了自己的地位，而且还在不断地为那 16
些适用英国法的国家所采纳。这个事实乃是不言而喻的。但是，萨维尼也常常能够找到一些对自己较有利的情形，例如，在法律死亡问题上，17 世纪的法国法曾将日耳曼法中通过剥夺法律保护而导致法律死亡的制度同罗马法中的人格减等制度奇特地结合在一起；而在大革命时期，法国曾以此项规定作为打击逃亡者的武器。《法国民法典》的编纂者对历史的无知或冷漠，导致他们将各种杂乱无章的结果堆集在一起编成法典，而且还致使他们把原始的法律、路易十四用来反对新教徒的法规、大革命时期法国用以反对逃亡者的法规等一堆大杂烩统统收进了一部法典之中。就这一点来说，《法国民法典》远远不如查士丁尼的法律。[②] 正是这样一种编纂法典的形式，导致萨维尼对刻意制定法律的功效深感怀疑。

在我们对萨维尼时代的法理学问题、萨维尼本人在当时所研究的问题以及他研究这些问题的目的进行考察以后，我们便可以

---

① “在另一个地方，他（指马勒维尔）论及了查士丁尼法中的财产取得问题。他指出，我们必须将窃贼与从窃贼处购买东西的第三者区别开来；前者应判刑 30 年，而后者则在取得财产与变换财产的法律习惯的范围之内，因而刑期是 3 年。这种说法就好像罗马人似乎从来就没有听说过被窃物似的。”Ibid.

② *Jural Relations*, transl. by Rattigan, pp. 111 – 119.

说明他所创立的历史法学派的特征了。第一,作为历史法学派的首要原则,它认为法律是发现的,而不是制定的。这就是说,它是一种关注现代法律中传统因素的理论,因为全然不顾传统这一因素并且相信只凭靠法律理性的努力便能够虚构出法律的做法,曾经导致了禁止人们对普鲁士法典进行司法解释这种完全不切实际的做法,导致了如萨维尼在《现代罗马法制度》(*System of the Modern Roman Law*)一书中详加揭露的那种灭绝人性的野蛮立法,还导致了如萨维尼在那本讨论立法和法理学的小册子中从历史的角度剖析过的那种关于离婚的立法。[1] 此外,我们还应当指出,从广义上讲,历史法学派乃是当时全面背离18世纪有关文明
17 的思想的一个方面——18世纪的这种思想把文明视作是某种由睿智的法律制定者的行动或者一些具有创见性和崇高精神的人从外部建构起来的东西。[2] 与17和18世纪的自然法学派不同,历史法学派属于一种学究法学家的流派;对于这种情况与历史法学派对待法律中创造性工作的态度之间所存在的那种联系,我们也不能视而不见。萨维尼乃是一位放弃了普鲁士大臣职务而重执教鞭的法学教授。普赫塔(Puchta)是一位教授。梅因(Maine)的巨

① “在离婚问题上,罗马法常常被征引。但是,波塔利斯(Portalis)和马勒维尔(Maleville)作为出发点的罗马人离婚史却不仅是虚假的,而且也是完全不可能的。比如说,他们两人都相信,婚姻当事人一方是无法解除婚姻的,而唯有得到双方的同意才能够解除婚姻,而这致使《学说汇纂》关于这个问题的所有法律以及查士丁尼法律变得毫无意义了。此外,他们还相信,罗马法中关于双方同意而达成的离婚只是一项错误的原则所导致的一个结果,因为该项错误的原则居然认为,婚姻乃是建立在类似于其他契约的基础之上的。”*Vom Beruf unserer Zeit für Gesetzgebung und Rechtswissenschaft*,chap. 7,2nd ed.,pp. 63 - 64.

② 参见:Croce,*Storia della storiografia Italiana nel secolo decimonono*,1,22 - 23。

著完成于他在牛津大学任教的期间，而且他的行政经历在他的一生中也极为短暂。美国的埃姆斯（Ames）、塞耶（Thayer）和比奇洛（Bigelow），都是几乎只有学术经历的教授。与他们相比，格老秀斯（Grotius）的全部职业生涯都是政治与外交；孟德斯鸠（Montesquieu）一生都是从事政治工作的；瓦泰尔（Vattel）从事的所有活动都是政治与外交的活动；蒲兰马克（Burlamaqui）的教学经历只是其政治生涯中的偶然事件；布莱克斯通在牛津大学开设讲座的经历，只不过是他作为一名律师和法官经历中的一段小插曲；美国的肯特（Kent）和斯托里（Story）则把一生的精力几乎都花费在了法院办公室里面。普芬道夫（Pufendorf）和沃尔夫（Wolff）从事的工作大都是学术性的工作，但是就连他们也因眷恋政治而风雨一生。一些论者认为法律只能经由历史研究而发现，因此他们不相信立法而且反对行动，而另一些论者则认为他们能够凭借自己的理性力量建构起自然法的体系，因此他们鼓吹建构性的立法原则并且信奉行动；这种情况绝非偶然。[1]

第二，历史法学派在其存在的整个时期内，一直坚持对法律史采用某种唯心主义的解释方法。萨维尼在不自觉中也时常受到曾经训练过他的那种自然法学派思想的影响。他接受了 17 和 18 世 18

① “历史法学派［从自然法学派那里］获得了与此截然相反的原则，因为历史法学派乃是法国大革命狂热主动性时代的后继者，是这个时代匆忙且多少有些粗糙狂妄的法典化努力的后继者。作为政治休眠那个世纪的公民，他们在那种自认为发现了业已存在的‘理性’的形而上学的殷勤帮助下产生了这样一种浪漫倾向，以为沉思历史要比实际参与当时的论战更具有吸引力。当然，产生这种情况的最终原因是知识传统，而这种知识传统使得历史法学派只满足于研究那种在传统上为人们所接受的法律体。” Kantorowicz，*Zur Lehre vom richtigen Recht*，p. 8（1909）.

纪自然法法学派所主张的这样一种学说，即法律只是宣告性的；值得我们注意的是，他只是把该学说的哲学基础改换成了历史基础而已。对于这种旧思维方式的新基础来说，没有任何其他东西能够比黑格尔式的历史哲学更能满足它的需要了。观念乃是在法律史中得到实现的。这种观念可以通过历史研究而发现，而且这种观念一旦被发现，其含义便可以用逻辑的方式进行发展。据此，法学家军械库中的三大武器：历史、哲学和分析，便可以某种整合的方式而在一种以发现和逐步实现这种观念的历史发展过程中的固定原则作为其可靠而稳定的基础的法律科学中得到运用。[①] 形而上学通过向我们表明作为一种基本给定的基据的观念而强化了历史的力量。[②] 分析则通过帮助法学家探明该观念据以实现的若干原则中的逻辑含义来补充历史。[③]

第三，历史法学派所坚持强调的乃是法律规则背后的社会压力，而前几个世纪的哲理法学派则强调正义规则在约束道德体方面的内在力量，此后的分析法学派则强调政治组织社会的力量。如果某项特定的规则实现了这种观念，一如它在人与人之间相互交往的经验中或在对人们实施司法的经验中所展示的那样，那么

① “因此，完整的法律科学在于领悟随时代——换言之，在法律和权利的普遍历史中——而发展的整个权利观念。这就是说，完整的法律科学在于对法律发展与该民族的历史原则之间的长期关系进行探究，也在于对法律与权利在历史进步的进程中有机发展的实际情形以及这种发展是如何展开的情形进行揭示。”Friedländer，*Juristische Enzyklopädie*，p. 65(1847).

② “哲理法理学以法律和权利观念为其对象，亦即以法律和权利观念及其实现为其对象。”Hegel，*Grundlinien der Philosophie des Rechts*，§ 1(1820).

③ 因此，普赫塔说，法理学乃是“有关历史和法律制度的科学知识”。*Cursus der Institutionen*，1，§ 33(1841).

人们的行为和司法判决就会习惯性地与该项规则保持一致，而且除了从司法上或法理上确定和阐明该项规则以外，其他什么也不需要了。[①]

民族主义在历史法学派的思想中既不是一项必要的内容，也 19
不是一种重要的内容。[②] 萨维尼的民族主义在一定程度上讲承继自16世纪新教的法律神学家的思想——这种思想通过17和18世纪强大的中央集权政府的兴起而得到了进一步的强化。但是，萨维尼的民族主义在很大程度上讲乃是当时人们反对法国大革命时期的思想和司法手段的一个部分。为了反对《人权宣言》(*The Declaration of the Rights of Man*)中用代数公式表达的自然法抽象命题，它呼吁诉诸深深植根于民族内部的各种观念。就此而言，它在政治学上与伯克对待那些抽象公式的态度相类似，而在政治史学上则与库柯对待那些公式的态度相类似。民族主义所反对的乃是在没有能力把那些致使法国大革命的抽象观念和公式得以产生的内外部实际条件引进的情形下只引进那些抽象观念和公式的做法。[③] 但是，萨维尼却是一位罗马派法学家；因此，他对从历史上发现的罗马思想深信不疑，而这使他的法律科学与自然法拥护者的学说大体具有同样的普遍性。那些仅仅通过研究古日耳曼法律而发现思想资源的日耳曼法学家，可以说是萨维尼学派中的

① 参见 Clark, *Practical Jurisprudence*, p. 134(1883); Maine, *International Law*, Lecture Ⅱ(1888); Carter, *The Ideal and the Actual in Law*, pp. 10－11(1890)。

② 但是，请比较：Vinogradoff, *Historical Jurisprudence*, 1, 124－135(1920)。在该书中，历史法学家被界定为与唯理主义者和进化主义者相区别的民族主义者。

③ Croce, *Storia della storiografia Italiana nel secolo decimonono*, 1, 11.

民族主义派。

对那种依循着上述路线发展了一个世纪的历史法理学进行分析以后，我们最终认识到，它根本就不是一种历史学派。该学派实际上认为：第一，法律史乃是一种绝对给定的基据；第二，进步乃是一种我们可以从其自身内部发现某种基础的东西，一种理性的进步或精神的进步，以及一种蕴涵于观念展现之中的进步；第三，法律史中只有一种单一的因果因素在发挥作用，而且凭靠某种单一观念就足以对所有的法律现象做出全面的说明。它为一种所谓的"外观幻象"所困惑，因为当我们在一种完全不同于过去的法律规则、司法判决或法学教本得以产生和适用时的当下背景中用一种理性化了的法律分析手段和方法去考察它们的时候，我们实际上是在用当下的观点和我们眼下所面临的情势去考察它们，而且考
20 察它们的目的也是为了解决当下的问题。这绝不意味着，我们通过现代眼光所看到的那种东西，可以超越时空条件，实际适用于各种案件的裁定。它更可能是依据旧的法律文本对现代法律问题所做的一种理想化思考。无论何时，只要当我们回过头去考察法律或者思考任何超越于当下实际司法运作方式的东西时，并且当我们甚至是为了某些目的和某些关系而这样做时，我们就必须做出解释。然而，根据历史法学派的观点，解释（亦即克罗齐所谓的历史撰写[history-writing]）意味着历史。

在历史法学派占据支配地位的岁月里，人们提出了许多关于法律史的解释；这些解释既产生于 19 世纪的法律之中，又反过来影响了 19 世纪的法律。在众多的解释当中，有四类解释对我们理解 19 世纪的法律思想有着特别重要的意义，而且还对今天的法律

科学有着重大影响：(1)唯心主义的伦理学解释，以及它所具有的一种特殊的被称之为宗教解释的形式；(2)政治解释；(3)根据生物学或人种学所做的实证主义解释；(4)各种经济解释，无论是唯心主义的经济解释或机械实证主义的经济解释，还是分析社会学形式的经济解释。[①] 上述每一种解释都确立了自己的法律之神，作为支撑法律律令的不容置疑的权威和法律发展中的终极动因。但是，在我们对这些不同形式的解释进行考察并从当下的社会要求出发去检测它们在何种程度上令人满意地解释了法律现象以后，又在我们考察它们所倡导的观念在付诸司法实践中所具有的功效以后，我们将得出结论说，作为一种法律之神的历史，它为我们做出的贡献实际上与它所替代的此前的权威和哲学并无不同。

这是因为历史法学派所描绘的那幅简单的法律秩序图景，连 21
同它赖以存在并据以解决各种问题的那个单一观念，必须让位给心理学和心理社会学(psychological sociology)所取得的成果。我们必须放弃探索某种能够使一切问题都迎刃而解的单一观念的做法。现实的法律秩序绝非一种简单的理性之物。它是一种复杂

① 关于历史撰写和一般历史的解释，参见：Barth，*Die Philosophie der Geschichte als Soziologie*，pp. 200－346(2nd ed.，pp. 483－809)；Small，*General Sociology*，pp. 44－62；Cornford，*Thucydides Mythistoricus*；Fueter，*Geschichte der neueren Historiographie*；Gooch，*History and Historians in the Nineteenth Century*；Flint，*Historical Philosophy in France*；Croce，*Teoria e storia della storiografia*，2nd ed.，transl. as *On History*(1921)；Croce，*Storia della storiografia Italiana nel secolo decimonono*。关于法理学和法律史的解释，参见：Pound，"Political and Economic Interpretations of Legal History"，*Proceedings American Political Science Assoc.*，p. 95(1912)。

体，而且或多或少是一种我们努力将理性注入其间的非理性体；尽管我们不停地努力将理性因素置于其中，但是新的非理性因素在它以试错方式去满足新需求的过程中却几乎会以同样的速度产生。

我们一方面必须考虑特定时空下的社会或文化需要，亦即从这些需要可能相互重叠也可能相互冲突的角度去考虑它们，并且从它们的各个方面（即经济的、政治的、宗教的和道德的方面）去考虑它们；另一方面，我们也必须考虑建议、模仿和传统的信念或信仰，特别是那种表达了社会对一般安全的愿望或要求的逻辑必然性或权威的信仰。我们决不能从一种有机体的角度去思考问题，因为这种有机体得以发展的原因和手段乃是其内部固有的某种特性；我们还是应当像在18世纪那样，从一种建筑物的角度去思考问题——该建筑物乃是人类为了满足自身的欲求而建造的，尔后人类又为了满足其日益扩大或日益变化的欲求甚或日益变化的时尚不断地对它进行修理、改造、重建并不断地给它添砖加瓦。我们必须考虑那些从过去留传下来的、我们以有意识的或潜意识的方式进行研究的，并用以实现和满足现代人的欲求和愿望的为人们实际使用的法律材料；我们应当通过建议和模仿对之进行补充和完善，而当旧有的法律材料不能为我们所用时，我们便应当既谨慎又大胆地去创建新的法律材料，并将它们都塑造成人们的欲求和愿望所赋予传统信念及信仰的那种形式。但是，在那些传统的信念及信仰的压抑下，特别是法学界——在法律规则和法律人一直受之熏陶的法理学思想模式的束缚下，顺从逻辑要求和臣服权威便成了人们的一种本能。类似于此的复杂图景，我们已从心理学和社会学为我们提供的那种取代了旧有的简单图景的复杂图景中

窥见到了一斑。然而，在这幅复杂的图景中，也包含有所有简单图景中的精华部分，因此我们对每一幅简单的图景进行详尽的研究，也就不无理由了。

第二章　伦理解释和宗教解释

22　根据唯心主义伦理学的解释(the ethical idealistic interpretation),法律史中日益展现并正趋于实现的观念乃是一种伦理观念——即权利观念(the idea of right)。[1] 一方面,法学家发现了这个观念,而且也能够通过历史把握它的内容;另一方面,法学家在发现了权利这个观念以后,便着手从逻辑上对它进行发展。因此,法律科学包含两个方面,亦即历史的方面和逻辑的方面。这两个方面的结合,产生了一种完整的法理学方法。[2] 后来,历史学派和

---

① “权利乃是在时间和空间中获得发展的。由于它是人们在实践中予以实现的,所以它有一部历史。‘它的本质乃是逐渐展现的,而其本质就是它在变化中保有自己的特性’。” Hastie, *Outlines of Jurisprudence*, p. 152(1887),但是这个观点却译自Friedländer的论著(1847)。

“从最为宽泛的意义上讲,实在法可以被定义为对两个人或两个以上的人的关系中所涉及的权利观念的表达。”Miller, *Lectures on the Philosophy of Law*, p. 9(1884).

② 比如说可以参见:Hastie, *Outlines of Jurisprudence*, p. 153。

另请比较这段文字:“法律科学的对象乃是所有可能通过外部的法律创制而得到传播的法律律令中的各项原则。”Kant, *Metaphysiche Anfangsgründe der Rechtslehre*, Introduction, § A(1797).

“法律哲学或自然法,乃是这样一门科学,它从人的性质和命运中以及从人类社会的本质和命运中推论出最高原则或法律和权利观念,并且将这项最高原则或观念发展成适用于公法和私法各个领域的权利原则体系。”Ahrens, *Naturrecht oder Philosophie des Rechts*, 1, § 1(1870).

“我们也许会把它称为法律哲学的那门特殊的科学,[就是]要发展那种存在于每

形而上学派达成了一种谅解，承认形而上学派所论证的乃是由历史发现的观念，因此这两个学派只在那种完整的历史—形而上学的法律科学方面存有分歧，而这一分歧点也恰恰是这两个学派在当时予以特别关注的要点之所在。①但是，在英美人看来，在原有基础上再注入形而上学的因素无异于画蛇添足，因此他们往往用一种轻蔑的 23
口吻谈论形而上学。②然而，形而上学的因素在历史法学派的思想中却是至为重要的，因为历史法学派所发现的观念正是形而上学的法学家所信奉并系统论述过的权利观念。事实上，法理学中的历史方法，乃是一种从历史上对权利这个观念进行证明的方法。

一般而论，直到 19 世纪最后 25 年新的对立派别出现以后，一部分法理学家才把自己对那种根据一种伦理观念形成法律观和解释法律史的忠诚转移到了新出现的政治解释上去。通常来讲，那些追随形而上学或 19 世纪哲理法学派的人坚持伦理解释，而那些自称为历史法学派追随者的人则接受了政治解释；但是也有许多例外，因为这两种唯心主义解释的形式作为考察或阐释同一个基本观念的方法也很容易趋于一致。当然，这两种解释形式对待典

个人心中的绝对正义观念，并且把这一正义观念适用于人类生活各种关系之中。”Boistel, *Cours de philosophie de droit*, 1, 3(1899).

① “它同时是一门哲学，一门科学和一门艺术。作为哲学，它旨在理解正义；作为科学，它的目的是要解释正义的进化；作为艺术，它旨在阐释或制定那些对于正义之实现至关重要的行为规则。”Adams, *Economics and Jurisprudence*, p. 8(1897). 参见：Geyer, *Geschichte und System der Rechtsphilosophie*, § 2(1863)；Prins, *La philosophie du droit et l'école historique*(1882)。

② Pollock, *Essays in Jurisprudence and Ethics*, p. 28(1882)；Bryce, *Studies in History and Jurisprudence*(American ed.), p. 611(1901)；Gray, *Nature and Sources of the Law*, §§ 7 - 9(1909).

型事例的态度有着明显的区别，而这就为我们区别对待它们提供了正当的理论依据。对它们做区别对待乃是很方便的，因为伦理解释先出现，并为此后产生的19世纪的所有解释都确定了一个模式，而政治解释则是在英国独立发展起来的并且在美国成为宪法审判领域中的一个重要因素。

有一种特殊形式的唯心主义解释与伦理解释有着密切的联系；这种唯心主义解释与其说是根据伦理学不如说是根据宗教来看待权利观念的，并且把法律史视作是实现某种与宗教观念在权利和法律中的表现形式相关的宗教观念过程中的一个部分。斯塔尔(Stahl)于1829年争辩说，宗教与哲学体系一样，都是根据事物的终极原因和最高目的，努力从事物的整体一致性上去理解它们的；基督教就是这样理解事物的，因此，人们也必须按照这样的方式去理解法律和国家。[①] 实际上，斯塔尔用宗教解释法律的设想，与他所属
24 的形而上学派的伦理解释并没有什么区别。迄今为止，没有人试图从这一观点出发来撰写一种普遍法律史，而且赞成对法律史的特定时期进行宗教解释的论者——如依据斯多葛哲学解释古罗马法[②]以

① “我们把那种根据其终极原因和最高目的从整体一致性上理解事物的观点称之为世界观。每一种哲学体系都是这样一种世界观。每一种宗教也同样包括这类世界观，即使是发展没有这般彻底的话。基督教也是如此。现在，我们正是把基督教看作是法律和国家的基础。”*Philosophie des Rechts*,Ⅱ,4(1829).

② 参见：Laferrière,*De l' influence du stoicisme sur la doctrine des Jurisconsultes romains*(1860)；Hildenbrand,*Geschichte und System der Rechts-und Staatsphilosophie*,1,§§141－142(1860)；Pernice,*Labeo*,1,16－17(1873)；Sokolowski,*Philosohie im Privatrecht*,§§2,4－8,11,12,30(1902).关于宗教对法律的影响，请参见：Coulanges,*La cité antique*,chaps.1－4(1864)；Felix,*Der Einfluss der Religion auf die Entwickelung des Eigenthums*(1889)；Bryce,*Studies in Histoty and Jurisprudence*,Essay 13(1901)。

及根据基督教解释晚期罗马法——也寥若晨星。主流观点认为，自法律发展的原始阶段结束以后，宗教在法律史中只具有相对较小的作用。近来，里科博诺（Riccobono）又重新提出了公元 4 世纪以后基督教对罗马法的影响问题。[①] 英美法学论者一直没有力促这种解释方法，因此它对我们的现行法律没有什么影响。但我还是大胆地认为，宗教观念在美国法律形成时期的作用常常是决定性的；再者，如果不考虑宗教，我们就无从全面认识美国法律史，也无法理解 19 世纪的美国法律。[②] 此外，我还感到，我们总有一天会认为，在当今的英国衡平法各项原则的历史形成过程中，宗教观念乃是一个极为重要的因素。[③] 毋庸置疑，宗教观念在现代欧洲 25
大陆债法的历史中起过重大的作用。[④] 由于宗教解释促使人们去关注一种在法律规则、法律学说和法律制度的形成过程中常常居于首要地位的因素，所以人们绝不应当忽略宗教解释。

① *L' Influenza del cristianesimo nella codificazione di Giustiniano*（1909）；"Cristianesimo e diritto privato"，*Revista di diritto civile*，Ⅲ，37（1911），"Communio e comproprietà"，in Vinogradoff，*Essays in Legal History*，33（1913）. 参见：Troplong，*De l'influence du christianisme sur le droit civil des romains*（1843）；Maas，*Der Einfluss der Christenthum auf das Recht*（1886）；Baviera，"Concetto e limiti dell'influenza del cristianesimo sul diritto privato"，*Mélanges Girard*，1，67（1912）；de Zulueta，"The Girard Testi monial Essays"，30 *Law Quarterly Review*，214，216－217（1914）。

② 我在 *The Spirit of the Common Law*，Lecture，Ⅱ，"Puritanism and the Law"，pp. 32－59（1921）一部分中曾经详尽地探讨了这个问题；当然，我在下文中也讨论了这个问题："Puritanism and the Common Law"，*Proceedings Kansas State Bar Assoc*，1910，45，reprinted in 45 *American Law Review*，811。

③ 我在"Consideration in Equity"一文中给出了一些事例；该文载于：*Wigmore Celebration Essays*，p. 435。

④ Salvioli，*Storia del diritto Italiano*，8th ed.，§§622－624. 另请比较教会对欧洲大陆刑法的影响，Ibid.，§728。

至于最早的解释为什么是伦理解释这一点，很容易理解。历史法学派在自然法学派崩溃以后登上了法学界领袖的宝座。历史法学派的创始人和它最早的追随者，都曾受过自然法学派思想的熏陶。正如贝克(Bekker)所指出的："萨维尼……乃是在敌人的营垒中成长起来的……而且也正是在他的核心事业旨在反对和否弃的那种学说的统治下，他受到了最初的法理学教育。此外，他也从未能够在他的思想中完全抹去这种最初影响所留下的痕迹。"[①]萨维尼的思维方式乃是对那种将道德与法律混为一谈的自然法观点的反动。根据他所创建的历史法学派的观点，法律与道德有着同一个起源，但是它们在各自的发展过程中却分道扬镳了，因此他的后继者据此而否弃了伦理学，并且认为道德以及应然问题都不属于法学家关注的问题。[②] 但是，要想切断道德与法律之间所存在的这种确立已久的联系并非易事，因为这种联系确实为"ius"这个词及其在欧洲大陆各种语言中的同义词所具有的含混不清的含义所强化；再者，人们也根本无法通过这类语词去把握一个论者究竟是在讨论法律还是在讨论权利，所依凭的究竟是伦理学还是法理学(抑或是二者合而为一)——更为重要的是，欧洲大陆法学家在讨论自己观点的过程中通常也不对这两个概念及其理据做仔细的界分。因此，对法律的各种分析也可能是对权利观念的分析。经过从 16 世纪到 18 世纪

---

① *Recht des Besitzes*, p. 3(1880).

② "然而，调查推进重要法律规则直接发展赖以为凭的那些原则使这项任务属于研究立法的学者的事情，而不属于研究法理学的学者的事情。"Maine, *Early History of Institutions*, Lecture Ⅻ(1874). 参见：Clark, *Roman Private Law*: *Jurisprudence*, 1, § 3(1914)。

的发展期以后，随着大量外部因素渗入法律制度之中（一如商法的发展情况那样），把法律体内部的成分加以组织化、系统化与和谐化 26
也就成了当时的一个重要的需要，而分析则是这项工作中最为有效的工具。这一需要决定了历史法学派的第一个进程。

罗马法体系（system of the Roman law）可以说是19世纪法律科学所取得的伟大的实际成就之一。罗马派法学家对该体系中的所有细节都进行了分析，而根据这一体系，所有的规则和原则都具有内在一致性，而且每一条规则和每一项原则也都成了一个和谐整体的一部分。它为我们提供了一幅理想法律体系的图景；按照这一图景，各国的法学家至少可以把其法律世界的某个部分置于理性秩序之中。人们可以从英国的分析法理学（English analytical jurisprudence）——因为奥斯丁（Austin）就显然受惠于当时的学说汇纂派，而且荷兰也公开宣布运用晚期学说汇纂派的观点并达到了很好的目的——以及德国、日本、瑞士、巴西这样一些相隔千里的国家的法典中看到这一努力所达致的种种成果。那些从事这项工作的罗马派法学家，乃是历史法学派的拥护者。在此之前，法学家们曾凭靠自然理性来回答法律应当是什么，因而法律必须是什么的问题；在经过了这样一个时期以后，罗马派法学家则通过回到罗马法文本的方式而完成了建立一个理想法律体系的工作。但是，他们对罗马法文本所进行的研究却是为了达到一个特殊的目的，而这个目的则与他们置身于其间的那个时代的法律有着直接的联系。因此，他们通过用现代法律分析所建构的法律概念去分析旧法律的方法而致力于对这些新的法律概念进行检验和证明，并且据此论证说：使我们的法律达到有序化而必需的各种系

统概念表达了一种在相关法律规则、相关法律学说和相关法律制度的发展过程中展现出来的观念。今天的法律规则、法律学说和法律制度乃是一段历史进程中的顶点，[①]而在这一历史进程中，人们可以追踪到那个系统概念从萌动到发达的轨迹：那个系统概念萌动于罗马法的雏形或最古老的日耳曼法之中，或者按照后来的观
27 点，它萌动于亚利安法(an Aryan Urrecht)之中[②]，之后在19世纪法律的成熟期兴旺发达。伦理解释乃是这种方法的一个部分，也可说是它的一个副产品；历史法学派中的罗马派法学家正是依凭这一方法对他们自己当时从事的工作给出了一个理性的说明。他们把当下的法律作为罗马法历史中的一个阶段加以研究，并且把罗马法的历史作为普遍法律史(universal legal history)中的一个部分加以研究。

在普遍法律史的研究领域中，伦理解释与当代有关普遍历史的概念紧密相关，而这个概念曾一度在历史撰写中颇为盛行。如果遴选、取舍和陈述材料没有原则可以遵循，那么就不可能有“普

---

① “对现代法律状况(有关所有权问题)探究的结果如下：在现代社会中，人们无疑采用了并不为罗马法所知道的那些规则。但是，整个罗马法理论却还不至于为这些规则所侵损。相反，如果人们不把这些规则当作罗马法理论的较为间接的范本，那么人们反而无法理解它们。因此，这种罗马法理论的效力已经明确为人们所承认了。” Savigny, *Recht des Besitzes*, § 54(1803).

但是，这种“罗马法理论”乃是19世纪的论者对与罗马法用益权有关的占有禁令与占有原则所做的概括。这种概括乃是围绕着现代目的而展开的。19世纪较晚时期，罗马派法学家修正了这一概括，而到了19世纪更晚的时期，也就是在耶林以后，人们则普遍拒绝了这一概括。参见：Buckland, *Text Book of Roman Law*, pp. 199－201。

② Fustel de Coulanges, *La cité antique*(1864)；Maine, *Early History of Institutions*(1874)；*Hearn*, *The Aryan Household*, an Introduction to Comparative Jurisprudence(1878)；Leist, *Altarisches Jus Gentium*(1889)；Leist, *Altarisches Jus Civile*(1892—1896)；Jhering, *Vorgeschichte der Indoeuropäer*(1894).

遍历史"的撰写；当然，这种原则更可能出自于撰写者以自觉或不自觉的方式努力对自己做出说明的当下情形之中，而不可能产生于撰写者在事后对不含成见收集的和不含命题研究的材料进行毫无偏见的考察过程之中。要想在一本书的篇幅中撰写完"普遍历史"，就需要选择一些被认为有意义或极重要的事实（就好像它们有着绝对重要的意义或重要性一般），以表明选择这些事实所依据的那项原则。较古老的普遍法律史的作品也是依据这种方法撰写的。事实上，论者们乃是站在现代罗马法这一理想体系的立场上来撰写它们的；据此，他们成功地发现，这一理想体系的分析概念之根源实际上存在于古代法律制度之中，而且也成功地顺着历史线索探寻到了现代法律制度沿革的始末。论者们用这一方法出色地撰写出了罗马法律史，而且其详尽程度也涉及现代法律中的每一细目，因此这使我们很难将公元 1 世纪和 2 世纪时的真实法律同 19 世纪历史法学派为取代古罗马法而给我们描绘的那幅有关

古罗马法的理想图景区别开来。实际上，我们当今的法律当中也 28
有类似的情形，只是没有那么严重。各种法律概念或法律律令的学说史有时是法院完成的，但更多的时候却是由法学教科书的撰写者或教师们承担的；在这个过程中，人们从《法律年鉴》中探寻到了 19 世纪的法律分析方法，并且发现在中世纪法院那种简单粗糙、含糊不清、零碎不全的公告中隐含着一种原则，而这种做法则在最近的英美法院判例中达到了顶峰。[①] 因此，历史理论不仅迎

① 这些学说史往往具有很大的系统价值；此外，在 19 世纪最后的 1/4 的时间里，在美国各种法学派及其有效展开的对英美私法不同的特殊部门进行系统化的工作中，这些学说史还发挥过重要的作用。在 19 世纪最后 20 年里，上述各个法学派或多或少都是按照这一方式编制了供人们使用的"案例汇编"。

合了人们对整个法律作为一种体系的需要，而且还满足了他们对法律的每一个部门、每一个分支和每一个子部门作为一种体系的需要；实际上，早在19世纪初，无论是罗马法诸国还是美国都曾感到过这样一种对体系的需要。

在伦理解释兴起的上述诸原因中，我们还必须补充一点，即作为一位摧毁18世纪自然法哲学基础的主要代表人物，康德曾提出过一种形而上学的权利公式，而这一公式即刻就可以被发展成一种法律理论。正如罗马法学家赋予了希腊人关于正义来自自然的哲学思想以一种法律的内容并将其发展成自然法一样，萨维尼则通过把康德关于权利的定义表述为"权利是通过确定每个人可以安全行使自由的范围的规则来调整自由契约条件下相互共存的自由人的活动"而给我们提供了一种法律理论。[1]

29 康德的正义公式乃是在法律史中逐渐展现或实现的权利观念；所有法律规则、法律学说和法律制度或多或少都是对权利这个

---

[1] "因此，意志行为或自愿选择唯有在它们是自由的时候才会受到尊重，而且也唯有当一个人的行为能够按照一项普遍法则同其他人的自由相协调的时候才会受到尊重。"

"因此，权利包括任何人的自愿行为实际上能够按照一项普遍的法则与任何其他人的自愿行为相协调的全部条件。"

"唯有那种本身或在很大程度上讲在其展开时能够与所有行动者的意志自由共存和一致的行为，按照一项普遍法则才是正确的行为。" Kant, *Metaphysische Anfangsgründe der Rechtslehre*, Introduction, §§ A, B(1797).

请读者比较："人位于外部世界之中，而且同那些与其本质和命运相似的人接触乃是其生活环境中最重要的因素。如果自由人相互共存于这样一种接触的境况之中，增进而不是阻碍各自的发展，那么他们就必须承认某些可见的界限，而在这些界限内，每个个人的存在和活动都可以获得一种确受保障的自由机会。确定这些界限赖以为凭的根据以及自由机会得以保障的规则便是法律。" Savigny, *System des heutigen römischen Rechts*, 1, § 52(1840).

观念的全面或完美的表示。再者,所有法律规则、法律学说和法律制度的未来发展方向也只能是对这个观念更全面且更完美的实现。在经济解释出现以前,所有唯心主义和实证主义的解释都殊途同归,达致了同一个结果。[①] 这是因为,在整个19世纪中,社会哲学和法律哲学所关注的都是"协调统治与自由"的关系问题;此外,社会哲学和法律哲学还受到了通过行政组织规范人之活动的制度这个对立面的困扰,甚或受到了法律律令和以人类意志自治为基础的个人自由的实施的困扰。对一般安全的要求引发了下述两个明显的事实:一是个人行为受到行政监督的事实;二是通过司法机关实施法律律令而推行强制的事实。自我主张的个人自由乃是一种理想,亦即人们迫切希望行政监督和司法强制能够促进(或者至少不会阻碍)人们去实现的一种理想。康德的权利公式就是试图完全并彻底解决这一难题的尝试。的确,康德的权利公式似乎是从16世纪一直统治到19世纪的社会秩序之理想的最终形式,是一种最大限度的个人自我主张的理想,也是法律秩序为之存在的目的。法律控制与个人自由这个问题以及康德关于这个问题的解决方法对于法理学所具有的重要意义在于:法律推理乃是一种非常重要的工具,而通过运用这一工具,人们便可以在日常的司法实践中调和法律稳定的必要性与法律变化的必要性;这就是说,通过运用这一工具,人们便可以使旧的法律规则

① 我在下述论著中比较详尽地讨论了这个问题:"The Philosophy of Law in America", *Archiv für Rechts-und Wirthschaftsphilosophie*, Ⅶ, 213, 385。另见:*The Spirit of the Common Law*, Lecture Ⅵ, "The Philosophy of Law in the Nineteenth Century", pp. 187 ff.。

30 和法律制度满足新的需要，而且还可以在将外部破坏和歪曲既存法律的情势限制到最低程度的情形下使之适应日益变化的状况。但是，这种法律推理只是一种通过对根据某种法律秩序之目的的理想而挑选或型构出来的法律律令进行扩大、限制或归纳的类推发展过程。因此，一般来讲，为法学家在任何时候或任何地点所接受的对这一目的的阐述，便成了确定司法应予暂时采取的程序的一个重要因素。当然，这一因素的重要性并不亚于人们有意无意地按照此一理想目的进行修改的那些在历史上给定的法律律令。

有三种关于法律目的的理想先后在不同的时期占据着支配地位。[①] 在罗马法和日耳曼法的初期，有着一种颇为简单的理想：维持治安，亦即满足社会对一般安全所提出的最低限度的要求。在古希腊政治哲学中，在罗马法的古典时期及其成熟时期中，上述那种简单的理想为另一种理想所取代，亦即通过社会制度的安全，换言之，通过满足社会制度中的社会利益的安全，间接地维持一般安全。中世纪后期，由于人们接受了查士丁尼的法律和亚里士多德的哲学，所以上述那种有秩序地维系社会现状的理想渐渐地也成了这一时期的理想。在由氏族组织社会向一种按照氏族组织模式以政治方式组织的社会的过渡时期，人们的观念很容易从保持氏族组织之间的社会治安转向保持每一个人在城邦国家社会秩序中的身份和既有地位，并且转而通过维持那些决定身份地位及其所

① 我在下述两篇论文中详尽地讨论了这个论题："The End of Law as developed in Juristic Thought"，27 *Harvard Law Review*，605；30 *Harvard Law Review*，201。

包含的权利义务的社会制度来防止公民间的摩擦或冲突。古希腊哲学家试图通过彻底摆脱陈旧的部落社会或氏族组织社会之残迹的方式(亦即认为法律把人置于了注定与其“本性”或其“价值”相适应的地位之中并为法律秩序所确定的方式)而使这种社会秩序 31
理想化。[①] 罗马法学家则通过描绘实现社会本质(亦即符合上述理想)的社会制度和描绘实现法律本质(亦即与那个维系其所描绘的社会秩序之理想相一致)的法律制度而使古希腊先哲的理论具有了实际效用。[②] 中世纪也继承了上述理想——用以指称一种根据各种关系而组织起来的社会,并且认为法律的目的就是通过强制实施对等的权利和义务来维护社会现状;这些对等的权利和义务存在于由传统确立并由权力机构加以保护的各种关系之中。[③]

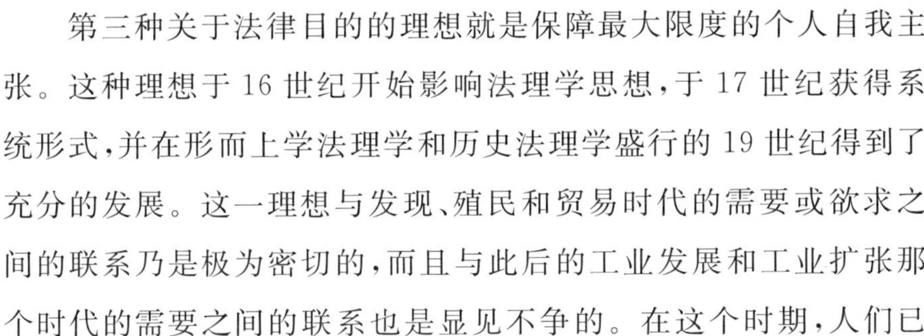

第三种关于法律目的的理想就是保障最大限度的个人自我主张。这种理想于 16 世纪开始影响法理学思想,于 17 世纪获得系统形式,并在形而上学法理学和历史法理学盛行的 19 世纪得到了充分的发展。这一理想与发现、殖民和贸易时代的需要或欲求之间的联系乃是极为密切的,而且与此后的工业发展和工业扩张那个时代的需要之间的联系也是显见不争的。在这个时期,人们已

① Plato, *Republic*, Ⅲ, 397 – 398, *Laws*, Ⅷ, 846d; Aristotle, *Nicomachean Ethics*, Bk Ⅴ and Bk Ⅶ, 7, and 2 – 4, *Politics*, Bk Ⅰ, 1, 9 and 13, Bk Ⅲ, 1 and 4 – 5, Bk Ⅳ, 12. 请比较:St Paul in Ephesians v. 22 ff. and vi. 1 – 5。

② Cicero, *De Officiis*, 11, 12, *De Republica*, 1, 32; *Institutes of Justinian*, Ⅰ, 1. pr. and § 3; Savigny, *System des heutigen römischen Rechts*, 1, 407 – 410.

③ Thomas Aquinas, *Summa Theologiae*, Ⅰ, 2, qu. 90 – 97; Ⅱ, 2, qu. 57 – 80, 120, 122.

不再热衷于维护那些能够使相互关系中各方当事人所承担的对等权利义务的制度得以实施的社会制度。他们欲图摆脱关系和义务，从而使自己能够利用为那些具有主动和冒险精神的人提供的各种新机遇。这个时期的需要就是满足个人在日益开放的各个新的活动领域中自由表现自己的要求，因此正是根据这种需要，人们描绘了一幅关于社会秩序和法律目的的新图景。这种新图景一开始是作为一种确保人类自然平等地位（即理想平等地位）的政治理论而存在的，后来才逐渐发展成了一种确保人类自然权利（即人们据以正当拥有某些东西或做某些事情的理想特质）的法学理论；此
32 后经过进一步的简化，它又发展成了一种确保人类具有抽象意志自由的理论。上述第一种理论乃是一种从个人是道德单位因而也是政治单位出发的经院观点；这种理论取代了相互关系的观念，也取代了这些个体单位具有平等的道德权利和道德责任的观念。[①] 第二种理论是一种自然法观点；其出发点是这样一种观点，即人是一种理性实体，因此根据这种实体的特质，人能够在一种自然状态中——即在一种理性存在的抽象特质得以充分实现的状态中——与其邻人共同相处。[②] 第三种理论乃是 19 世纪形而上学的观点。这种观点始于这样一个出发点，即个人意识乃是终极的基据；此

① Franciscus de Victoria, *Relectiones theologicae*, Ⅰ, 354, 375(1557); Soto, *De justitia et Jure*, 1, qu. 5 art. 2; Ⅲ, qu. 3, art. 2(1589); Suarez, *De legibus ac deo legislatore*, Ⅰ, 8, §§ 1, 2; Ⅰ, 9, § 2; Ⅱ, 19, § 9; Ⅰ, 9, § 4; Ⅲ, 11; Ⅲ, 35, § 8(1619).

② Grotius, *De jure belli et pacis*, Ⅰ, 1, 3 – 6, 8 – 11; 11, 1, 11; 11, 10, 1; 11, 17, 2, § 1(1625); Pufendorf, *De jure naturae et gentium*, Ⅰ, chap. 7, §§ 6 – 17; Ⅳ, chap. 4 (1672); Rutherforth, *Institutes of Natural Law*, 1, 2, § 3(1754).

外，它还认为，法律秩序问题乃是一个调和那些在各种不尽相同的生活活动中独立行使自己意志的个人之间彼此冲突的自由意志的问题。[①] 康德据此将权利理论阐述成了一种通过普遍规则而实现调和的理论；他认为，根据这些普遍规则，每个行动者的意志可以与所有其他行动者的意志和谐共存。如前所述，萨维尼把这种观点变成了一种法律理论，而他的追随者则依照这种法律理论来解释法理学和法律史。

如果我们认为形而上学法学家的思想对法律没有实际影响的话，那么我们就大错特错了。形而上学法学思想单是在 19 世纪前 3/4 的时间里取得的文化财富就足以引起我们的高度重视 33
了。阿伦斯（Ahrens）依据这种思想所撰写的《自然法教程》（*Cours de droit naturel*）一书曾畅销一时，在 1837 年至 1892 年之间，该书被译成七种文字，并发行了二十四版。既然如此，那么我们就可以说，肯定有远远不止一个国家的人对形而上学的法律理论感到满意。我承认，人们普遍认为形而上学的观点犹

① “我必须从各个方面承认除我本人以外的自由人，这就是说我必须用其自由的可能性来限制我的自由。”Fichte, *Grundlage des Naturrechts*, 1, 89(1796).

“我们可以把权利定义为一项原则……它支配人们生活关系中自由的行使。”Ahrens, *Cours du droit naturel*(8th ed.), 1, 107(1892).

“我认为，构成整个自然正义之基础的基本原理是：一个人没有权利为了自己的利益而控制另一个人的意志。”Philipps, *Jurisprudence*, pp. 80-81(1863).

“法律……的基础在于：人类乃是一种具有自由地行使意志之倾向的存在。”Arndts' *Juristische Encyklopädie*, § 12(1893).

“因此，我们必须明确地指出：每个人的自由只能够为所有的人所享有的相似自由所限制。我们确实可以说，每个人有按其意志行事的自由，只要他不侵犯其他任何人所享有的与其平等的自由。”Spencer, *Justice*, § 27(1891).

如海市蜃楼，毫无实际效用；更为重要的是，许多权威的学者也支持这种观点。例如，布赖斯（Bryce）子爵就以一种几近轻蔑的口吻谈论19世纪的形而上学法理学；他建议我们不要对“一个自以为懂得法律的形而上学者”抱太多的希望，并且指出，除非哲理法理学能够有助于我们理解“实然的”法律，否则它将无甚价值。[①] 但是，“实然的”法律，在19世纪分析法学家的意义中，只是一种幻象，因而也只是一幅理想的图景。由于他们以为所有的法律律令都是按照一种逻辑方案一举制成的东西，而且这些法律律令的所有内容细节也都与该项逻辑方案完全一致，所以他们认为，他们能够通过分析而发现这项逻辑方案；为此，他们设计了一项方案，而依凭这项方案，他们一方面可以尽可能详尽地解释司法过程中的实际现象，另一方面则可以对那些因在逻辑上与该项方案不相一致而无法解释的那些规则进行批判。这是一种保证法律稳定性并给法律变化提供有序指导的方法；这种方法在法律科学中曾起过重要的作用。然而需要指出的是，分析法学家非常自信武断，他们谴责所有其他人描绘的理想图景，声称只有他们的图景才是“唯一的法律”，并且认为他们通过宣称其他“画家”所主张的法理学是唯“义务论”的图景（即那种不解决“实然”问题而只解决“应然”问题的法理学）而已然摧毁了所有这些“画家”的主张。分析法学家的这种自信武断，只

① *Studies in History and Jurisprudence*，176－178，191－192，203－204，American edition，611－612，631－634. 另请参见他于1907年在美国法律学派协会（The Association of American Law Schools）所做的评论：31 *Rep. Amer. Bar Assoc.*，1061，1063。

是19世纪闭门造车学风导致不幸后果的又一个证明。毋庸赘言，分析法学家乃是些纯粹而简单的法律人。因此，他们描绘的图景有这样一个优点，即在他们的图景中唯有法律而别无其他。但是也只是因为此，他们的图景才不如任何其他法学家的图景， 34
因为一如我们所知，被描绘的对象并不是一种会耐心地坐以待画的东西，而是一种在不断地发生变化的东西，因此当分析法学家进行描绘的时候，他们的图景也就成了一幅有关过去某种事物的理想图景了。分析法学家所具有的那种逻辑方案也许可以被用来指导微小的变化。但是，实在的法律却是由那些随时随地都在发生的重大变化决定的，而这些重大的变化又是由法律以外的观念所指导的；正是这些观念才是形而上学法学家的关注之所在。形而上学法理学把它的权利观念赋予了历史法学派，从而也就确定了它用伦理解释法律史的路线。换言之，法律规则、法律学说和法律制度在19世纪受到的历史批判，实际上直接出自于那些自以为懂得法律的形而上学论者。它并非出自法学家或历史学家之手，而是出自康德和黑格尔之手。

形而上学法理学的学说经由历史法学派而深刻地影响了实际的审判方式和法律论著。形而上学法理学的那些学说提供了历史学家在法律历史中进行验证的构设；它们描绘了法官和法学家在制定当下法律时赖以调整旧材料的图景。例如，已故的詹姆斯·卡特(James C. Carter)的论辩对19世纪最后1/4时期美国司法判例的形成起到过重要的作用，而他身后发表的著作则在一定程度上使他的影响得以常驻人间。但是，卡特先生的

35 观点却是他本人在学生时代从萨维尼的一个学生[①]那里学到的正宗的形而上学历史法理学思想。[②] 另外，历史法学派中的罗马派法学者对英国分析法学家的影响也是显而易见的。这些罗马派法学者所取得的主要成就之一就是法律交易理论（the theory of the legal transaction），亦即法律赋予其效力的明示意志（据此通过使明示人的意志在外部世界中具有效力而实现他的自由）的理

① “但是，这里存在着一项明确无误且持久存在的指导原则。这项指导原则足以告诉我们通过立法所应当达到的目的以及应当把什么工作留给其他机构去承担。这就是我通常所坚持的作为立法与法律的唯一功能的原则，亦即确使每个人在维护所有其他人所享有的与其相似的自由的前提下都能够持续享有的那种最崇高的自由。自由乃是最重要的恩赐也是每个人灵魂的诉求。自由是人类的最高目标。对自由所做的任何剥夺都要求有一种理据，而且唯一好的理据便是维护自由的必要性。维护自由的任何意向都是正当的，而所有违背自由的倾向都会酿成大错。”*Law: Its Origin, Growth and Function*, 336－338(1907). 这表明了第二代历史法学家与实证主义者的影响。在早期的论著中，他乃是根据萨维尼的法律理论和伦理解释进行思考的，因此他认为：“法官不能制定法律的原则从一开始就得到了人们的接受；判定案件必须赖以为凭的规则早就存在这一点也是不容置疑的……人们一致认为，真正的规则肯定是可以被发现的。法官和律师都在进行这项发现工作。他们参引了与纠纷相关的几乎所有案例，查阅了与此相类似的案例，诉诸了人们的习惯和惯例，而且还援用了那些业已被确定为基本原则的原则以及由它们而得出的结论；通过这一系列努力，他们最后推论出了一项规则，亦即被宣布为现行法律所要求的应当被适用于该案件的那项规则。在该项规则中，下述若干要点乃是明确无误的：第一，整个过程都在于努力发现一项规则；第二，据此而发现的规则乃是正义规则——亦即与进行这种发现的人所持有的正义感极其相符的那种规则；第三，有一点乃是人们以默示方式所认可的，即这种正义感在所有进行发现工作的人当中乃是相同的——这就是说，他们有着一种共同的正义标准，而根据这项共同的正义标准，他们可以彼此展开争辩并且努力说服对方；第四，探寻的范围乃是该民族的习惯、惯例、行业及风俗，以及人们在此前对该民族的习惯、惯例、行业及风俗所做的调查之后而公布的既定规则。”*The Ideal and the Actual in Law*, 10－11(1890).

② 参见：Cushing, *Introduction to the Study of Roman Law*, §§269－279(1854)。这些讲座开设于1849年。

论。这一理论在教义上的法律形式得到了英国研究合同法的论者们的接受：他们一直试图使英国的合同法与这一理论相符合，而且还多次成功促使了法院采纳他们的观点。此外应当注意的是，在19世纪的时候，人们曾试图用现代罗马法关于法律赋予缔约各方之意志以效力的理论来重述有关公职的普通法，而且还试图根据现代罗马法有关"无过错无责任"的一般化阐释来修改英美的侵权法并获得了较为可观的成功。当然，现代罗马法有关"无过错无责任"的一般化阐释从来就不足以对普通法中关于侵权责任的所有现象做出适当的解释，但是，凡与这一原则不相一致的现象在当时却都被宣布为"历史上的异常现象"。此外，这个形而上学分析的理论还被认为是一种在法律责任的整个演化过程中不断实现的并在现代法律中得到最充分发展的观念。因此，当时的一些论者毫不犹豫地预言道："赖兰兹诉弗莱彻案"(*Rylands v. Flecher*)的原则最终将从法律中消失；他们甚至还坚定地断言，
这种消失的过程正在我们眼前发生，因为各种司法例外情形正 36
在逐渐窒息这一原则。[①] 博学论者们的这些观点曾一度对美国的审判过程产生过明显的影响。较晚些时候，这一原则又在美国得

① "'赖兰兹诉弗莱彻案'之后——即在过去的25年中——所报告的每一项这样的案例都有着这样一种明显的倾向，亦即从那些能够使案件规避规则的事实中发现某种东西的倾向……人们从精神上发展出了一些权威而且还遵从这些权威，而正是这些权威成了法律新篇章的出发点。还有一些东西只是在字面上得到遵从，而且缓慢地但却确实地为各种例外所扼制与削弱"。Pollock, *Law of Fraud in British India*, 53－54(1894). 请比较：Salmond, *Torts*, 4th ed., 233。他争辩说，如果没有人疏忽，那么就不能适用该项原则。另请比较：Thayer, "Liability Without Fault", 29 *Harvard Law Review*, 801。

到复兴，目的在于使法律能够应对一般安全所面临的各种新的威胁。同样，英国法院也拒绝把该项原则只适用于邻接地产所有人的争议，而是主张将其扩展适用于一些新的事实情形之中。[①] 再者，那些喂养危险动物的人的绝对责任以及因动物侵犯他人而导致的绝对责任，曾一度被视为正在消失的异常现象，但是现在却出乎意料地显示出了活力。英国上诉法院在处理一起第三者因过失放跑一只动物的案件中，[②]坚持喂养危险动物的人承担绝对责任，而且还将因动物侵犯他人的绝对责任适用于这一侵犯行为导致的间接后果。[③] 这与19世纪的一项判决完全不同，因为后者还需要知道导致这种后果的倾向或条件。[④] 这些事实表明，我们可以从当今法律的各个方面获得证明，历史形而上学关于法律目的的思想占据支配地位的时代已经一去不复返了。但是值得我们注意的是：第一，上述判决受到了广泛的批评；第二，人们普遍认为它们侵犯了普通法的原则，因为“无过错无责任”的原则在19世纪确实在一定程度上被作为实际法律律令而得到了适用；第三，美国法院判定工人补偿法违宪，因为从立法上强制设定“无过错责任”不符合法律的正当程序；[⑤]第四，法官鲍德温(Baldwin)这样一位有权威

① *Charing Cross Electricity Supply Co. v. Hydraulic Power Co.*,[1914]3K. B. 772,779,785;*Musgrove v. Pandolis*,[1919]2K. B. 43.

② *Baker v. Snell*,[1908]2K. B. 352,355.

③ *Theyer v. Purnell*,[1918]2K. B. 333. 请比较“这项原则乃是一种僵化的陈词滥调”,Pollock *Torts*,11th ed.,501,note y。

④ *Cox v. Burbidge*,13C. B.,N. S.,430(1863). 请参见:Pollock,*Torts*,11th ed.,500。

⑤ *Ives v. South Buffalo R. Co.*,201 *New York Reports*,271,285 - 287,293 - 295(1911).

的人士也宣称“雇员规则”(fellow-servant rule)表达了一种权利 37
观念，因此国会在联邦立法权的范围内不能强迫一个州的法院无视该项规则；[①]所有上述情形都充分表明：形而上学派的思想确实发挥过实际的作用，因为这些思想乃是促使人们达致实际结果的有效力量。

此后，伦理解释连同第二代历史法学派一起都被政治解释(political interpretation)所取代，或者说都转而变成了政治解释。当然，伦理解释的一些缺点也随之传给了新的学说。仅从这一点来讲，伦理解释的那些缺点比较容易为人们所认识。在本书讨论的这个阶段上，我们至少可以做如下的追问：伦理解释为什么没有能够满足19世纪末以及当下的情势对法律科学所提出的那些要求呢？我认为，指出五个原因就足以说明这个问题了。这五个原因有如下述：(1)有关法律观念之内容具有连续性的那种谬误；(2)先将某一时段的法律分析置回到历史之中，然后使之成为衡量所有时期法律发展的一个标准，并通过这种做法来严格限制反复试错的过程；(3)倾向于根据法官或法学家的个人情感、所接受的训练以及个人联想来填补权利观念的抽象内容，因此，伦理解释为法官或法学家遵循这些情感、训练和联想提供了正当的理据，而不是促使他们去避免这些个人性的东西；(4)它的追随者倾向于为各种原则做机智灵活的辩护，而不是对它们进行批判；(5)历史法学派兴起时带有当时所特有的浪漫主义倾向。

人们可以从当时的论者对名称史的偏好中窥见上文所指出的

① *Hoxie v. New York R. Co.*, 82 *Connecticut Reports*, 352.

内容连续性谬误(the fallacy of continuity of content)的一个方面,因为这种偏好认为,内容之所以亘古不变,其实是因为其名称是亘古不变的。例如,美国联邦宪法有关特权与豁免权条款在司法实践中适用于在各州经商的公司,但却不适用于那些按照各州法律组建起来的公司。当该项条款第一次适用于这样一种情形
38 时,公司意指一种享有州赋予的垄断的公司。然而在今天的美国,它则意指一些通过一种负有限责任的公司进行经商的商业冒险家。但是人们却对这种变化了的内容熟视无睹,反而将当下的含义注入旧的解释之中,因而继续用该项解释去适应新的情势。这就导致了法律权威与商业需要之间的争斗,而这种争斗则使得法院不可能从逻辑上对一个州的公司在另一个州经商时应有的地位做出裁定。通过反复试错的方式去适应当下需要的过程虽说仍在继续,但是这个过程却为历史连续性的假设所牵制。①

19 世纪的历史著述中也普遍存在着一种与此类似的现象。例如,克罗齐告诉我们说,现代意大利的新吉伯林派(neo-Ghiboline)历史学家认为,他们关于统一的意大利的概念与马基雅维里(Macchiavelli)的概念基本一样,亦即他们在 19 世纪关于意大利民族的民主化和民族化的理想与 16 世纪人们将政治权力集中于君主一人之手的理想相似;他们的理想虽说产生于一个推翻了那种为马基雅维里所赞扬的政权的时代,但是却与马基雅维里从比较意大利的政治状况与欧洲其他国家的政治状况的过程中所提出

---

① 参见:Henderson,*The Position of Foreign Corporations in American Constitutional Law*(1918)。

的批判政治学思想非常接近。克罗齐还指出，19 世纪的这种理想并不适合于意大利历史的撰写，因为从伦巴德入侵直至 19 世纪，这种理想所认为的那种统一还从未在意大利出现过。[①] 在论及那种用教会和国家来解释意大利历史的时候，他也指出："教会和国家并不是确定不变的实体；它们关系繁复，时而教会压倒国家，时而国家压倒教会，时而二者合一，时而互相反目。因此，既不能以国家为标准、不能以教会为标准，也不能以国家与教会二者之间的中立地位为标准去撰写意大利制度的历史。二者依时间的变化而互相转化，时而教会成了国家，时而国家又成了真正的教会。"[②]法 39
律史的撰写特别容易犯这样的错误，因为人们往往会信奉这样一种教条主义的假设，即首次适用于一个新案件的法律规则实际上从一开始就已存在了，而且法学家也总是希望把所有的法律规则和所有的法律概念都置于一个不容置疑的基础之上，而这个基础便蕴涵于不会改变的事物本性之中，存在于永恒不变的理性之中，存在于不朽的惯例之中。

从那种认为法律制度具有连续内容的观点中，我们还可以看到这个谬误的另一个方面。这种观点忽略了来自外界及法律外部的因素所具有的持续不断的影响，而且还认为由于法律制度从来就没有经历过一举被全部摧毁或全部替代的过程，而是经历了一个长期的从未间断的修修补补和增添删减的过程，又由于上述修补和增减的较为彻底的形式往往被称之为"修复"，所以现在的法

① *Storia della storiografia Italiana nel secolo decimonono*，Ⅰ，181 - 182.

② Ibid.，Ⅱ，188 - 189.

律结构就应当被认为是那个最初存在的法律结构。因此，在对罗马法律史和欧洲大陆法律史的伦理解释中便存在着这样一种假设，即“有一种表达人类本性之恒久需求的理性且科学的因素在发挥作用。这一因素有着巨大的弹性，因此它能够产生出《十二铜表法》、所谓的中庸法理学、永恒的哈德良（Hadrian）敕令、《狄奥多西法典》（*The Theodosian Code*）、查士丁尼法典等；此外，它可以成为一种支持教会法的强大力量；它既能与封建法律共同相处，也能最终将封建法律从西方的立法中清除出去；当它支持各种为法国大革命所反对的力量的时候，它能够顶住法国大革命对它发起的进攻；而且最终，它还能以民法典的名义留存于法国人民的心中”[①]。如果我们设想一种观念的逐渐展现具有类似的弹性和持久性，那么我们就可以很容易地撰写出一部类似的描写了一系列斗争的关于普通法从诺曼征服时期的英国到 20 世纪的美国这一连续不断的历史，其中论涉到 12 世纪的教会、16 世纪接受罗马法的运动、16 和 17 世纪的都铎王朝和斯图亚特王朝、18 世纪末和 19 世纪初
40 美国在独立战争后对英国法律的仇视，以及在当今美国盛行立法的时期公众对各种宪法限制的不满，等等。但是，在上述的每一种情形中，我们始于的问题究竟在多大程度上与我们最终讨论的问题相关呢？历史法学派完全抛开人类的活动，只按照一种有机体的发展（亦即只按照该有机体内部的某种力量所推动的发展）来考虑每一种情形。布莱克斯通的比喻就是一个很好的例证。他认为，为了满足自己的需要，人们通常都会采取不断修改或补充旧材

① Blanch, quoted by Croce, *Storia della storiografia Italiana nel secolo decimonono*, Ⅱ, 21.

料的方式去改造某一事物，这就像把一座英国式的古城堡改建成一幢现代化住宅一样。的确，我们完全可以把这些法律制度比作罗马的一座古教堂。也许塞尔维亚的墙(the Servian wall)只是其地基，而一座基督教以前的公会堂则是第一座大厦。4 世纪时，这座公会堂被改建成了教堂。也许在 9 世纪时，在那些地基上又建立起了一座新的教堂，新教堂还留用了一部分过去的墙。这座教堂于 12 世纪重建，而重建时又增加了许多石头和装饰品，并补充了一些古老的镶嵌工艺品和一些绘画。在此后的几个世纪中，人们频繁地对它进行修复。到了 18 世纪，人们又按当时盛行的巴洛克风格对这座教堂进行了全面的整修。19 世纪时，人们又建造了一些新的小礼拜堂和纪念碑，有时还试图展示一些零散的古旧文物。今天，人们所使用的材料当中究竟还有多少是塞尔维亚的墙、罗马的公会堂、5 世纪作为宗教会议场所的教堂、12 世纪的教堂甚或文艺复兴时期的教堂呢？显而易见，这幅图景比历史法学派为我们提供的有机体进化和连续同一性的图景更接近于真相。

构成内容连续性这个谬误之基础的，乃是形而上学关于观念逐渐展现的原则。如果把这项原则在法律思想中付诸实践，那么它便会使某一特定时空下的法律理想成为一种衡量所有法律的严苛标准。由于那个特定时空下的人的目的、需求或欲望构成了那种法律理想，所以那些目的所提出的要求也就被确定下来成为一系列限制因素——人们在另一特定时空下具有的不同目的所提出的要求唯有在这些限制因素设定的范围内才可能得到满足。这种现象在政治解释方面表现得更为明显。但是，我也可以征引现代罗马法中的责任意志说以及教科书撰写者和追随他们的法院试图

41 把这种意志说强加给普通法的各种尝试作为我们的例证。萨维尼乃是责任意志说的主要倡导者。[①] 经过他的传播，这种理论渗入了英美两国论者研究合同法的论著之中；[②]此外，许多声称把我们的法律视作是我们民族精神之产物的人，也都把这种理论当作正统的英美法律进行传授。

哲学家手中的那些抽象观念一旦到了法律人的手中，便获得了具体内容。这些具体内容通常都源自法律人所学过的那些思想模式、技术规则和法律律令。古典罗马法中就存在着这种现象。在古典罗马法中，自然法就是通过法律人把他们先前从其老师那里学到的那些传统的思想模式、法理学家的技术规则以及法律律令理想化和一般化而获得其内容的。在美国宪法的初始阶段，亦即当人的自然权利从柯克和布莱克斯通所阐释的英国人所享有的千古不朽的普通法权利中获得其法律内容的时候，也明显存在着这种情况。[③] 但是，根据一种权利观念而展开的伦理解释却诱使法学家和法官用一些并非只是法律或并非只是按当时当地的社会秩序加以制定的法律来填补其内容。这似乎证明，法学家或法官有理由从法律律令中发现一种对正确的东西（亦即他个人认为是正确的东西）的宣告或实现。如果把这种思想方式在美国宪法中付诸实施，那么这种思想方式的结果就会像法官霍姆斯（Holmes）

---

① *Das Obligationenrecht*，11，§ 52（1853）.

② Anson，*Contracts*，pt. 11，chaps. 2，6；Pollock，*Contracts*，chap. 1，在此后的版本中得到了修正。参见：Williston，*Contracts*，1，§ 21。

③ 我在下文中讨论了这种现象：*The Spirit of the Common Law*，Lecture Ⅳ，"The Rights of Englishmen and the Rights of Man"。

先生所指出的那样："一些法院从……［宪法］以外发现了一些新的原则，这种情况可以归结为接受50年前流行的那些经济原则的结果，也可以归结为不分青红皂白地对法官认为不正确的东西予以禁止的结果。"[①]如果有人觉得这个说法太夸张了，那么我请他注意一些无甚争议的事例。例如在美国南北战争期间，佐治亚州曾 42
判决过这样一个案件。当时，该州最高法院在通过《邦联征兵法案》时实际上断言说，有关州权利的原则表达了邦联宪法所宣告的那种权利观念；因此该法院规定，任何贬损它的立法都是无效的，而且宣告这种立法无效亦无须征引任何特定的宪法限制性规定，因为它与一种绝对的不成文的根本法相抵触。[②] 在1871年判决的另一个案件中，一项州的法律有关两年分居构成离婚理由的规定与该州最高法院一位法官的宗教观点相冲突；于是，这位法官武断地宣判，该项制定法因与根本法相抵触而不应当得到实施。[③]对法律史的解释，以及对那种导致这类结果的法律的解释，绝不可能始终是一种稳定的力量。

18世纪法学著作的撰写者们从哲学的立场出发而在事后杜撰出了一些理由，为那些在司法过程中已无多大意义的历史遗产进行解释和辩护；因此，19世纪历史法学派所具有的价值之一，就在于通过研究法律律令和法律学说的起源和发展来揭露他们所杜

① "The Path of the Law", 10 *Harvard Law Rev.*, 456, 457; *Collected Papers*, 184.

② Jenkins, J., in *Jeffers v. Fair*, 33 *Georgia Reports*, 347, 365－366, 367(1862).

③ Turney, J., in *Lanier v. Lanier*, 5 *Heiskell* (*Tennessee Reports*), 467, 472 (1871).

撰的那些似是而非的理由。但是值得我们注意的是，由于历史法学派认为所有的法律史的未来发展都必须与某些方案相一致，所以这些方案的专断性也就致使历史法学家放弃了根据法律律令在实际中的效用或它们是否能够满足法律秩序的目的对这些法律律令进行批判的使命，而只是一味地为这些法律律令进行辩护。据此，萨维尼也对那种异常规则做出了极其专断的辩护，即在一种根据不可能的或非法的先决条件而获得遗产的情形中，这种先决条件应当被当作一种“没有书面文字的遗嘱”来对待。异常规则乃是从罗马共和国时期的“赠予遗嘱”中衍化出来的一项规则（此遗嘱旨在永久维持一个家族），因此把这种规则适用于现代的遗嘱乃是极不妥当的。[①] 由于埃姆斯院长认为法律与衡平法在历史上所存在的区别表达了一种观念，因而它们之间的区别是一种根本的和必要的区别，所以他也据此反对按照一种普通法诉讼程序或由普通法法院提供直接救济，尽管在一些司法管辖地区中立
43 法允许用一种诉讼程序提供完全的救济；此外，他还主张采用一种间接的衡平法诉讼程序。当然，他是在一位合伙债权人因接受了一份由破产合伙人签署的属于所有合伙人共有的债券而失去了向有偿还能力的合伙人进行索赔的权利的案件中提出上述主张的。[②]

另有一些论者曾对历史法学派创始人的思想模式与当时普遍盛行的浪漫运动之间的关系进行了评论。法律史著述与所谓的浪

---

① *System des heutigen römischen Rechts*，Ⅲ，§ 124.

② *Cases on Equity Jurisdiction*，Ⅱ，280，note(1904).

漫史著述的历史叙事诗可以说是一对孪生兄弟。历史法律叙事诗中最著名的乃是在一代人之前极为流行的英美公法叙事诗。这种叙事诗通常都以描写日耳曼民族的地方自治团体、集会、立法或司法机构、瑞士的乡镇和新英格兰城镇会议作为序言，①以根据18世纪的《权利法案》解释《英国大宪章》作为主要内容，并以根据《美国宪法》解释17世纪英国的法院与王权之间的斗争作为叙事高潮。这类叙事诗，与克罗齐曾经深刻剖析过的那些在一种有关统一的和自由的意大利的观念鼓舞下所产生的意大利历史叙事诗颇为酷似。英美公法叙事诗明显受到了美国法律人的推动，因为他们期望为美国法院在判定违宪立法方面的权力发现一种不容置疑的基础。

然而，伦理解释中却含有一些合理的因素，而且历史法理学的这个方面也使其为法律科学做出了某些贡献。伦理解释的背后隐含着一种合理的本能，因为它力图提供一幅有关法律目的的图景，而且这类图景也为法学家努力通过使法律律令、法律学说和法律制度适应种种新的变化了的要求而使法律尽量满足社会需求提供了某种指导。即使是它关于连续性的图景也有一定的道理，因为在传统的职业思想模式和传统的技术规则中确实存有某种连续性，而且在对一个法律体系的材料进行修改或将其用来满足新的 44
要求或新形式的旧要求的时候，这些传统的思想模式和技术规则也是一种强有力的遏制力量。宗教解释则在下述方面起到了极为重要的作用，即它促使我们去关注英美普通法和美国立法（这在很

① 这个观点通常取自：Freeman，*Growth of the English Constitution*，chap. 1（1872）。另请参见：Adams，*The Germanic Origin of New England Towns*，Ⅰ，245（1882）。

大程度上要归因于清教徒的影响）中的许多现象的真正本质及其起源的问题。然而，最为重要的是，伦理解释在同19世纪英美法律人所固守的下述倾向作坚决斗争的方面也起到了很大的作用，即在分析法理学和权力分立原则的影响下，19世纪的英美法律人倾向于认为，律师、法官和法学家与伦理毫无关系，因为他们所关注的只是通过分析法律的内容而从法律本身中得出对法律的批判。[①] 在这样做的时候，伦理解释有助于反对威廉·埃尔（William Erle）爵士称之为的“强力判决”（strong decisions）的倾向——按他所述，“强力判决”乃是与“常识和共同便利相对立的”，但是却被认为是为法律逻辑的规定（适用于既定的法律前提）所要求的。[②] 经常有人在此类判决中自豪地宣称，法律是一回事，而道德则是另一回事；一项律令也许在法律上具有效力，然而在道德上却不一定有效力。[③] 那种主张一种伦理观念乃是在法律发展过程中逐渐展

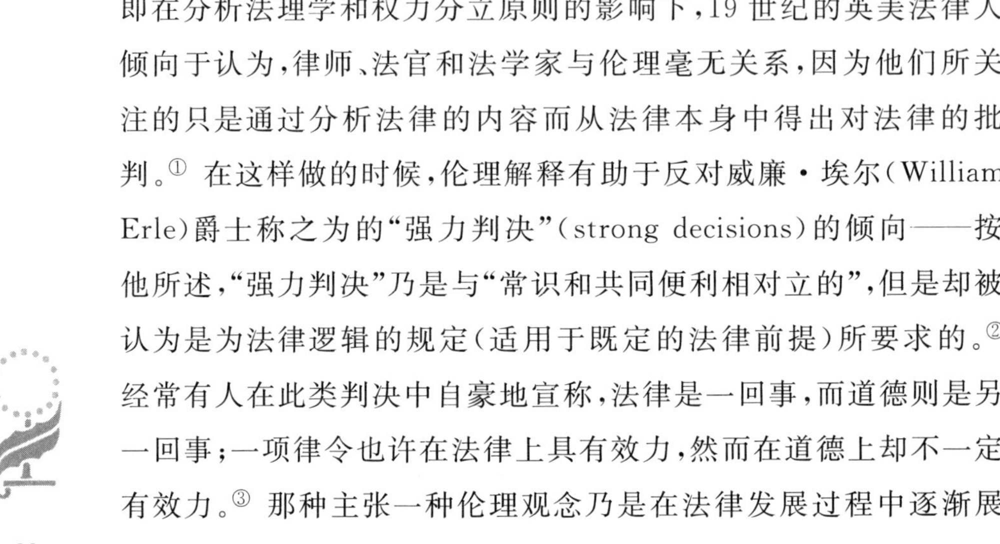

① Pollock, *First Book of Jurisprudence*, pt. 1, chap. 2(1896); Gray, *Nature and Sources of the Law*, §§ 642 - 657(1909).

② “我知道有一些法官乃是从法律研究界中生长起来的，故此，他们对‘有独立见解的判决’有莫大的兴趣。一如我们所知，有独立见解的判决乃是一种与常识和一般利益相对立的判决……法官制定的大部分法律都是由这些有独立见解的判决构成的。再者，由于一项具有独立见解的判决乃是另一项稍少一点独立见解的判决的先例，所以在某些方面，法律最终成了一种令人厌恶之物，以至于衡平法只好对其进行干预或者不得不通过《议会法案》而将其彻底否弃。”Sir William Erle, Chief Justice of the Common Pleas, 1859 - 1866, *ex rel*. Senior, *Conversations with Distinguished Persons*(1880 edition), 314.

③ “业已证明，抵押优先清偿（抵押权）原则曾多次受到司法的指责。尽管如此，该项原则还是被适用于一些案件……在这些案件中，人们可以说这就是成功的标志，而不是屈服的标志——这是技艺的成功，而不是正义对不合时宜的先例所具有的拘束力量屈服的标志。”Willoughby, *The Distinctions and Anomalies Arising out of the Equitable Doctrine of the Legal Estate*, 71 - 72(1912).

现的以及法律律令乃是权利观念的表现或实现的原则，对于当时盛行的这样一种观点来说，乃是一副有效的解毒剂；这种观点认为，“业已颁布”或“正在考虑和审判”这类语词足以证明任何继之而来的事情为正当。

第三章　政治解释

45　我们的现代法律科学始于 13 世纪；当时，法律科学乃是神学的一个分支或是对神学的具体应用，亦即一种试图用哲理神学来支持那种以经院方式讲授的罗马法的权威。16 世纪时，新教的法学神学家把法律科学从神学中解放了出来，而在这些法学神学家当中，最著名的是亨明森(Hemmingsen)——格老秀斯也曾在这个方面追随过他。在 17 和 18 世纪，法律科学与政治学和国际法结合在一起，并成为它们各自领域的一个共同的哲学基础，因为在此基础之上，法律科学被分别用于解释政治学的一般原则、法理学的一般原则以及一种国际法体系。19 世纪时，国际法成了一门独立的学科，法理学也遂与政治学分开，而且作为一门独立的科学，法理学还发展出了三种不尽相同的方法。这种专门化的发展愈演愈烈，以至于每一种方法都渐渐被认为是自足的和自成体系的，而且每一种方法都声称自己若不代表整个法律科学，也至少代表了一种完整的法律科学。一如前文所述，伦理解释与那种从 18 世纪完全以哲学为基础的法律科学中遗留下来的伦理学保持着某种联系。但是，随着历史法学派的发展，这种联系消失了，而且黑格尔把法律与道德加以区别的观点也明确取代了那种把法律与道德等而视之的倾向。另一方面，政治解释的兴起则在法律与政治学之间建立了一种新的联系，而且这种联系自此以后一直牢固地保持了下来，因为当下的趋势乃是摆脱前一个世纪流行的各门学科极端专业化的倾向和学科间狭隘而僵化地划分范围的倾向。今天，我们正致力于将所有的社会科学都统一起来，并且把法理学只视为其中的一个部分，因为我们认为任何一门学科都不是自足的。除了法律功能观以外，那种否认法律科学是一完全独立的学科的观念乃是晚近法理学思想最重要的特点，因为我们知道，这种视法律科学为一完全独立的学科的看法，完全源自法
律本身，它无视所有其他学科对法律的意义，认为它们与法律所 46
要解决的问题无关，因而对实现法律的目的也毫无价值可言。19 世纪所特有的那种论涉范围狭隘的法律科学不仅漠视甚至还不能容忍任何源自外部的见解；这种狭隘的法律科学在奥斯丁的追随者所创建的英美分析法理学中达到了高潮。政治解释乃是论者们对这种分析法理学所发起的一连串反击中的第一项反击；这一连串的反击为法理学在 20 世纪的发展开辟了一条新的途径。

从哲学的观点来看，伦理解释反映了康德对历史法理学的影响，它致使人们依据康德的权利理论去解释法律史和法律。政治解释则代表了黑格尔的影响。它是一种根据黑格尔有关权利是“作为一种理念的自由”的命题而给出的解释。我们有时将“right”这个词译作“法律”(law)，有时则译作“权利”(right)——而我在前述论式中则将其译作“权利”；但是，这并不意味着这两种翻译都是准确无误的，而且也不意味着我们可以将这两种翻译综合起来去理解它。黑格尔所系统阐述的正是我所称谓的一种有关

法律目的的观念。他所意指的乃是那种被认为是法律秩序之存在所旨在产生的东西，亦即当我们说法律是作为实现正义的一种手段而存在的时候我们所谓“正义”(justice)的那种东西。因此，他认为，法律所实现的是自由这个理念，亦即“被概括的存在乃是自由意志的存在”这个理念。[①] 在法学家看来，这种解释乃是从政治的维度探讨这个理念的，或者我们可以说，它把一种政治观念视作是在法律史中得到实现并在法律规则、法律学说和法律制度中逐渐展现出来的那个理念。从法律角度和政治角度看，这种理念就是自由(freedom or liberty)。人际关系的完美理想状况便是自由。因此，法理学和政治学所必须研究的乃是市民关系中所实现的那种自由，更为具体地说，亦即那种自由所具有的不尽相同但却紧密相关的方面。[②]

47 如果我们一方面把这种视法律目的为自由的较为具体的观念归功于黑格尔，那么另一方面，这个观念就与摈弃 18 世纪对理性的信奉有关。它是人们反对自然法并对创造性法律精神表示不信任的一个方面；例如，我们可以从曼斯菲尔德(Mansfield)爵士的思想中看到这一点。因此，普赫塔在宣称法律和权利的基本观念

① “这是权利，即被概括的存在乃是自由意志的存在。由此我们可以做出归纳，即它是作为一种观念的自由。”Hegel, *Grundlinien der Philosophie des Rechts*, 61 (1820).

② “法理学的直接目标——亦即它作为一门独立科学所达致的目标——乃是自由。但是，作为人际间完美关系的自由却已经成了人们实现人之完美的一种工具。因此，法理学在实现其特殊的或直接的目标的过程中也变成了实现与伦理学相同的终极目标的一种工具。”Lorimer, *Institutes of Law*, 2nd ed., 354－355(1880). 另请比较本书第 32 页(此为原书页码，即本书边码，下同。——译者)第三条注释中的引文以及本书第 35 页第一条注释中的观点：Carter *Law: Its Origin, Growth and Function*。人们将看到，这些观点更为具体地阐释了伦理解释的观念。

是自由以后又补充指出，“理性并不是自由原则”，而是“人类本性中一种与自由敌对的因素”。[①] 他解释说，这是因为理性将其自身强加给意志，并强行规定这种或那种行为过程。因此，我们不能像17和18世纪的论者所主张的那样，把法律和权利视作是理性。从17和18世纪的意义上讲，法律和权利乃是对自由的一种限制，因而是与自由相敌对的。换言之，普赫塔的意思是说，如果法律的原则就是理性，那么我们所具有的绝大部分法律都会受理性的支配，一如它对人际关系所要求的那样，因此，我们的自由也就受到了很大的限制。然而，我们的关注点应当是自由而不是对自由的限制。我们不应当拥有仅仅为了实现理性而设定的那些限制；此外，如果一些限制乃是通过认为一种限制的存在代表着自由意志的存在，并且把自由当作一种理念加以实施这样的方式而实现自由的，那么这样的限制就是可以允许的，除此之外不应当存在任何限制。为了关注自由，我们就必须把握那个在历史中逐渐展现的自由理念，而不应当试图去建构一种以理性为基础的自然法体系。那些业已成为实证主义者的晚期历史法学派学者从逻辑上为这种思想模式下了结论。他们论证说，如果法律是自由的科学，那么每一项法律规则就都是一种邪恶，因为对自由的任何 48

① “自由乃是权利的基础，而权利则是一切法律的基本原则。因此，我们如果从理性出发，那么我们就无法获得作为法律原则的权利……因为我们知道，如果邪恶之事是非理性的，那么我们就不能从理性中推论出含有着邪恶之可能性的自由，反之亦然。善应当作为必要性加以实现的观点，倒是与理性更为一致。另一方面，善经由并不排除邪恶之可能性的自由而达致的观点却是与纯理性相矛盾的。因此，理性并不是自由的原则，而毋宁是人类本性中一种与自由敌对的因素。再者，理性从一开始就表现出了这样一个特点。”Puchta，*Cursus der Institutionen*，§ 2(1841).

调整都是对自由的一种限制，而且唯有权利或法律的目的才是最大限度的自由。因此他们得出结论认为，法律是一种必要的恶；法律之所以是一种恶，乃是因为它限制了自由，而且自由就是权利；法律之所以是必要的，实是因为没有某种最低限度的限制，自由在人类相互冲突且彼此重叠的欲望中就是不可能的。① 虽然论者们并未有意识地用政治解释去否定法学家和立法者的作用，但是政治解释从一开始就是一种对法学家和立法者的作用持否定态度的观念。政治解释主张，应当把法律秩序限制在一个必要的最低限度上——亦即把其限制在为实现人际关系中的自由所要求的那种最低限度上。任何提出规则的人都负有举证的责任，亦即证明他所提出的那项规则乃是促进自由所明确需要和迫切需要的。一如前文所述，应当把强制降低到为"个人与整体和谐共存所绝对必要"的程度。②

从历史的观点看，政治解释与19世纪撰写历史的三大运动有联系。最初，它与普遍历史的观念相联系。黑格尔在其法律与权

---

① "从最一般的意义上讲，法律乃是自由的科学[5]"。

"每一项法律规则本身都是一种恶，因为它只把规制权利之实施视作是自己的目的，而且规制一项权利的实施便不可避免地会对权利构成限制。另一方面，每一项认可权利的法律规则，都是通过防止权利受侵犯而对权利进行保护的；这样的法律规则是善的，因为它乃是通过这种方式来应对其合法性目的的。因此，如果法律是一种恶，那么它乃是一种必要的恶。"Beudant, *Le Droit individuel et l'état*, 5, 148(1891).

值得我们注意的是，伯当(Beudant)通过形而上学理论——即通过自由观念或有意识的个人的自由意志的观念——的推理而获致了上述结论，正如托马斯·潘恩通过自然法理论——即通过自然形态中理性动物特性的观念——的推论而获致这种结论或者正如斯宾塞通过观察整个文明中一种"扩张个人自由权的明显倾向"而获得此一结论一般。Paine, *Rights of Man*, 46, 48, 50 ff. (1791); Spencer, *First Principles*, § 2.

② Lioy, *Philosophy of Right*, transl. by Hastie, 1, 121.

利的哲学中勾画出了一种普遍的权利历史。[①] 普赫塔在其关于罗马法制度的专著的导言中概述了一种普遍的法律史；这是一篇关于罗马法律史的论文，可以说是唯心主义解释的一篇经典之作。[②] 普赫塔向我们表明，自由这个理念乃是在人类经验的一个大链（如巴比伦、埃及、希腊、罗马、西欧）中逐渐展现或得到实现的：每一个阶段都把它的经验传给下一个阶段，而在每一个阶段中，自由这个 49
理念一步步摆脱了纯粹偶然因素的影响，而且也越来越完整地表现出来。甘斯（Gans）甚至据此观点写出了继承法的普遍历史。[③] 这确实是一大功绩，因为如果一个论者要把旁系继承、从罗马共和国的“赠予遗嘱”向与之对立的现代法律原则的过渡、罗马法对遗嘱处置权的限制（如份额继承权），以及这些限制在现代法律中的进一步发展，还有《查士丁尼第118条附律》（现代法律就该项规定的亲属分类翻了许多花样）等现象，都解释成是对一种自由观念的实现，那么这个论者就必须具备一定的逻辑技巧。也许我应该这样说，这种旨在向我们表明自由理念是在法律史中得到自我实现的法律浪漫史，同柯勒以及当今新黑格尔主义者所主张的那种普遍法律史基本上是两码事。为了使我们能够用今日之法律去表达今日之文明，并且使法律增进而非抑制文明，柯勒研究了法律与文明的关系。[④] 换言之，柯勒的普遍法律史中有着一种积极的创造

① *Cursus der Institutionen*, § 9(1841).

② *Grundlinien der Philosophie des Rechts*, §§ 346－347(1820).

③ *Das Erbrecht in weltgeschichtlicher Entwickelung*(1825). 这一名著的撰写工作，只完成了一部分。

④ “Rechtsphilosophie und Universalrechtsgeschichte”, in Holtzendorff, *Enzyklopädie der Rechtswissenschaft*, 1, 6th ed., 1904, 7th ed., 1913. 此前的版本中没有这篇论文。

性因素，而这正是晚近法律思想的一个特征。

由于受到印欧语系中的比较语言学的影响，当时出现了一种语言学倾向；它推动了比较方法在各个领域中的发展，而且这种发展在历史法学派中也是显见不争的。重构原始语的尝试，亦就等于提出了修改亚利安法律的主张；由于梵文在语言学中占有重要地位，所以这也就提出了研究印度法律碑文的要求，并且意味着从这些原始法律制度的最简单的形式中发掘出法律思想的可能性，一如从研究梵文中确认词源一样。因此，比较印欧法律和政治学便成了政治解释所具有的形式之一。但是，这种倾向却试图把法律史的研究局限在一些被认为是法律发展的重要时期中；不过值
50 得我们注意的是，这些时期的选定则是随意专断的结果。① 在很大程度上讲，法律史意味着从罗马法到查士丁尼的历史，意味着从日耳曼法到接受罗马法的历史，也意味着从 12 世纪到 15 世纪的英国法律历史。

值得注意的是，历史法学派对 16 世纪末到 18 世纪末这段时期有一种本能的厌恶；在这段时期内，法律在一种创造性哲学理论的影响下得到了重新制定，并且成了 19 世纪分类学家进行研究的法律素材。美国出现了一股崇尚《法律年鉴》的热潮，而英国则出现了另一种倾向，即司法判决从 18 世纪起开始诉诸中世纪书本中所记载的那种“英格兰的古老法律”。因此，在动产赠予法中有关实现赠予人明示意图的观念的那种规定同 18 世纪日耳曼有关依

① 关于这个问题的一些评论，参见：Leonhard，“Methods Followed in Germany by the Historical School of Law”，7 *Columbia Law Rev.*，573，577(1907)；Kantorowicz，*Zur Lehre vom richtigen Recht*，8(1909)。

法占有财产的观念直接发生抵触的情形下，[1]而且在坦特登（Tenterden）勋爵的判决[2]在 19 世纪时得到了一系列判决支持的情况下，[3]上诉法院在 1890 年还是认为，应当完全根据布雷克顿（Bracton）和《法律年鉴》来裁定这个问题。[4] 该案的结果是令人满意的。但是，在决定是加强财产占有观念在现代法律交易中的地位，还是按照更充分且更自由地实现明示意图的方向掀起一场法律运动时，英国法院所采取的那种方法则是不能令人满意的，因为它无视 17 和 18 世纪的发展，而仅求助于中世纪的书本来进行判决。[5]
相对来说，这种方法在英国的统治时间比较短，而在美国的统治时 51
间则比较长，也更为专断，而且还只是刚刚从法律教学中消失，因为 18 世纪的哲学和创造性思想在美国较之在英国所持续的时间更长。这种情况不难理解：第一，自然法理论本身就是我们有关权利法案的理论，而且也是我们宪法的精要之所在；第二，把英国普通法当作一个开拓性社会的法律予以接受时，不仅需要根据其中的每一项内容对美国的制度和情形的适用性对其进行检验，而且

---

① Lord Hardwicke in *Ward v. Turner*, 2 Ves. Sr., 431, 442(1752).

② *Irons v. Smallpiece*, 2 B. & Ald., 551(1819).

③ Parke, B., in *Ward v. Audland*, 16 M. & W., 870(1847), and in *Ould v. Harrison*, 10 Exch., 572, 575(1854); Crompton, J., in *Winter v. Winter*, 4 *Law Times*, N. S., 639, 640(1861); Pollock, B., in *In re Harcout*, 31 *Weekly Rep.*, 578, 580(1883); Cave, J., in *In re Ridgeway*, 15 Q. B. D., 447, 449(1885). 参见：Serjt. Manning's note a, 2 M. & G., 691(1841)。

④ *Cochrane v. Moore*, 25 Q. B. D., 57.

⑤ "如果人们没有理由而只能像在亨利四世时代制定法律那样去制定一项法律规则，那就太令人厌恶了。如果制定法律规则赖以为凭的根据从制定规则时起便失之不存了，而且该项法律规则只是因为盲目地模仿过去而得以存在，那就更令人厌恶了。" Holmes, "The Path of the Law", 10 *Harvard Law Rev.*, 457, 459; *Collected Papers*, 187.

还需要某种创造性态度。南北战争前夕，选择法律和接受法律的工作业已完成；在19世纪最后的三十多年中，法理学家对美国普通法形成时期的思想进行了抨击，这在很大程度上与萨维尼对18世纪末期的法学思想进行抨击的举动极其相似。

人们可以用法律史来证明这样一个断言，即在19世纪的历史撰写中，“中世纪神话”(the myth of the Middle Ages)乃是一种新形式的自然状态。[①] 中世纪曾被理想化为一个黄金时代，因为现代的法律制度和政治制度就是以其所具有的那种朴素而自然的形式存在于这个黄金时代之中的。撰写中世纪一般历史的论者们都对宗教改革到18世纪末的这段时间极为厌恶，因为这段时间乃是欧洲中央集权的君主专制政府得到发展的时期，而且这种情形也与他们有关政治自由和公民自由的思想很不相符——在他们看来，这些有关政治自由和公民自由的思想早在中世纪就已经存在了，虽然形式简单且不完善，但却毫无疑问地存在着。法律方面的情形亦复如此。在欧洲大陆，历史法学派中的罗马派法学家从古典罗马法中探寻我们复杂的现代学说所具有的简单且原初的形式，而这一学派中的日耳曼法学家则从中世纪初期的日耳曼法律中探寻它所具有的简单且原初的形式；如果他们是英国或美国的法学家，那么他们则会从《法律年鉴》中去探寻它。正是通过这种方式，每一个法律学派的论者都以其各自的形式表现出了他们对创造性时代的不信任；在这个创造性的时代，法律规则不能自生自

① 请比较：Croce，*Storia della storiografia Italiana nel secolo decimonono*，1，118－119。

发地发展，而是必须进行修正以与理性保持一致，或因不能与理性保持一致而必须被否弃。由于这种现象很普遍，所以出现这种现 52
象的时期也因与历史法学家所信奉的信条不相一致而遭到了历史法学家的冷落，并被视为毫无意义。

为了深入且详尽地研究历史而选择一些时期并排除其他一些时期的做法，使得历史法学派所主张的那种解释变成了一种与法学家们所试图解释的那种对象——实际的法律材料——毫无关系的虚构物。这是因为无论柯克如何误解或错误地阐述了中世纪的英国法律，最终成为美国普通法基础的依旧是柯克有关中世纪英国法律的见解与观点，而不是14和15世纪在英国实际实施的法律。不论柯克受到了怎样的历史批判，都无法改变这个事实。任何法律领域都不会因为一位历史学家证明柯克误解了《法律年鉴》而改变其法律赖以为凭的基础。同样，也正是巴尔多鲁(Bartolus)对查士丁尼法律的解释，而不是西塞罗的法律或安东尼的法律，成了欧洲大陆的法律。那种坚持认为行为应当永远沿着古典罗马法中拙劣的契约路线展开的观点，乃是完全不具有历史根据的；此外，历史法学派对现代惯例的蔑视也在学院教师讲解的法律与法院执行的法律之间设置了一条极难逾越的鸿沟，而这对于其间的任何一方都不利。当历史法学派的影响达到顶峰的时候，以及当教师们都倾向于从《法律年鉴》那些晦涩的支离破碎的文字中寻找解决现代法律问题的方法的时候，某种类似于此的情形曾一度对美国产生过威胁。

然而，政治解释主要是历史撰写中制度运动的一部分，是当时兴起的制度历史学的一部分，也是下述观念的一个部分，即政治制

度对政治动荡时期(亦即19世纪中叶)所有重大的事情都具有决定性的影响。当时的论战主要集中在制度问题上。在欧洲大陆,论者们试图按照英国的模式建立议会制度。与此同时在英国,《改革法案》的出台则为人们抨击各种制度开辟了一条道路。当这种制度背后的那种不朽的观念与其在历史发展过程中所摆脱的那些
53 偶然因素区别开来以后,那种观念便具有了某种直接的现实重要性。克罗齐指出,科学的客观性在制度史中,一如在法律史中,更为普遍。[①] 这对于一个必须从自己正在批判的历史法学家那里接受其法律的局外人来说,这似乎是有道理的。但是,当我们详尽考察法律制度史与人们撰写该历史的那个时代的期望和要求之间的关系的时候,以及当我们详尽考察法律制度史与包括该历史学家在内的那些人的期望和要求之间的关系的时候,这一点却绝不是显见不争的。我们应当预见到,许多情况都可能取决于某个特定领域(无论是宗教领域、政治领域,还是社会与经济信仰等领域)亦即人们正在对特定时空之问题展开激烈争论的那个特定领域。在一个过渡的时代,或在一个出现新的阶级意识的时代,如果由此导致的斗争促使经济发生了转变,而且法律制度的性质和历史也变得对双方都很重要,那么各种法律历史就很容易受到影响。这方面的事例可以见之于有关司法权力控制违宪立法的原则的历史以及美国最高法院的历史——这些历史是1912年政治大选时论者们在罗斯福鼓动否弃司法判例的浪潮中撰写而成的。[②] 当然,从

① Ibid.,11,35.

② Myers, *History of the Supreme Court of the United States*. 该书乃是一个极端的事例。

法学家赞同罗马制度或日耳曼制度的倾向中以及从他们在其所撰写的各种法律制度史或法律学说史中对某种制度所做的强调中，人们也可以看到类似的现象。毋庸置疑，大约三十年以前所提出的多少有些夸张的日耳曼理论，乃是与德国人民族意识的兴起联系在一起的；同样不容怀疑的是，晚近一些论者试图为现代法律的每一项内容都找到一种罗马法根源的尝试，也应当归因于拉丁法理学家新近被唤起的一种种族意识。法律史的论者们绝不会自以为他们研究的论题所具有的性质能够使他们避免历史叙述中的这类内在困难。

梅因(Maine)把法律史概括为一种从身份到契约的进步过程；[①]无论是从理论研究上讲，还是从法院和律师运作的实际结果来看，梅因提出的这一著名概括都是政治解释中最重要的一个方 54
面。它与制度型历史以及历史撰写中引发此一类型历史的那场运动有着直接的联系。的确，梅因主要论著中有一部著作就是以《早期制度史》(*Early History of Institutions*)为书名的；而且他习惯于研究法律制度而不习惯于研究法律学说。他有关从身份到契约的进步过程的概括，实际上是根据法律制度做出的一种具体的政治解释。这项概括在英美法律思想中得到了普遍接受，并一直支配到19世纪末。即使在今天，它在美国宪法中依旧是一种不可忽视的力量。

实质上，梅因的理论乃是一种黑格尔式的理论。在这种理论中，日益实现的理念即是自由——亦即自由个人的自我主张。这

① *Ancient Law*, chap. 5(1861).

种理念得以实现的方式就是一种从身份到契约的进步过程。这是一种背离此前法律制度、法律规则和法律学说的进步过程，而在那些法律制度、法律规则和法律学说中，人们所拥有的为法律承认的权利主张以及他们所承担的为法律强制履行的义务，都源自他们所被置于的那些场合或位置——在这些场合或位置中，他们无从诉诸自己的意志；即使表现自己的意志，他们也无法使自己从这些场合或位置中得到解脱。这是一种通向另一些法律制度、法律规则和法律学说的进步过程，而在这些法律制度、法律规则和法律学说中，人们所拥有的为法律承认的权利主张源自个人的人格，亦即源自作为一个有意识的有自由意志的人之个体，而他们所承担的可以为法律强制履行的与其他人有关的义务则是意志行为的结果，不论这种义务是通过某种法律承认的承诺形式而承担的，还是通过在意志上应受谴责的行为而承担的。[①] 古典罗马法中的身份

的逐渐崩溃、用意图替代形式作为责任的基础、认为意图隐含在某些法律交易之中并反映了其性质或理想内容的观念，继而根据合
55 约或协议而出现的一般契约法的发展（这些合约或协议被赋予了一些确保意图真实的形式，从而使法律有可能对它们施以强制执

① “所有进步社会的运动在一个方面都是一致的。在整个运动的过程中，对家庭的依附不断瓦解，以及取代家庭依附的个人责任的不断增长乃是此一运动的明显特征。个人一步一步地取代了家庭而成为民法所认为的那种单位。此一进展的完成速度不尽相同……但是，无论进展的速度如何，变化都没有因反对或反冲而停止……此外，我们也不难看到，人与人之间的纽带究竟是什么——它在不同程度上取代了那些起源于家庭的权利与义务相互对等的形式。这一纽带就是契约。它是所有的人际关系都可以被归之于家庭关系这种历史的终结，但它同时也是一个起点，而我们正是从这个起点出发渐渐地走向了这样一个社会阶段，其间，所有的关系都产生于个人间的协议。”*Ancient Law*，last paragraph but one of chap. 5.

行)，继《法国民法典》之后沿着阿奎利亚(Aquilia)“疏忽”之路线而出现的有关不法行为之现代法的发展——所有上述现象，都构成了赞同政治解释的强有力的理据。但是需要强调指出的是，从罗马法中获取的这种证据在很大程度上是一种从早期历史法学派论者根据康德有关权利观念的正义公式加以解释的那种罗马法中获取的证据，或是一种从第二阶段的历史法学派论者根据自由理念加以解释的那种罗马法中获取的一种论据。特别重要的是，契约的观念实际上就是萨维尼的意志说。这种意志理论被反置于罗马法之中，以求成为组织19世纪法律的一种工具。再者，在对这种理论进行阐释的过程中，英国法律史并没有得到考察，而且政治解释的推崇者们也没有通过专门研究普通法的方式去检验这个理论。但是，该项理论却得到了普通法法学家们的全盘接受，而且在未加探究的情况下也得到了美国法律的采纳。

如果我们对这种证据进行考察的话，那么我们就必须首先追问：罗马法除了展示了一种摆脱身份的运动以外，除了展示了存在于家族社会组织中的法律制度、法律规则和法律学说逐渐崩溃并为政治组织社会(人们变成了这种社会中的社会单位、政治单位和法律单位)所要求的那些法律制度、法律规则和法律学说取代以外，是否还说明了其他一些问题。梅因所概括的其余内容并不是从罗马法律史的事实中获取的，而只是对作为法理学核心概念的法律意志论——亦即对有关法律的目的就是要最大限度地实现个人自由的观念所做的形而上学阐释——的表达。法律交易或法律事务(legal transaction)——拉丁语为公共事务(negotium)、德语为法律交易(Rechtsgeschaft)、法语为法律行为(acte juridique)——

的概念，乃是19世纪法律体系中最为重要的概念。但是，罗马人却对“法律交易”或“法律事务”这一概念一无所知；至少对于这一概念是否表达了罗马人关于承诺作为责任之基础的思想这一点，人们是大可质疑的。人们至少可以争辩说：第一，罗马人所考虑的是强制执行允诺人行为中所包含的或所产生的诚信义务，而不是实施允诺人的意志；第二，罗马人是按照斯多葛的义务概念行事
56 的，而不是按照19世纪的意志概念行事的。[①] 我们必须加以解释的乃是可强制实施的协议的范围日益扩大这一现象。历史法学派乃是根据那种用尽可能宽泛的抽象自由以协调承诺的责任与民事不法行为的责任的问题来解释这种现象的。因此，他们从中看到的是范围日益扩大地和更加全面地实施允诺人的意志。然而，罗马人却不是根据任何这样的问题进行思考的。他们所思考的是如何才能摆脱旧有的有关责任的形式范畴，以及如何才能实施商品社会中人们在交易过程中所产生的合理预期，而同时又不扰乱法律秩序的稳定性；一如我们所知，在商品社会中，交易安全成了一种具有头等重要性的社会利益。任何在一般社会交往过程中与他人交往的人，都必须按照诚信原则行事——亦即必须实现由他们的行为所引发的预期，而且还必须按照社会道德感所依系于的那些预期履行诺言；这显然成了特定时空之文明的先决条件。为了达到这个目的，罗马人采用了斯多葛的义务观念，正如19世纪的

① Erdmann, *History of Philosophy*, Hough's transl., 1, 190; Zeller, *Stoics, Epicureans and Sceptics*, Reichel's transl., 265, 287. 请比较通过理性而根据 *naturalis obligatio* 所确定的 τò kaθηkov 的观念：*Dig.*, 50, 17, 84, § 1; 12, 6, 38, § 2; 12, 6, 13, pr.; 12, 6, 64; 12, 6, 40, pr.; 4, 5, 2, § 2; 46, 1, 8, § 3。

法理学家们为了达到他们所处时代的特定目的而采用了形而上学的意志观念一样。罗马人并没有努力去实现作为一种观念的个人自由，而且也没有去实施意志。相反，他们所努力实现的却是诚信原则，并切实履行道德义务。[①] 但是，我们还是把这个问题留给哲理罗马派法学家去处理吧。无论怎样，梅因仅从罗马法律史中做出的概括，并不适合于普通法的现象。

如果我们一定要在普通法中找出一个基本观念的话，那么这个观念就是关系而不是意志。如果罗马派法学家按照行为人的意 57
志以及按照行为人的意愿和他所做的事情的逻辑含义去理解所有问题的话，那么普通法法律人乃是按照关系以及按照包含在这种关系之中并为这种关系的实现所要求的对等权利义务所引发的附属事件去理解几乎所有的问题的——亦即他们没有采用 19 世纪罗马派法学家的观点去思考问题。作为我们公法基础的《大宪章》，并不是对个人自由这个观念的表达，而是对附属于国王与诸侯间关系的权利与义务的系统阐释。[②] 英美公法——亦即根据从《大宪章》中得出的推论对待新问题而在司法上和法学上达致的一项发展——可以依据统治者与被统治者（政府与被治理者）在政治关系中的对等权利义务而得到解释，因为这种方式要比那种依据契约或者通过政治制度去实现个人自由的做法而做出的解释要确

① 关于将法律与道德等而视之的情形，请参见：*Dig.*，1，1，1，§ 1 and 1，1，11；*Inst.*，2，7，2；*Cod.*，8，56，1 and 10，and 4，44，2。另参见有关善意诚信的条款：Gaius，2，§ 43 and 4，§§ 61 – 62；*Dig.*，22，1，25，§ 1；41，1，40；41，1，48，pr. and § 1；41，3，4，§ 20；50，17，84，§ 1；*Cod.* 3，32，22。

② 参见：Adams，*The Origin of the English Constitution*，chap. 5（1912）。

切得多。但是显而易见，在英美的私法领域里，关系观念却是一个主要的法律观念。无论从哪个方面看，我们所考虑的问题都不会是交易，而是关系。我们说佃主与雇农间的法律，而不说租赁契约；我们说主人与仆人间的法律，而不说雇佣契约；我们说夫妻间的法律，或父母与子女间的法律，或监护人与被监护人间的法律，一句话，家庭成员关系间的法律，而不说家庭法；我们说委托人与代理人间的法律，而不说委托合同；我们说委托人与担保人间的法律，而不说担保合同；我们说卖方与买方的法律，而不说地产买卖合同。我们思考并谈论合伙关系以及它所涉及的代理、责任、权利与义务——它们把它当作一种诚信关系加以实施，而不说合伙契约；我们所考虑的是包含在信托关系中的权利和义务，以及那些把受托或遗嘱执行当作诚信原则加以实施的法律事件，而不是包含在接受或宣布一项信托或在指定遗嘱执行人时的意志宣告中的含义；我们不过问从土地买卖当事人各方意志中所取得的逻辑推论是什么，但是我们却过问卖方与买方关系形成后会在衡平法上出现什么附带事件；我们并不考虑如何实现抵押合同中合同各方当
58 事人的意志，但却考虑受押人与抵押人关系中会出现何种附带法律事件以及赋予其以效力的对等权利和义务。

我们必须记住，在我们法律的形成时期——亦即当时典型的社会制度和法律制度的形成时期，法官和律师所面临的那种类比，乃是贵族与平民的关系，而这在我们的法律中仍表现为佃主与雇农的关系。有意识或潜意识地持续诉诸这种类比，使得关系观念成了我们传统法理学思想模式中的核心观念。在公法方面，人们于 17 和 18 世纪时曾试图用那种从欧洲大陆公法学家那里舶来的

罗马派法学家所主张的契约观念来替代关系观念。[①] 在私法方面，人们在以蔑视中世纪为特征的18世纪以及以试图根据最大限度实现个人自我主张去看待所有问题为特征的19世纪，也都力图继续根据契约或意志去重述有关制度及其原则的理论。因此，在一段时间内，我们还力图依据运输合同来阐述公共服务法或公用事业法，以至于在大约三十年以前，一些美国法院还把电话公司称作是公共信息传递人，把电灯电力公司称作是公共电力输送人，并试图根据巴克斯(Barkis)先生给一位男童提供免费乘车的事例或者他可能与保护人签订的合同来考虑上述公司的运作以及让铁路公司为乘客提供免费乘车的问题。[②] 但是，所有这些努力却都是徒劳无功的。契约理论在这个方面的惨败，以及公用事业法根据关系理论而得到的发展，都有力地证明了普通法所具有的生命力。

在罗马法的形成时期，并没有现成的关系可供我们类比。罗马的家庭乃是在权威的基础上组织起来的，而不是在对等的权利义务关系的基础上组织起来的。当现代罗马法的基础建立起来以 59
后，法学家们便认为，他们所能够做的事情也就只有去解释和适用那些权威的罗马法文本了。因此，他们所使用的那些类比，乃是取自《国法大全》的罗马人的类比。由此可见，普通法的思维方式乃

① Blackstone, *Commentaries*, 1, 234－236. 在美国法律文献中，这可以回溯至 Locke: *Two Treatises of Civil Government*, Bk Ⅱ, ch. 7(1690)；洛克的论著通过采用16世纪追溯中世纪皇帝或国王与教会的争斗这种讨论方法而推进了取自罗马法学家的自然法思想。在美国的法理学思想中，这种取向在18世纪时与欧洲大陆自然法政治哲学结合了起来。

② 参见：Wyman, "Business Policies, Inconsistent with Public Employment", 20 *Harvard Law Rev.*, 511(1907)。

是由那些对中世纪和封建时代依据关系组织起来的社会（这些思维方式正是从这类社会中产生的）的类比所决定的，而现代罗马法的思维方式则是由那些对严格法阶段的家长制城邦政治社会的类比所决定的。这些思维方式在公元1世纪到3世纪的罗马法古典时期被自由化和理想化了；在17和18世纪自然法学派占据支配地位的时期，这些方式再一次被自由化和理想化了。但是，由于自由民（亦即罗马公民和各户家长）拥有相互毗邻的宅地，在街上经常碰面，并在各种社会活动中相互允诺，所以他们的权利和义务也就形成了罗马法理学思想，并自然而然地促使罗马法学家乃至今日之罗马派法学家去思考和讨论租赁、买卖、委任合同、合伙契约等问题，就像人际关系中的对等权利义务（作为关系的附属事件，人们可以相互提出这样或那样的赔偿主张）自然而然地形塑了英国的法律思想并促使普通法法学家去思考和讨论地主与佃户的关系、卖方与买方的关系、委托人与代理人的关系及合伙关系一般。我们的动产销售法乃是根据商法以及按照欧洲大陆在19世纪法学教科书撰写者的影响下[①]所进行的商法罗马化运动的方向形塑而成的。值得注意的是，在这种动产销售法中，我们谈论的是销售合同以及它所具有的含义。然而在以普通法为准据并根据以普通法为基础的衡平法而得到发展的不动产销售法当中，我们思考和讨论的却是卖方与买方的关系。作为契约观念的法律交易意志说，乃是政治解释赖以建立的基础，但却并不是适用于全部法律的

---

① 极具影响的教科书要推本杰明的《销售法》。本杰明最初受过民法教育，后成为民法学家。他的法律生涯的形成期主要是在路易斯安那州进行法律实践的那段时间，当时，路易斯安那州的法律基本上是法国的法律。

一种普遍观念。这种法律交易意志说与罗马法颇具关系。在罗马 60
法学活动的早期，罗马法学家主要关注的是如何调整那些在家庭中行使权力的家长所提出的相互冲突的权利主张以及家庭外部对这种权力的妒忌的问题。法律交易意志说就是从阐述上述问题的学说中做出的一种概括，而且是根据 19 世纪的法律问题加以解释的。

另外，从身份到契约的进步过程还被理解为一种从限制自由或独立于意志之外而存在或设定的责任到彻底的契约自由和只对有意识的承诺或应受谴责的行为负有责任的进步过程。这种对“身份到契约的进步过程”的概括，在过去三十多年里，无论是在立法方面还是在司法判例方面，都遭到了整个法律发展过程的否弃，如果我们不是一直在倒退的话。就此而言，我们必须指出，梅因要比他的追随者们谨慎得多。他愿意把身份限定在罗马法意义的个人状况中，并且把那些由法律交易产生的关系排除在外。此外，他还指出，进步社会的运动“迄今为止”是一种从身份到契约的运动，并以此来限定他的论式。当然，梅因认为，经由观察而发现的这一进步轨迹充分表明了法律发展过程中的一项一般性规律；[①]但是

① “身份一词可以颇为有益地被用来解释一个表示我们在前文所指出的那种法律进步的论式。无论它具有什么价值，在我看来，此一术语都充分地指明了它所具有的内容。所有为人法所关注的身份形式，都源出于那些植根于古代家庭中的权力和特权，而且在某种程度上讲，所有上述身份形式直到今天还受到了这些权力和特权的渲染。于是，如果我们赞同最优秀的法学家的观点仅仅把身份这个术语用来指称这些个人性的状况，并且避免把这一术语适用于诸如由协议所导致的直接结果或间接结果这样的状况，那么我们就可以说，进步社会的运动迄今为止是一种从身份到契约的运动。”*Ancient Law*, last paragraph of chap. 5.

他的追随者们却认为，历史（后来逐渐被称之为进化）就是进步，而且还受制于可发现的规律，因此他们切割掉了梅因为其论式所设定的限制。在给梅因论式的后半部分做逻辑结论时，他们也同样切割掉了梅因对身份这一术语所做的限定。法律正在不断地而且也必须根据自由契约和仅对承诺和过错承担责任这两项原则朝着抽象的个人自我主张的方向发展这一点，至少在美国已被奉为真理。当然，人们在评价英国论者对这个论题的思想时，也许还不那么有把握，因为英国的法院没有机会运用梅因的概括去解释一项
61 权利法案，也没有机会将此概括适用于社会立法。但是，米勒（Miller）却将19世纪80年代的爱尔兰土地立法痛斥为对“自然的发展秩序”的逆转，并且预言它一定会被废除；当然，米勒的斥责和预言至少提供了某些启示。[①] 英国自1865年以后的立法以及美国自1890年以后的立法，都为米勒的命题提供了提奥奇尼斯（Diogenes）式的回答。然而，当我们对人们把某些论者对梅因论式所做的这样一种解释当作过去30年的立法科学而加以接受的情形进行思考时，我们也就理解了美国各州法院从1890年到1910年之间何以如此自信而武断地认为现代社会立法是违宪的。

自从梅因的追随者对他的概括做出系统阐述和详尽解释以后，对自由契约进行限制的做法以及将义务和责任作为相互关系中的附带事件（而不只是作为明示意志的结果）加以设定的做法，

① *Lectures on the Philosophy of Law*, 71－73(1884).

无论是在司法审判方面还是在立法中都已获得了稳步的发展。如果我们将英国 1870 年至 1890 年间对不进行竞争或不参与竞争的合约所做的判决与 1910 年以后在这个方面所做的判决进行比较，那么我们就会从中发现通过这种合约来限制约束个人的力量的趋势正在发生显著的变化。关于契约并不适用于某人曾为之受过训练的职业的整个原则，在十年内发生了新的变化。[①] 乔治·杰塞尔(George Jessel)爵士曾提出这样一种观点，即公共政策比任何其他东西都更需要允许人们自由订立契约并要求这些自由订立的契约得到实施。[②] 然而，杰塞尔爵士的这个观点现在却已不再是司法界对那种合约问题所持的态度了。另外，公用事业法的发展也向我们展示了同样的情况。[③] 在公用事业法中，原则并不是出自参加公用事业的实体所做的承诺或声明，而是来自该项公用事业所提出的要求——这些要求被认为确定了附着于该职业之上的附带义务。美国也发生了类似的情况，法院做出的有关保险单中 62
保障条件之争议的判决，就常常通过公开声明或限制性解释来限制承保人与投保人关系之间的契约自由。这些判决以及那些把保险业当作公用事业的判决，始终支持着那种用立法手段去调整保险人有可能订立的那些契约的做法，而且还指向了一种与人们在

① *Attwood v. Lamont*,[1920]3K.B.,571,593.

② *Printing and Numerical Registering Co. v. Sampson*,19 Eq.,462,465(1875). 比较：*Bauer v. O'Donnell*,229 *United States Reports*,1(1912)。

③ 在英国，这一直是立法工作，而在美国，这个领域则存在着一种司法上的发展。上述两种发展都是按照普通法的方向展开的。参见：Wyman, *The Special Law Governing Public Service Corporations*,1,§§1-14,20,27,32-42(1911)。

此前所认为的法律发展过程截然相反的方向。[1]

社会立法甚至走得更远。立法对丈夫未经妻子同意而抵押家庭财产或转让工资收入的权力进行限制的规定,限制了罗马法中有关处置权的规定。[2] 劳工补偿法在不考虑过错的情形下就课以责任。实物工资法禁止用公司记账的方法偿付雇佣人员的工资,并要求以现金支付工资。确实,纽约上诉法院曾在1911年裁定某项劳工补偿法违宪;[3]美国最高法院中的少数法官在1920年也认为此类立法违宪。[4] 此外,1886年至1910年间,州法院做出的一系列判决也认为实物工资法不合理和违宪。[5] 但是,这些法院之所以反对这类立法,实是因为它们接受了法律进化就是从身份到契约的进步这种学说;因此,法院反对这类立法的观点于20世纪20年代时彻底破产了。法院反对这类立法的做法既不能归咎于

① 参见拙文:"The End of Law as Developed in Legal Rules and Doctrines",27 *Harvard Law Rev.*,195,225;*New York Life Ins. Co. v. Hardison*,199 *Massachusetts Reports*,190(1908);*Fidelity Mutual Ins. Co.* v. *Miazza*,93 *Mississippi Reports*,18(1908);*Attorney General v. Fireman's Ins. Co.*,74 *New Jersey Equity Reports*,372(1909);*Boston Ice Co. v. Boston and M. R. Co.*,77,*New Hampshire Reports*,6(1914);*John Hancock Mutual Life Ins. Co. v. Warren*,181 *United States Reports*,73(1901);*Orient Ins. Co. v. Daggs*,172 *United States Reporst*,557(1899);*Port Blakely M. Co. v. Springfield Ins. Co.*,59 *Washington Reports*,501(1910)。在上文所列举的最后一个案例中,一位持不同意见的法官指出,该项判决在"解释"的幌子下将此前与保险相关的担保法排除出去了。

② *Illinois*,*Rev. Stat.*,1909,chap. 95,§24;*Massachusetts*,*Acts of* 1908,chap. 605. 请比较:*New Zealand Family Protection Act*,1908.

③ *Ives v. South Buffalo R. Co.*,201 *New York Reports*,271(1911).

④ *Arizona Copper Co. v. Hammer*,250 *United States Reports*,400,433,440(1920).

⑤ 参见拙文:"Liberty of Contract",18 *Yale Law Journal*,454。

法官的阶级偏见、经济联系或社会关系，也不能归咎于施加于法官身上的那些邪恶影响，就像人们在1912年的美国国总统大选中随 63
意推断的那样——当时，这类反对立法的判决在人们中间引起了广泛的争论。法官们在那个时代对历史法学派的信条怀有着虔诚的信仰，因而对政治解释以及从身份到契约的进步观也持有着特别虔诚的信仰。因此，在他们看来，那些试图恢复身份或者通过规定某些特定职业中具有良好智能的成年人不能签订其他人可以自由签订的协议的方式来限制自由民的缔约权利的立法规定，完全违反了法律正当程序这一宪法性要求。1920年的联邦人口普查表明，美国在当时已经完全从一个以农村和农业为主的国家变成了一个以城镇和工业为主的国家。20世纪美国的社会需要，以各种方式迫使法院支持这样的立法，同时也使我们不得不相信，法律有可能朝着——在一段时间内甚至必须朝着——某种与我们在此前所认为的固定且必然的轨迹不尽相同的方向去发展。[①]

的确，在美国州法院与州立法机构作斗争的30年当中，由于美国州法院有意识地且合乎逻辑地把政治解释用来解释法律正当程序，所以政治解释经受了一次严峻的考验。这是因为这种把政治解释用来解释法律正当程序的做法导致了上一代人所理解的有关从身份到契约的进步的学说与那些在我们的法律中——尤其是在17和18世纪时——发展起来的衡平法原则之间的矛盾。20多年来美国的州法院一直认为，用立法在雇主与雇员关系中设定

① 参见：*Noble State Bank v. Haskell*，219 *United States Reports*，104（1911）；*Chicago R. Co. v. McGuire*，219 *United States Reports*，549，566－575（1911）。

无缔约资格的做法乃是武断的，因而是违宪的。但是，现实生活中确实存在者一些他们从未想过要进行干涉的无资格情势。我们可以把普通法中余存下来的无资格现象理想化为“自然的无资格”现象。要解释高利贷法并不这么容易。但是，法院却声称，在美国立法的最初阶段已经有这样的法律了。有一些对英国立法一无所知
64 的人甚至还认为，这些法律是永恒的和普遍的。[①] 换言之，它们在历史上乃是为人们所熟知的，因而是合理的。对于自由契约、制裁原则、拒不同意罚金债券持有者要求超过实际损害的赔偿的原则、具备条件后即可赎回所抵押财产的原则、防止妨碍衡平法上的赎回权的规则、关于销售合同和关于未来继承者销售财产的规则等等情形，在衡平法上仍存在着许多限制。18 世纪的一位大法官用贫困者并不自由的说法来解释这些现象。但是，法院却在被他们视作自己理想的抽象自由的面前，畏缩着不敢承认工业就业方面的事实。他们所能做出的最佳解释就是衡平法上的那些无资格规定在历史上也是久已有之的。[②] 这无异于认为：第一，立法机构无力创设新的无缔约资格的规定；第二，17 和 18 世纪业已规定了一劳永逸的范围；第三，人们不能承认任何新形式的无资格规定。至于这些新的法定无资格形式的根本原则乃是与衡平法所设定的无资格形式的根本原则相同的这一点，对于他们来说也是无关紧要

---

① “在宪法被采用的时候，便存在着调整利率的权利，因而人们不能认为这种做法剥夺了或限制了公民受到宪法保障的那些权利。批准《高利限制法》的权力因恒久的惯例而存在。但是，我们现在所考虑的那些法律的情况却并非如此。”*State v. Goodwill*，33 *West Virginia Reports*，179(1889).

② 参见：*State v. Loomis*，115 *Missouri Reports*，307(1890)。

的。他们认为，任何含有劳工身份的立法都是与法律进步的正确路线背道而驰的，因而也是不合理的。立法机构所能够做的事情，也就只能是废除类似于此的规定——正如《已婚妇女法》中的那些规定。诸位一定不会没有注意到法院在审理这些案件中的谬误。禁止缔结有关用公司记账方式偿付工资的合同的规定，并没有把劳工界分为未成年者、精神错乱者和严重犯罪分子。[①] 它只是对人们自由形成的关系中的附带事件做出了界定，因而它处于梅因所限定的范围之内。但是，在政治解释中，自由意味着一种抽象的自由——亦即一种抽象的观念，它把确保最大限度的个人自我主张视作是一种人们应当据以判断或审理所有法律问题的理想标准。因此，法院完全有理由这样认为：如果这种学说应当成为一种 65
指南的话，那么他们就必须将它贯彻始终、坚持到底。但是，如果他们严格按此一学说行事的话，那么他们便证明了把政治解释作为英美法律史解释的那种做法是不能成立的。

如果我们回过头去对政治解释的全盛时期做一番考察的话，那么我们便可以发现，虽说政治解释被人们普遍接受了长达 30 年的时间，但是到了 19 世纪末和 20 世纪初，它仍未能够在下述两个方面令人感到满意。首先，它是一种否定性的法律理论（a negative juristic theory）；它把历史法学派有关人们不应当创造任何东西（亦即立法是徒劳无益的）的思想扩大到了极限。在普通法法学家那里，这种理论变成了这样一种信念，即普通法的理想形式就是

① 该法院是在下述案件中做出如此陈述的：*State v. Haun*，61 *Kansas Reports*，146，161（1900）。

自然的法律秩序；再者，它导致了这样一项解释原则的极端发展，即必须对那些有损普通法的制定法规定做出严格的解释；它还导致了一种牵强附会的解释，即新的立法只不过是对传统规则的陈述而已。因此，美国一些州的法院武断地规定，宪法的一般性原则不允许用立法的方式把自由裁量的理论作为刑事犯罪管辖权的基础。[①] 他们呆板地将制定法局限于他们根据生硬解释的条件而做出的那些极为细小的变化方面，因而把已婚妇女从法律上获得彻底解放的时间拖延了整整 50 年。[②] 他们把一个以历史—分析为基础的理想化了的诉讼制度纳入到了美国的程序法典之中，因而使得美国的司法程序在长达半个世纪的时间里一直处于落后状态之中。[③] 此外，他们还在各州把统一的商法仅仅视作是对先于这些制定法而存在的地方司法判决的陈述或宣告而已，进而使得统一商法旨在摆脱的那种条件恒久地存在下去；正是通过这种做法，
66 他们已开始着手反对或否弃任何统一商法的工作。[④] 其次，这种理论只赞同根据法律本身对法律进行历史—分析的批判，因此它反对人们用任何其他方法对法律制度、法律规则和法律学说进行批判。在同一时期的一般历史的论著中，我们也可以发现与这种态度极其类似的观点。克罗齐指出："把历史视作进化和进步，意

---

① *State v. Carter*, 41 *New Jersey Law Reports*, 499, 501 - 503(1859).

② 我在下文中讨论了这种现象："Common Law and Legislation", 21 *Harvard Law Rev.*, 383。参见：Carter, *Law: Its Origin, Growth and Function*, 308 - 309。

③ 一项重要的案例是：*Supervisors v. Decker*, 30 *Wisconsin Reports*, 624, 626 - 627, 629 - 630(1872)；令人高兴的是，这项案例被另一项案例所推翻了：*Bruheim v. Stratton*, 145 *Wisconsin Reports*, 271(1911)。

④ 就晚近的事例而言，请参见：Chafee, "Progress of the Law: Bills and Notes", 33 *Harvard Law Rev.*, 225, passim(1919)。

味着把历史的每一要素都当作必然之物加以接受，从而也意味着对历史进行评判的有效性的否定。”[①]凡是合理的就是现实的，凡是现实的就是合理的。因此，批判法律制度或试图通过立法去改进法律制度的努力，都是徒劳无功的。[②] 我们必须相信或依赖这种观念的逐渐展现。企图通过立法或司法来加速或指导这种观念逐渐展现的过程，纯属枉费心机。历史宿命论变成了法律悲观论。那些试图改进法律的人被认为是无害的乌托邦分子或者是18世纪的遗老遗少。

19世纪对对价原则的态度，极好地说明了政治解释在现实中的作用。曼斯菲尔德(Mansfield)勋爵几乎使我们摆脱了对价原则，因为他建立了一种新的理论。这种理论认为，在交易过程中作为商业行为而做出的允诺，其本身在法律上就是可以得到强制实施的，而无须考虑其他的因素。[③] 但是，就在曼斯菲尔德所主张的这种自由的契约观念眼看就要在法律中被确定下来之前，它却遭到了来自对法律材料做建设性重构方面的反对。当19世纪的法律史学家研究这个论题时，他们的目的并不在于表明导致这一原则产生的需要或愿望早在此前就已经得到了满足，也不在于表明该项原则已不再有助于实现任何有价值的目标了，而在于找到一个能够据以调整整个合同法的未来发展的对价观念。他们并没有对对价原则进行批判，而是对它进行了强化，从而使它能够继续存

① *Storia della storiografia Italiana nel secolo decimonono*, 1, 26.

② Burdick, "Revival of Benthamite Codification", 10 *Columbia Law Rev.*, 118, 123, 125-126(1910).

③ *Pillans v. Van Mierop*, 3 Burr., 1663(1765).

在下去；因此，尽管这项原则正在逐渐崩溃，而且还在适用的过程中出现了许多例外情况和值得人们做进一步分析的异常情况，但是它仍是交易安全方面的一个严重的障碍。只要我们想到下述情形，就一定会感到不安的。在前不久的战争期间，当信用证成为出口和制造业领域中的一项重要的工具的时候，这一原则便在从法律上认可商界所采取的一般性做法方面制造了许多严重的困难；[①]此外，美国法院试图避免其中某些困难而依凭的那种理论在
67 英国也行不通，因为在英国，这些问题乃是由英国上议院进行权威性判决的。[②] 这种漠视法律制度之实际功效的做法是无法长久的。历史法学派那种对法学家作用的否认以及包含在立法无用和法律批判无用的观念之中的法理学悲观主义，使得人们在19世纪末和20世纪初对历史法学派展开了空前的反击。萨雷斯（Saleilles）在1902年指出："在把历史应用于社会科学的过程中，历史应当成为一种创造性的力量。但是，历史法学派却半途而废了。"[③]此外，他还指出，由于历史法学派在这一点上表明自己无力提供一种创造性的方法，所以它也就不再是一个法学学派了。同样，正是试图对澳大利亚社会立法做出解释的企图，使得杰思罗·布朗（Jethro Brown）在1912年从过去信奉正统的英国历史分析法理学转向了复兴哲理法理学的工作。[④]

---

① Hershey, "Letters of Gredit", 32 *Harvard Law Rev.*, 1(1918).

② *Dunlop Pneumatic Tyre Co. v. Selfridge*, [1915] A. C. 847.

③ "L' École historique et droit naturel", *Revue trimestrielle de droit civil*, 1, 90, 94(1902).

④ *Underlying Principles of Modern Legislation*, 64－67(1912).

毫无疑问，18 世纪的法学家们走得太远了，因为他们认为，作为历史长期发展的结果或者作为长期运用旧有历史材料或研究旧有历史材料之过程的结果的那些法律制度，可以根据抽象的权利原则随心所欲地进行彻底的重构。但是，曼斯菲尔德勋爵时期将衡平法纳入法律的做法，普通法在防止牺牲一人利益而使另一人得到不正当利益的原则的基础上所得到的发展，采纳商法的做法，司法在商业制度和商业惯例方面所取得的发展，根据英国普通法只有在与美国情况和美国制度相适应时方能在美国有效的原则而把 17 世纪的英国法律改造成美国普通法等一系列事实，都表明了一项开明的司法政策在将法律转化成一种与社会要求相符合的理想时所具有的作用。一举成功地接纳整个法律体系的范例也并不罕见，尤其当一个拥有不尽相同且不够成熟的地方法律的民族所具有的共同利益提出了法律统一的要求时，就更是如此了。西欧 68
对罗马法的采纳、日本对 19 世纪的欧洲大陆法的采纳、英印法典，以及许多不同国家对《法国民法典》所采取的几乎全盘接受的做法等一系列事实，都表明人们对自然法学派的信奉程度超过了我们通常所设想的程度。历史法学派在反对自然法理论的过程中，朝着相反的方向也走得太远了，因为他们试图把人类改进法律和发展法律的努力从人类进行有意识努力的领域中排除出去。

另一方面，我们又必须将许多重要成就归功于历史法学派的这个方面。历史法学派的第二个方面奠定了一个健全的比较法律史的基础，并以此取代了 18 世纪依据理性推测而建构的普遍法律史所明显具有的那种肤浅性。它为我们提供了一种更为健全且更具批判性的有关罗马法的历史、有关日耳曼法的历史和有关英国法的历史。这是因为它在对这些法律体系进行语言学上的和法律上的考古研究的时候，并不带有伦理观念的偏见，而是带着一种对原始材料的内在价值的崇高情感以及一种对从历史上发现的任何东西都必定是正确的（因为它们代表了逐渐展现的观念）观点的笃信。因此，我们不必自寻麻烦地去关心我们发现的是什么，而只需要去发现历史中所存在的有待我们去发现的东西就可以了——这种态度导致人们在很大程度上否弃了从18世纪沿袭下来的那种有关法律的伪历史。在历史法学派把法理学与政治学进行统一的过程中（即使历史法学派并不是今天正在持续进行的社会科学之统一的实际先驱者），它至少在所有学科部门都被分解的时代使得法理学与政治学相结合这一努力具有了现实的可能性。最后，历史法学派试图用一种习惯理论来概括原始法律的现象和发达法律体系的现象，并经由此举而达致了这样一种观念，即法律秩序乃是它无法与之相分离的更为广泛的社会控制的一个部分，因为历史法学派认为，法律秩序既不是社会控制的整体，也不是社会控制中一个完全自给自足的部分，而只是社会控制的一个方面，因此它又重新融入了宗教、道德和法律这个不加区分的整体之中。这种思维方式为打破那种视法律为一种自我存在、自我服务、自我评价的整体的观念起到了很大的帮助作用，而且还为当今法律科学中的功能观铺平了道路。

第四章　人种学解释和生物学解释

19 世纪下半叶的主要标志是哲学发展的停滞。伴随着法国 69
大革命而存在并继法国大革命之后接踵而至的在理想方面的尖锐对立，向哲学家们提出了挑战，并迫使他们努力将激进与传统、理性与信仰、智性与意志协调起来，或者根据历史或按照社会而把社会现象与历史现象组织起来。然而，当普遍建立宪政平等制度和经济稳定使得上述理想对立的状况暂时地失去了对人们的吸引力的时候，人们的关注点一方面转向了与工业发展和经济繁荣有直接联系的物理学和生物学，而另一方面则转向了一种经验性质的政治——社会科学。哲学就这样被埋没了长达五十年之久。这种运动对法理学的影响总是或多或少地会迟于它们对其他的相关社会科学的影响，因为法律人在对新倾向做出反应时始终是十分谨慎的——他们所关注的乃是一般安全中的社会利益，而所忧虑的则是这些新倾向会破坏法律秩序的稳定性。但是，在 19 世纪的最后三十年中，否弃哲学的运动走得太远了，因此哲理法学家不是被占支配地位的历史法学派所吞没，就是销声匿迹了。除了意大利以外，19 世纪的哲理法学派实际上已不复存在了。最后一本值得一读的用哲理法学派的

观点撰写的著作出版于 1882 年。[①] 也就是在这一年，阿伦斯的追随者在布鲁塞尔宣布接受历史法学派的观点，以便为他的自然法争得一席之地。[②] 在 1887 年、1888 年和 1889 年，三位法国法学家相继大胆地撰写了三部温和的法律哲学导论著作，但是与此同时，
70 他们仍感到有责任附上道歉式的序言。[③] 1898 年，洛里默（Lorimer）的一位学生和追随者开始在爱丁堡大学讲授分析法理学。[④] 当时，支持蔑视哲学的观点已成了一种常规的现象。正如柯勒所指出的："谈论法律哲学已成了一种不合时尚的做法。"[⑤]法律史的撰写工作也开始越来越变成了一项只收集事实的工作，而且论者们在收集这些事实的时候甚至不分主次。在当时的法理学和政治学领域中，盛行着一种描述性的分析方法。人们依据一种从制度本身当中得出的分析，来描述法律制度和政治制度的具体细节；此外，人们对这些制度的描述特别忠实，就好像它们在某个特定日子里固定不变的那样，以至于在该书出版之前，该书所描述的那些制度细节便已不复存在了。历史法学派否定法官作用的主张和认为批判无用的观点终于结出了成果。套用柯勒的话来说："对罗马执

---

① Lasson, *Lehrbuch der Rechtsphilosophie*; Boistel, *Cours de philosophie du droit*(1899)乃是 1870 年撰写的一部著作的新版。

② Prins, *La philosophie du droit et l'école historique*.

③ "一百年前，法国对这些原则的研究非常感兴趣。然而，对这些原则的研究却在今天被人们否弃了，或者至少在很大程度上为人们所忽视了。但是，从诸多方面来看，这类研究还是值得人们去关注的。"Courcelles Seneuil, *Préparation à l'étude du droit*, preface(1887). 请比较：Beaussire, *Les principes du droit*, preface(1888); Vareilles-Sommières, *Les principes fondamen taux du droit*, preface(1889)。

④ Miller, *Jurisprudence, Its Place in the New Curriculum*, 10(1898).

⑤ *Lehrbuch der Rechtsphilosophie*, 6(1909).

政官所发布的敕令中的一页文字进行评注，被认为要比探究法律发展的规律重要得多……法律规则成了一个暴虐专横的君主。哲理法学家遭到了压抑。”①

然而，法学家们却并没有完全放弃哲学活动，即使是在人们对法律稳定性的绝对崇拜达到顶峰的时期，法学家们也始终在关注协调法律稳定与法律变化这个问题。此外，到了19世纪末期的时候，人们对占据支配地位的历史法学派的不满日益增长，而且各种新的利益所造成的压力无论是在司法判决还是在社会立法中也都表现得愈发明显了。因此，从19世纪形而上学法理学向当今社会哲理法理学的过渡，便需要某种哲学作为桥梁。于是，人们通过人种学（ethnology）和生物学（biology）为建构这座桥梁做出了最初的努力。

有三种情势前后相继促成了法律思想向那种把种族视作法律发展过程中的一个因素的观点并且向有机体类比之观点的转换。71
这三种情势有如下述：第一，实证主义的兴起以及由此而发生的一种有关社会的科学的发展；第二，生物科学的兴起以及由此而出现的生物学对所有当代思想的影响；第三，现代心理学的兴起以及由此而产生的对群体的研究和对种族心理的研究。实证主义的创始人也是那门讨论社会现象的科学的创始人；不幸的是，他给这门科学起了一个很不规范的名称，即社会学（sociology）。很多论者都对这一名称没有好感，以至于他们一直都不愿去思考这一名称所指称的事务。同理，它的一部分论题被一些彼此独立的特殊社会

① *Lehrbuch der Rechtsphilosophie*，6（1909）.

科学学科按照19世纪的方式一块块地占领了；正是在19世纪那种方式的指导下，这些彼此独立的特殊的社会科学学科拒绝承认自己是社会的学科，并倾向于把抽象的个人自由作为它们的形而上学基础。同样，“社会学”和“社会的”这两个字词也使得许多人都感到麻烦太多，因为它们会使人想起“社会主义”，而“社会主义”这个词在当时就与现在一样都包含着诸多邪恶的含义，尽管19世纪一位力主社会学的英国倡导者乃是一个极端正统的个人主义者。在一定程度上讲，正是出于上述种种原因，有关社会的科学在一段时期内没有取得多大进展。但是，真正使这门学科停滞不前的主要原因却是它的创始人的思想从一开始就致使它发生的转变。

孔德(Comte)是一位数学家；他所做的类比大多数来自数理物理学和天文学。确实，正如人们不止一次指出过的那样，在他的思想形成时期，支配人们想象力的著作乃是拉普拉斯(Laplace)所撰写的《天体力学》(*Mecanique Celeste*)。[①] 因此，早期社会学乃是一种机械社会科学(a mechanical social science)，是一种力图通过观察来发现并证实机械规律的尝试；这些机械规律类似于那些支配天体运动的规律，因为社会现象也无一例外地受这些机械规律的支配。这样一种思想模式与历史法学派的思想，尤其与历史法学派第二个方面的观点极为一致，因此当历史法学派形而上学的思想变得不适时宜的时候，该学派当中一些认为其历史—分析的观点需要一种哲学基础的拥护者便迫不及待地转向了实证主义。

① 参见：Small, *The Meaning of Social Science*, 74。

在实证主义这个领域中，他们可以说是如鱼得水，因为正如许多批评家所指出的那样，在 19 世纪最后 25 年里实证主义当中，一直存 72
在着一种黑格尔主义的因素。[①] 因此，人们曾一度认为，实证主义的或社会学的法律史和机械社会学法理学，在本质上乃是一种黑格尔式的法理学。这是因为不仅机械社会学与形而上学法律史都同样属于宿命论的观点，而且就连实证主义的法学家都是历史法学派的门徒——或者说，他们都是从历史法学派那里获取法律材料的，因此他们实际上也是用黑格尔式的观点来看待这些材料的。

机械社会学在法理学方面并没有取得任何成就，而只是扮演了一个先驱者的角色而已。[②] 然而，这却很容易使人们对此后发展起来的社会学法理学（sociological jurisprudence）的各个方面不加区分地进行批判，因为他们误以为机械社会学与此后发展起来的社会学法理学的各个方面都是相同的或者肯定是相同的。[③] 如果一个人做出这样的假设，那么他就会在很大的程度上无法理解今天的法律科学。但是，一部分法学家已经开始考虑协调个人之间彼此冲突的意志以外的事情，并且已经开始讨论抽象的个人自由以外的某种其他观念，而所有这一切对于本文的论旨来说已经足够了。这无论如何都是一个明显的收获。

---

① Croce, *Storia della storiografia Italiana*, 11, 172 - 173.

② 参见：Berolzheimer, *System der Rechts-und Wirthschaftsphilosophie*, 11, 384 (1905)。

③ 参见：Charmont, *La renaissance du droit natured*, chap. 5 (1910); Korkunov, *General Theory of Law*, transl. by Hastings, 265 - 266 (written in 1887); Berolzheimer, *System der Rechts-und Wirthschaftsphilosophie*, 11, § 44 (1905)。

第二代社会学家受到了当时正在兴起的生物科学的影响，尤其是受到了达尔文理论的影响。我们可以毫不夸张地说，达尔文为那一代人创造了大量的语汇，提供了各种类比，而且还指明了思路，因此达尔文的贡献绝不亚于拉普拉斯为第一代社会学家所做出的贡献。斯宾塞(Spencer)在达尔文之前就开始讨论社会科学了，而且在他的论著中，我们也可以从术语方面的变化探寻到他用生物学类比替代机械学类比的变化。然而，斯宾塞的社会学除了使用的术语有所变化以外，几乎从头至尾都坚持了机械社会学的观点。再者，进化观念既反对将生活现象强行塞进经院式的或按照形而上学方式组织起来的分类之中去的倾向，也反对在缺乏证据的情况下和在种种封闭的哲学体系中阐述发展规律的倾向，而
73 这导致它在生物学母体中取得了真实的但却又是缓慢的发展。物理学定律的类比以及星球运动的类比在当时已被鲜为人知的生物学定律的类比所取代。有机体的进化、有机体和“超有机体”的类比，以及把生存之争和适者生存(the struggle for existence and the survival of the fittest)这两项原则应用于社会现象的做法等，都是生物社会学(the biological sociology)以及处在生物学阶段的社会学法理学的特征。生物社会学所获致的基本成果，只不过是把机械社会学最初进行的那种准备工作向前推进了一步而已。因此，如果我们假设：第一，同一称谓必须永远具有同一内容；第二，社会学法理学的各个方面都可以互相转换；第三，一门科学所采取的方法不可能在一代人当中得到极大的改善，那么无论是对生物社会学还是对机械社会学所做的批判都可以适用于对方，而且无

论是对一方所做的批判还是对这二者所做的批判也都很容易被用来批判今天的社会学法理学。[①]

晚些时候，心理学的兴起给社会学和社会学法理学带来了一种
深刻的影响，而且这种影响直至今天还在起作用。吉尔克(Gierke)
把法学家的注意力转向了群体——这些群体不只是个人的集合
体，而且从法律角度来看，这些群体在得到法律承认的时候也不只
是法律上的拟制。[②] 这样，法理学和政治学与群体心理学和民俗
心理学也就发生了联系。塔尔德(Tarde)发现了一个在形成法律
材料的过程中以及用从外界得到的材料去补充法律规则体系和法
律学说过程中具有头等重要意义的因素，进而在哲学和心理学的
基础上系统地阐释了模仿的规律。[③] 华德(Ward)大肆宣扬人类努 74
力的功效，并努力强调心理因素在文明中所具有的决定性作用。[④]
这样，历史法学派的教义中便出现了一种范围广泛的分裂。与此
同时，又出现了法律哲学的复兴，而这个方向的发展则引发了我们
今天的社会—哲理法理学(the social-philosophical jurisprudence)。

---

① 参见：Tanon，*L'Évolution de droit et la conscience sociale*，3rd ed.，180 - 189(1991)；Tourtoulon，*Principes philosophiques de l' histoire du droit*，80 - 173(1908)；Berolzheimer，*System der Rechts-und Wirthschaftsphilosophie*，11，§§47，51(1905)。

② “人类乃是人与人的联合。人类创造联系的可能性，不仅增加了那些同时代生活的人的力量，而且尤为重要的是，这种可能性还通过其持久性(拯救个人的人格)而使那些后来者受着种族之过去的限制，并且为我们提供了发展历史的可能性。”Gierke，*Deutsche，Genossenschaftsrecht*，l，1(1868). 另外参见：*Das Wesen der menschlichen Verbände*，33 - 34。

③ Tarde，*Laws of Imitation*，transl. by Parsons，2 - 3，11 - 13，14 - 15，310 - 320(written 1890)；Tarde，*Les transformations du droit*(1894，6th ed. 1909).

④ *Dynamic Sociology*，1，468 - 472(1883)；*The Psychic Factors of Civilization*，120(1901)；*Applied Sociology*，13(1906).

自本世纪初始，又出现了社会学各种方法的统一，[①]出现了各门社会科学的结合，[②]出现了那种以考虑法律的作用为主而不是以考虑法律的抽象内容为主的功能观（这种功能观将法律视作一种可以通过人的智性努力而得到改进的社会制度），而且还确立了一种认为法学家的职责就在于发现一种能够指导和促进这种智性努力的最为有效的手段的信念。以上出现的各种趋势和形成的信念，逐渐成了社会学法学家所公认的信条，而且也正在日益变成所有法学家所公认的信条。我们在下文中所要探讨的乃是这一发展过程中的一个阶段。以人种学解释的心理学形式而进行的各种试验，乃是19世纪探寻一种单一的能够解释一切法律现象的法律发展论与那种构成当今法律思想之特征的承认多种影响因素的认识之间的一个连接纽带。

人种学解释和生物学解释乃是过渡性解释中的两种主要形式，而要对它们做出界分并不困难。人种学解释依据种族精神、种族心理或种族制度去解释法律和法律史——但是在实证主义的体系中，种族精神、种族心理或种族制度等通常都被视作是物质环境的产物。生物学解释则依据达尔文的自然选择——亦即生存之争和适者生存的观点去解释法律和法律史。人种学解释最先出现，它在黑格尔与实证主义者之间，在19世纪哲理或形而上学法学家与社会学法理学之间起到了桥梁的作用。与此相应，它具有三种

① Ward, *Contemporary Sociology*, reprint of papers in 7 *American Journal of Sociology*, 475, 629, 749; Ward, *Pure Sociology*, 14(1903).

② Ward, *Pure Sociology*, 12 - 14(1903); Small, *General Sociology*, 91(1905); Small, *The Meaning of Social Science*, 87(1910).

形式。在第一种形式中，它是唯心主义的：种族观念展现于各民族的法律制度的发展过程之中，或者在一更为普遍的程度上讲，种族观念从一种特殊的角度出发而被认为是一种展现于各个民族精神之中的那种种族的观念。在第二种形式中，它是心理学的：法律被视作是某一种族性格、种族精神或种族气质的表现，因为法律就是 75
在该民族的社会制度中得以发展的。在第三种形式中，它是实证主义的：法律最终是那些决定法律体系赖以发展的种族性格、种族精神和种族气质的外部性物质因素的产物，是源出于各种本能间的冲突以及切实协调这种冲突以维系种族之存在这样一种需要的种族特征和种族气质的直接产物。

我们可以把上述第一种形式的人种学解释追溯至黑格尔。在黑格尔有关法律和权利的哲学(1820)中，他经由根据特定的种族或民族来认知观念的方式而提出了一种有关法律史的解释。[①] 历史是精神在世界中的行进，而法律史则是自由在市民关系中的行进。如果我们考察一下法律史或政治史，那么我们便会发现，法律史或政治史时而经由此种制度行进，时而又经由彼种制度行进。但是，如果我们以一种更为广泛的方式考察整个历史，那么我们便可能会认识到，整个历史时而经由这个种族行进，时而又经由另一个种族行进。巴比伦、埃及、波斯、希腊、罗马、西欧的日耳曼诸民

① “第346节……存在于地理学和人类学中的一项单一的自然特性应归于每一个民族。第347节，某一发展阶段的完成必须经过世界精神那种自我发展的自我意识所特有的那种过程，而这一发展阶段的完成则属于那些自然特性正处在这一发展阶段上的民族。这个民族在世界历史上的某个特定时代中处于支配地位……”*Grundlinien der Philosophie des Rechts*，§§346－347.

族，都相继成了观念得以实现的温床。任何其他东西都没有力量阻挡这种观念在世界上行进。[①] 黑格尔的这个观念，亦即法学家们所接受的那个观念，为我们提供了一种唯心主义的人种学解释。

在最早试图采用这种解释的尝试当中，亦即在最早试图不仅仅满足于根据这种观点对一种普遍的法律史做一些粗线条描述的尝试当中，耶林(Jhering)的努力亦是其中之一，因为他在研究早期罗马法的时候采用了这种解释。[②] 米尔黑德(Muirhead)在其所撰写的近似经典的论著中也运用了这种解释方法，而且经由他的
76 这一努力，这种解释也为英美的研究者所熟知了。[③] 耶林指出，古罗马法中存在着一种二元性，因为宗教与世俗这两种体系并存于其间。一方面，古罗马法中存在着有关神法的宗教体系，它以水和火为其象征，以奴玛(Numa)为其代表；其内容有共祭的宗教婚姻仪式，有保证金、担保条款、合约等宗教性质的法律交易行为，有一种宣誓赎回的宗教法律程序，有一种宗教的惩罚观念，如道歉、在神明面前洗罪和祭祀处罚等。另一方面，古罗马法中也存在着一种有关人定法的世俗体系，它以长矛和强劲有力的手为其象征，以罗米欧勒斯(Romulus)为其代表；其内容有通过购买获取的婚姻形式，有公开担保的有关接受财物和人身的法律交易，有一种以自助为基础的法律程序和一种以妥协或调解为手段的惩罚制度。换言之，一种体系依靠宗教制裁，具有一种宗教性象征，以一个宗教

① “与承担现阶段世界精神发展的那一民族的绝对权力相比照，其他民族的精神无任何权力。”Ibid.，§ 347.

② *Geist des römischen Rechts*，1，§ 19(1852)，4th ed.，1，310.

③ *Historical Introduction to the Private Law of Rome*，§ 1(1886).

中的神为代表，并且试图建立在神的基础之上；另一种体系则依靠强力，具有武力性象征，以一个军事国王为代表，并且试图以罗马人民的政治权威为基础。这意味着一种体系是塞宾人(Sabine)的体系，另一种体系则是罗马人的体系。但是，这种二元性绝不是早期罗马法制度所独有的特征，因为人们也可以从盎格鲁—撒克逊法律中发现这种二元性。就盎格鲁—撒克逊法律而言，人们也很容易在下述方面构划出两条平行线：一种基督教体系与一种世俗体系、依赖上帝对他的子民(即虔诚基督徒)所做的劝诫[①]与依赖那种威胁采用武力的做法、[②]对教会与国家各自的司法管辖权所做的大体划分、一系列宗教制度以及与之相应的法律制度，等等。宗教和法律在社会发展的某个特定阶段上乃是互相协作的社会控制力量。一个是氏族组织社会中的社会控制力量，而另一个则是 77
政治组织社会中的社会控制力量。在氏族组织社会向政治组织社会过渡的阶段中，这两种社会控制力量或多或少是相互协作的。随着氏族组织社会因非氏族人口的增长而导致的崩溃，法律承袭并吸纳了一些主要的宗教性质的社会控制制度。这样，我们在法律秩序的初始阶段中发现了一种二元性，尽管它逐渐消失了。我们没有必要援用古罗马城的种族二元性去解释一种明显由一般性原因所引发的现象；这是因为这些一般性原因在其他民族法律发

① 人们也许可以列举取自《出埃及记》和《新约》以及用《阿尔弗雷德法典》导论的形式表现出来的由先知们定下的《十诫》。Liebermann, *Gesetze der Angelsachsen*, 1, 26－46. 另见下述法律的前言：*The Private Law of Rome*, § 1(1886), 89。

② 例如：*Judicia Civitatis Lundoniae*, viii, 2; Liebermann, *Gesetze der Angelsachsen*, 1, 178。

展的类似阶段中也导致了类似的结果，但是值得我们注意的是，在这些民族当中，有关种族二元性的假设却是无法成立的。因此，这种特殊性质的人种学解释很快就被人们所否弃了。

1878 年，达恩(Dahn)为唯心主义的人种学解释指出了一个新的方向。他指出，那些并不是法律人的法律哲学家更愿意在哲学的基础上批判法律制度和法律学说，因此他们往往倾向于在法律制度和法律学说背后设置一些似是而非的理由；此外，他还指出了其他法律哲学家根本无视现行法律的那种倾向。这两种倾向与 19 世纪下半叶哲理法理学被弄得声名狼藉有着很大的关系。由于达恩认识到了形而上学的方法已然失去了价值，所以他主张为法哲学建立一个更为宽泛的新基础。他指出："法律哲学不只是一种言辞的堆砌，而必须首先以思辨的方式去评价历史法学派的结果，进而在比较法律史、种族心理学和人种学的基础上建立起一座法律哲学的大厦。"[1]一方面，我们努力在一个更为坚实的基础上把历史方法与哲学方法结合在一起——该基础要比传统上的调和做法(亦即用历史证明形而上学的推论或者用形而上学论证历史中所发现的东西的做法)坚实得多。另一方面，我们又朝着社会学的方向发展，它涉及一种以社会心理学和人类学为背景的比较法律史——这种比较法律史不应当仅仅是学说上的法律史或政治—制度上的法律史(亦即对抽象的法律命题或抽象的政治—法律制
78 度进行比较)，而应当以那些从人们所观察到的种族心理现象以及各民族的性格、文明及其生长环境等现象当中做出的概括为其基

① *Rechtsphilosophische Studien*，288.

础。当然,在所有上述建议中,每一项建议都有着自己的追随者。于是,唯心主义的人种学解释出现了一种心理学的转向。波斯特(Post)早在1876年就预示过的那种实证主义的人种学解释,[①]最近,麦克杜格尔(McDougall)则在社会心理学的基础上再一次力主这种解释。[②] 实际上就是以比较作为其基础的。

心理学形式的人种学解释假设每一个民族都具有某种特定的法律天赋或心智类型,并试图据此来解释法律史和法律制度的现象。当这种解释方式掌握在哲学家手中的时候,它便是唯心主义的,因为每一个民族所具有的法律天赋或精神乃是在某种观念日益展现的过程中表现出来的;这种日益展现的观念便是人们据以解释该民族的法律史和法律制度的判准。卡尔(Carle)就曾经在这个方面做出了一项著名的尝试;当时,他曾试图依据英国的、法国的、德国的和意大利的法律观念(这些观念说明了这几个民族的心理并且探及了种族的异同及种族融合的根源)去描述现代世界的法律。[③] 傅耶(Fouillee)也根据当今不同民族的精神去解释现代欧洲的法律,尤其力主依据法国的民族精神去解释法国法律和法国民法典的影响。[④] 这种解释在其当时的最新形式中否弃了它原有的形而上学因素;除了其他方面以外,这种解释还洞见到了一种表现在该种族之各个民族的社会制度和法律制度中的独特性

① *Der Ursprung des Rechts*,7.

② *La vita del diritto*,2nd ed.,Bk 5(1890).

③ *L'Idée moderne du droit*, 6th ed., Bk 1, Introduction and chap. 5(1909), transl. in *Modern French Legal Philosophy*,3-49.

④ *National Welfare and National Decay*(1921).

格、气质或前见，并且解释了为什么某些民族实行科层行政管理而另一些民族则采用司法制衡手段来限制科层行政管理的现象、为什么某些民族采用法典而另一些民族却仍然沿用习惯法作为司法依据的现象，以及为什么某些民族拥有众多的法官和寥寥无几的律师而另一些民族则拥有众多的律师和寥若晨星的法官的现象。

79 由于上述解释要适用于法律材料和法律史材料，所以它们很可能会陷入一种谬误之中：这就是依据今天的语言单位和政治单位去回顾中世纪和现代初始阶段的法律，以及透过今天的政治视角去认识种族团结和种族延续的问题。因此，我们常常能够看到一些论者把盎格鲁—诺曼底制度说成是“法国的”制度，在英国的法律中看到“法国的”因素，就像在英国言说中看到法语因素一般。在这个方面，人种学解释向我们展示了 19 世纪历史撰写论著中经常论及的一种典型现象。例如，19 世纪存在着有关拉丁文明和日耳曼文明的理论；拉丁文明理论导向统一，而日耳曼文明理论则导向分离。拉丁文明理论为我们提供了一种有关宗教、政治及法律全面统一的观念，而日耳曼文明理论则以新教主义的形式、以政治中制衡的形式、以道德中清教主义的形式，为我们提供了一种有关个人独立和否定统一的观念。这些理论都与那种有关现代历史的经—人种学解释（the economic-ethnological interpretation）紧密相关——这种解释导致了所谓的“被征服民族的史诗”（the epos of the conquered peoples）的诞生；在这些史诗中，撒克逊人被认定是在反抗诺曼底征服者，而凯尔特人或罗马人则被认定是在反抗日耳曼征服者；那些被视作是第三等级的民族即撒克逊人和凯尔特人或罗马人，创造了中世纪的都市，并在 19 世纪独揽经济霸权

的基础上又获取了政治霸权。[①]

人们必须承认这类解释中存在着一些能够使这些解释令人信服的合理因素。坚持把这些因素视作是法律史的唯一解释甚或是一种主要的解释乃是错误的，但是把这些因素从法律发展中排除出去也同样是错误的。再者，即使人种学解释没有根据人的创造性能力去思考问题，这种解释在促成人们认识人类在法律发展过程中所具有的作用这个问题上还是起到了特别重要的作用。但是，尽管如此，我们还是必须指出，各种形式的人种学解释都在很 80
大的程度上夸大了种族因素在决定法律发展进程和形成法律制度过程中的影响力。它们都忽略了模仿和联想对人们从 12 世纪到 16 世纪普遍思考的那个论题所具有的影响；当然，17 和 18 世纪的自然法理论曾经引导人们出于不同的目的按照普遍的方式去思考这个论题；即使在今天，在以罗马法作为其法律制度之基础以及作为其法律教育之基础的那个法律世界中，人们也没有完全终止按照普遍的方式去思考这个论题。罗马法国家中所有的法官、律师和立法人员都接受过查士丁尼法学原理、源自罗马的职业思想模式和裁决艺术的教育；这个事实对现代法律所做的解释，要比任何倡导人种学解释的论者为其理论所能做的论证都丰富得多。

一些论者认为，法典化在欧洲大陆国家和拉丁美洲地区很盛行，但在英语国家却并不盛行。下面，我们就以这个经常为人们所采用的论点为范例。经过考察以后，我们可以发现，这个论点可以

① Croce, *Storia della storiografia Italiana nel secolo decimonono*, 1, 128. 请比较：Gooch, *History and Historians in the Nineteenth Century*, 170－172。

证明许多问题。任何人都没有办法保证种族社会可以解释为什么荷兰于1838年、罗马尼亚于1864年以及葡萄牙于1865年大量采纳了《法国民法典》中的规定，而且我们也无法用种族多样性来解释下述现象：为什么葡萄牙在1865年颁布了法典，而巴西却直到1917年才制定法典；更有甚者，为什么这两种法典的类型完全不同。当然，我们也无法按这种方式解释下述现象：为什么普鲁士在1791年便拥有了一部法典，奥地利在1811年就有了法典，而且巴登也采用了《法国民法典》，然而瑞士却直到1901—1907年期间才拥有法典。如果我们不关注论者们在19世纪历史法学派领导之下对罗马法所做的法律分析和系统整理的过程，如果我们不关注作为这种法律分析和系统整理之成果的《1900年德国法典》，那么我们也就更不可能理解为什么《瑞士法典》会变成现在这个样子了。现代世界中的立法时尚与上层社会中的服装时尚一样，都是独立于种族和语言的。再者，只有当我们对那些导致法典产生的情势进行考察以后，我们才能够认识到它们是如何独立于种族或民族的。

有两类国家采用了法典形式。一类是拥有发达的法律制度的国家；这些法律制度业已穷尽了法律经由其传统法律因素而进行
81 发展的各种可能性，因而需要一个新的基础以促进法律的进一步发展。另一类是面临法律整体发展因而即刻需要一个基础的国家。我们可以看到，这些国家中存在着导致人们采用法典编纂形式的四个条件：第一，对现存法律材料做法律发展的可能性暂时不存在，或者因相关国家在过去没有法律而缺少现成可用的法律材料；第二，现存法律通常都使用不便，其间通篇都是古语，而且含义

也无法确定；第三，法律的发展重点业已转向了立法，而且一个高效率的立法机构也建立了起来；第四，在一个由原本发展了或接受了各自不同的地方法律的若干地区所组成的政治共同体中，通常需要一个统一的法律。此外，除了英国和英国殖民的国家以外，罗马法传统还必须是所有法律人的必修课之一；因此，进行罗马法传统教育的目的乃是在《查士丁尼法典》的基础之上培养所有与从事法律工作有关的人士。只要我们把上述法典编纂的条件同有关罗马法传统的教育结合在一起，我们便可以理解为什么所有罗马法国家的重要法律都被编纂成了法典。或许，我们也能够由此认识到，相同的条件也会在美国导致法典化的努力：统一各州立法的范围的不断扩大以及统一商法中部分规定的法典化都已充分表明了这一点。英印法典表明，英氏种族在本能上并不反对法典编纂工作。一如我们所知，当时，印度还不具有发达的法院体系去逐渐接受这种法律，而且也无法通过司法经验之过程去探明把它适用于印度情势时所具有的功效；换言之，在当时的印度，人们几乎不得不同时建立法律和法院，因此人们也不得不把法律作为一个完整的体系加以建立。在上述两种条件下，英国人也是相当愿意编纂法典的。

再者，当我们对那种有关中央集权化的科层行政管理并附之以制衡体系的论辩进行批判性考察的时候，我们发现这个论辩也是站不住脚的。共和罗马时期的法律与行政的体系（其间有着受过高等教育的地方行政官、法律与行政彼此合作的管辖、否决权原则以及人民所享有的诉权等），通过法律制约的措施而彻底阻碍了行政管理，其程度几乎可以与 19 世纪美国的宪法制度相比拟。我们所考虑的罗马制度，乃是罗马帝国晚期的制度；我们所考虑的历 82

史上的英国制度，乃是一般意义上的欧洲封建制度。有关国王在上帝和法律的指导下进行统治的观念，乃是那种把国王视作是与其佃户之关系（亦即一种存有对等权利与义务的关系）中的土地之主的观念；显而易见，这一观念的前提与那些在18世纪得到系统阐述的自然权利的宪法保障有着根本的区别。与此相似，我们所考虑的欧洲大陆制度，乃是17和18世纪法国的君主制度以及18世纪以法国君主制度为模式而建立起来的各国政府制度。颇为重要的是，领土扩张、人口增长、商业和工业的发展、经济联合都促使各民族朝着法国模式的发展，而不论其种族或语言为何。中央集权的行政管理在英国的稳步发展、法官在"阿立祺案"（The Arlidge Case）[①]中对柯克关于用司法控制行政管理方法的原则的否弃，以及社团和委员会实施行政司法的做法在美国的兴起等事实，都为此做了证明。[②]

维科（Vico）认为，民族与个人一样都有自己的生命，而且民族的生命将沿着它们在一种不可变更的必然性的支配下被迫遵循的那条轨迹运行。维科的这个观点导致了一种以各民族有机发展的观念为基础的历史撰写。当这种类型的历史撰写在生物学的影响下被适用于法律史以后，它便产生出了现在盛行的那种生物学解

---

① *Local Government Board v. Arlidge*,[1915]A. C. 120,[1914]1 K. B. 160;Dicey,*Law and Public Opinion in England*,2nd ed. xli-xliv(1914);Dicey,*Law of the Constitution*,8th ed,xxxvii-xlvii(1915).

② Pound,"Executive Justice",55 *American Law Register*,137(1906);Pound,"The Revival of Personal Government",*Proceedings of the New Hampshire Bar Assoc.*,1917,13;Goodnow,"The Growth of Execution Disretion",*Proceedings of the American Political Science Assoc.*,11,29(1910);Powell,"Judicial Review of Administrative Action in Immigration Proceedings",22 *Harvard Law Rev.*,360(1909).

释；而当这种类型的历史撰写被适用于那种认为种族精神或种族性格是法律发展的决定因素的学说以后，它还产生出了一种把法律史和法律制度视作是由发展规律所决定的解释——这些发展规律实质上就是种族发展的规律以及种族性格的规律。因此，上述三种影响结合在一起，便为我们提供了一种实证主义的比较人种 83
学的法理学和一种实证主义的人种学解释：人们在比较法律史、比较种族心理学和人种学以及受制于生物学影响的现行人种学解释的有机观中，不仅可以发现实证主义的兴起和社会学的发展，而且还可以发现法哲学家为法哲学建立一个更加宽泛的基础所做的探究。这种方法乃是一种通过观察和历史证明去发现社会发展规律和法律发展规律的方法。这种努力产生了一种以本能冲突——个人自保的本能与社会本能之间的冲突以及个人自我主张与社会秩序之间的冲突——与协调这些本能冲突为根据的解释；这种解释为比较法律史和对各民族的社会制度（特别是原始民族的社会制度）进行详尽研究的描述性社会学所证实。[①] 当然，这也是因为比

---

① “事实上，我们从社会生活的各个方面都可以看到：一方面，单一的生物个人受指向保护其生物个殊性的个体生物力量的统治；另一方面，他的个人努力则受到他生活于其间的社会群体的安排的牵制和限制。这样就发生了这样的情况：一方面所有的个人都受利己力量的统治；另一方面则必须受到那些无私或有助益于公共利益的道德力量的统治。一方面，他本人乃是一个机械物质的体系；另一方面，他又是机械物质体系中的一部分。这样也就发生了这种情况：每个生物个体都感到自己有天赋的权利；另一方面，他们又必须受义务的约束。他感到自己有权利拥有生物个体的能力；他同时又感到他必须受社会群体成员之能力的约束。”Post，*Die Grundlagen des Rechts*，pp. 8－9（1884）.

另请参见：Post，*Bausteine für einen allgemeinen Rechtswissenschaft*（1880）；Post，*Grundriss der Ethnologischen Jurisprudenz*（1894－1895）；Post，*Ueber die Aufgaben einer allgemeinen Rechtswissenschaft*（1891）。

较胚胎学为当时的生物学做出了巨大的贡献，因此人们在当时认为，处于胚胎之中尚未成熟的法律制度似乎可以为我们揭示若干基本的法律类型，而且还能够使我们极有把握地探寻到法律发展的过程。

当波斯特探寻某种具有头等重要意义的东西的时候，他认为，法律的意图乃是协调行为中的本能，而不应当协调行为中的意志。但是，他却无法摆脱培育了他那一代人的各种观念对他的影响，而且社会学和心理学也还没有发展到足以使他能够去从事他所力图从事的上作。实际上，他所做的只是用根据本能反映出来的所有人的意志将康德协调个别意志的观点付诸实践而已；而且他还试
84 图用人种学研究来证明这一点，而不试图用形而上学的思辨来表明这一点或者用历史来证明这一点。此外，我们现在也很容易看到，他常常根据现代法理学中的问题去解释原始的社会制度。就此而言，他所做的正是法学家们始终倾向于做的事情。他所做的正是在他之前的历史法学家们在概括罗马法律史时所做的事情，也是今天的分析法学家们在试图将他们的普遍分析方法适用于从严格法到查士丁尼法的罗马法各个阶段的事实以及从13世纪到今天的英国法各个发展阶段的事实的时候所做的事情。一如我们所知，一位分析法学派的代表人物告诉我们说，有一些法律观念即使不是永恒不变的，其变化也是极其缓慢的，而且还可以“追溯至我们所明确知道的人类事务那般遥远的时期，并且至今尚未有任何衰微的迹象”[①]；实际上，当他做如此宣称的时候，他所做的正是

---

① Gray, *Nature and Sources of the Law*, § 11(1909).

波斯特在此前所做的但却遭到谴责的事情;而且他做如此宣称的理由也与波斯特的理由如出一辙。理解 19 世纪归还正式交付之物责任中的法律交易概念,理解 19 世纪因混合处罚制度中的有罪行为所引发的赔偿损害的责任,理解罗马所有权在依法保护占有中的不断扩大现象,实际上就是对法律初始阶段的一种错误描述,正如任何实证主义者错误地描述了社会控制的初始阶段一般。但是,这位分析法学家所依凭的却是一种严格的法律立场,而且也无须去认真考虑现代人类学家做出的发现。

更为重要的是,波斯特乃是在机械社会学的时代或者说是在机械类型的生物社会学的时代撰述他的著作的。在那个时代,人们仍然认为,某项单一原则是可以被发现的,而且是可以经由某种特效的方法被发现的;而依据这项原则,我们则有可能达致若干支配社会现象的基本规律。这种方法和原则都应当通过人们对现象的观察而获致,而不应当由形而上学的思辨以先验的方式所决定。然而,此一论辩的基据并不充分。法律史需要根据不同时期的社会科学要求进行重新研究和重新撰写。通常来讲,那种似乎是历史证据的东西,往往只是一种根据那种把个人自我主张最大化为法律目的的观点所做出的解释。所谓的描述性社会学只不过是在收集一大堆杂乱的材料,而且其中的大部分材料被证明对法律研 85
究来说几乎没有价值或毫无价值。因此,这些材料必须首先接受专门化社会科学中的某一门学科的严格考察。当法学家试图使用这些材料的时候,他的目的并不是为了用它们来清楚地阐明自己所面对的特殊问题,而往往倾向于用其先已存在的法律观念来塑造它们，因而他是在用他自己的观念本身来证明他的观念。简而言之，涂尔干(Durkheim)没有告诉过我们从事这项任务时所应采纳的方法的限度和规则。[1] 实证主义的人种学解释只不过是若干更好的和适用范围更为宽泛的方法的先驱。

生物学解释就是那种根据把生存之争的生物学原则视作社会发展规律和法律发展规律的观点所做的解释；[2]这种解释有许多种形式。人们常常把这种解释与其他理论结合起来使用，特别是与那些为了创立一种实证主义理论而做出的努力结合起来使用——那些努力乃是在相关法律制度支配下的民族之物质环境的基础上展开的。总的看来，生物学解释有三种类型：唯心主义类型、人种学类型和经济学类型。在唯心主义类型中，生存之争或适者生存的生物学观念被认为是在法律制度发展过程中日益实现的那种观念。更为普遍的情形是，法律史被视作是观念间的一部冲突史，就好像它是各种法律观念为了生存而展开的一部斗争史，是那些经由最好地满足社会需要或适应社会环境而被证明是最合适的法律观念的一部生存史。有时候，政治解释也被赋予了一种生物学形式，因此法律秩序便被解释为个人之间或由个人组合而成的群体之间为了生存而展开的一种秩序良好的社会斗争，或被解释为能够使这种必要的斗争得以有效展开而必需的那种最低限度

① *Les règles de la mèthode sociologique*, 6th ed. (1912).

② Neukamp, *Entwickelungsgeschichte des Rechts* (1895); Kuhlenbeck, *Natürliche Grundlagen des Rechts* (1905); Seitz, *Biologie des geschichtlich positiven Rechts* (1906–1910).

的有序状态。唯心主义生物学解释的另一种形式则根据适者生存的原则描述了法律制度间的冲突。但是，由于这些制度被视作是观念的反映，因此这种冲突最终乃是一种观念冲突。唯心主义生物学解释的最佳形式，也许是理查德（Richard）根据促进社会发展 86
的规则、制度及学说与反社会的规则、制度及学说之间的冲突所做的那种解释，也就是根据促进社会群体生存的规则、制度及学说与干扰或阻碍社会群体发展和发挥作用的规则、制度及学说之间的冲突所做的那种解释。[①]

晚近的实证主义法律理论否弃了生物学的语汇和唯心主义的影响，并且以一种在实质上相同的解释告诉我们，“依照权利和法律行事也就是依照社会性质行事”，而且“法律原则（la regle de droit）指出，做与社会性质相符的事情，不做反社会的事情”。该作者又补充说：“法律责任是……做具有社会价值的事情的责任，亦即不做任何反社会的事情的责任。……这项法律原则的标准乃是人们违反该项原则所引发的社会反应，亦即一种能够在社会上组织起来的反应。我们不能说这项法律原则不能建立在某个事实的基础之上，因为它只不过是一种要求自己与事实相一致的律令。”[②]如果该作者在这里所讲的法律乃是作为整体的法律，那么我们也许可以赞同他的观点，因为文明社会的存续需要和平和秩序，而法律秩序则在很大程度上就是对这种要求做出的回应。但是，这个问题不单单是一个抽象意义上的法律的社会价值问题，而

① *L'Origine de l'idée de droit*（1892）.

② Duguit，*Les transformations générales de droit privé*，24－29（1912）.

是一个法律制度、法律规则和法律学说的社会价值问题，简而言之，亦就是一个我们所面对的那些法律的社会价值问题。当我们面临是否应当适用“谢利案”（Shelley's Case）中的规则或有条件继承权的合并原则这种抉择的时候（就像近年来美国不止一个州的法院所面临的处境一样），上述那种以个人应当做有社会价值的事情而不应当做反社会的事情为基础的责任是如何帮助我们的呢？如果人们没有对社会价值和反社会行为做出更为详尽的阐释，那么这项论式就不可能为我们提供任何帮助。如果我们想使用该项论式，那么一些人就会把自己受过熏陶的有关最大限度之个人自我主张的观念拿来充作“社会价值”的内容，其他人则会把有关确使每个个人都能够获得最低限度的人道生活的观念拿来当作“社会价值”的内容，而另一些人还会把某种其他的观念视作“社
87 会价值”的内容。狄骥（Duguit）便用一种有关通过社会分工促进社会相互依赖的观念（亦即用一种有关使有限区域内的工业社会的生产率达到最大化的观念）当作“社会价值”的内容。如果法学家在人们尚未就终极的和最高的社会价值达成一致意见以前不能有一个哲学标准或者只得按照上述方式把自己所设想的标准视作社会价值之内容的话，那么我们就有可能在一段时间内重新退回到人治时代或者说一种东方式的司法（a personal-one might say an oriental-administration of justice）时代。

即使我们无力就某种唯一终极的社会价值达成一致意见，是否就不可能存在若干社会价值呢？是否我们就不可能设想尽我们的可能去保护或增进那些社会价值并且在尽量不损害那些社会价

值之整体的情况下去保护或增进它们呢？我们可否指望用一项标准来衡量人们在社会中的所有要求和欲求呢？我们是否有望为了法律的目的而将人类的经济要求、道德和宗教要求、文化要求以及个人精神生活的要求都统一起来呢？我们可否说所有的法律事务都将根据一个共同的标准来评判呢？某一行为是否有可能在不违背一种社会价值的同时又促进另一种社会价值呢——难道不正是这种情况给类似于新闻自由和言论自由的情形造成了困难吗？在这类情形中，一方面，社会制度的安全对于我们来说乃是一种社会利益；而另一方面，普遍进步对于我们来说也是一种社会利益，而个人的思想自由、言论自由和书写自由则始终是这种进步中的一种首要的能动力量。[①] 从一个角度看似乎是反社会的东西，从另一个角度看却不一定是反社会的。如果这意味着检验的标准是从结果上看它是否是反社会的，亦即在对这些利益进行权衡以后，或者在观察了这些利益各自所受侵害的程度以后以及在确切知道人们将以何种方式就它们达成妥协以后再确定它是否是反社会的话，那么这种论式的作用甚微。这里所说的“简单问题”，实在失之过简了。有关那种“要求自己与事实相一致的律令”的说法，也太过简单了。狄骥的意思是说，摆在我们面前的那幅有关适用和发展法律材料的图景，乃是一种对经由劳动分工而达致的社会成员相互依赖状况所做的精确设计，亦即一种可以证实的现象，而不是某种思辨性的计划。但是，我们却可以就此追问道，下面两种权利

① 参见：Chafee, *Freedom of Speech* (1920); *Liberty of Speech*, *Papers and Proceedings*, *American Sociological Society*, vol. 9 (1914)。

当中究竟哪一种权利与这一精确的蓝图相符合呢？是有条件的合并继承权还是有条件的分散继承权？在一个现代工业社会中，经由劳动分工而达致的相互依赖状况已然非常明显，但是难道就没
88 有某些其他重要的有关社会生存的“事实”（如按照宪法有关言论自由的保障条款来裁定对某些出版物课以惩罚的条例）会高于这种相互依赖的状况吗？再者，如果这些重要的“事实”是指“经由利益的相似性而达致的互相依赖状况”（因为我们都是人），那么何者应当做出让步或者说它们应当如何得到协调或彼此妥协呢？事实上，正如克罗齐所指出的那样，这些实证主义的解释在本质上都倾向于黑格尔式的论辩。自由的观念为一种“社会的”观念所取代。不可抗拒的规律已不再是作为一种观念的自由的逐渐展现，而是“社会的”观念的逐渐展现——这种“社会”观念的逐渐展现乃是经由把社会力量组织起来反对反社会的行为而实现的。

生物学解释的各种人种学形式都用适者生存的原则来描述种族制度间的冲突。在上文中，我已经对这样的理论与人种学解释本身之间的联系做出了足以详尽的阐释，因此我拟在下面对生物学解释的其他形式做一番讨论。

一如我们所知，瓦卡罗（Vaccaro）提出了一种经济形式的生物学解释。[①] 他把法律制度、法律规则和法律学说视作是一场阶级冲突或一系列阶级冲突的结果，它们由最适应社会者生存的原则

① Vaccaro, *Les bases sociologiques de droit et de l'état*（1898）, transl. of *Le basi del diritto e dello stato*（1893）. 另请参见：Bentley, *The Process of Government*, 287（1908）。

所决定。由于这些法律制度、法律规则和法律学说表达了那个暂
时在政治上或社会上占统治地位的阶级所具有的需要或欲求，因
此它们便同那些体现了其他阶级之需要或欲求的与之相对立的法
律制度、法律规则和法律学说发生了冲突。据此我们可以说，政治
史和经济史中的那种阶级冲突，也就是法律史中的制度冲突和思
想冲突。显而易见，贡普洛维奇(Gumplowicz)以种族冲突为根据
所做出的那种解释，[①]乃是对19世纪晚期奥地利实际情况所做的
一种泛论性质的合理化叙述，而且人们也不难理解，瓦卡罗的阶级
冲突论也是对意大利的劳工骚动和农民骚动所做的一种泛论性质
的合理化叙述。当我们转而探讨经济解释时，我们便会看到，瓦卡
罗的理论有着一定的道理。但是，当我们用法律科学中的疑难问
题——规则或自由裁量权的问题、法律适用的问题以及司法方法 89
的问题——来检验这种理论的时候，或者当我们用特定的问
题——如契约自由的问题、言论自由的问题以及存在于当今劳工
纠纷中的利益冲突问题——来检验这种理论的时候，我们便会发
现，这种理论并没有对传统法律材料中最重要的现象做出解释。
再者，这种理论还暗示我们：我们有望做的事情只能是信奉皮克威
克(Pickwick)先生的格言并且与大多数下层民众一起喊叫；除此
之外，这种理论在如何处理传统法律材料的方面没有给我们提供
任何帮助。事实上，那种试图解释英国法律有关边界树木的规则
以及法院在决定是适用依法占有原则还是适用罗马法借自古希腊

① *Der Rassenkampf*(1883).

哲学的探寻树根生于何处的解决办法[①]之间所表现出来的那种犹豫不决的努力，显然是徒劳无益的；那种试图解释依法占有原则与罗马法赠予概念（罗马法把赠予视作是一种依凭意图的法律交易行为，而这使得人们直到1890年还无法确定生存者之间的动产赠送是否要求正式交付）之间的冲突的尝试，也明显是徒劳的；[②]那
90 种试图理解遗嘱赠予中那些不可能条件和非法条件的例外原则（这一例外原则在法国法律中得到了进一步的发展，但却被许多晚

① 在罗马法中，如果一棵树长在提修斯的土地上，而它的根则生在梅尤斯的土地上，那么该树就属于梅尤斯所有；如果它的根生在双方的土地上，则该树为双方共有。*Inst.*，2，1，31. 布拉克顿（Bracton）用*Institutes*（1569 ed.，fol. 10）中的文字确定了该项罗马法规则。在“马斯特斯诉波利”（*Masters v. Pollie*）（2 Rolle，141，1620）一案中，法官认为，在该案件中，该树属于植树地的土地所有人，因为“该树的主要部分生长于原告的土壤上，因此剩余部分也应当属于他”。在“沃特曼诉索珀”（*Waterman v. Soper*）（1 Ld. Raym. 737，1697－1698）一案中，霍尔特勋爵显然漠视了先前的判决，因为他在判决中指出：“如果甲在其土地的最前端种植一棵树，而该树的根则延伸到与之相邻的乙的土地之中，那么甲与乙就是该树的共同主人。”霍尔特勋爵的判决理由如下：“因此，如果一棵树种在某一边界，而该树的根又伸到邻居的土地之中，那么该树就成为共同财产。”*Inst.*，2. 1，31. 在“霍尔德诉科茨”（*Holder v. Coates*）（Moody & M. 112，1827）一案中，面临这两种权威冲突的法官，利特尔·戴尔选择了“马斯特斯诉波利”一案中的规则。该项罗马法规则来自古希腊关于形式与实质的哲学原则以及亚里士多德有关植物构成的理论。*The History Animal*，v. 1，*Meteorol*，Ⅳ，8；Sokolowski，*Philosophie im Privatrecht*，1，148 ff. 比较下述推理：*Dig.*，29，2，9，§2 and 41，1，26，§1。在1620年，英国皇家法院依据财产占有观念公布了一条最后得到盛行的规则。根据这项规则，提修斯种了树，不管树根伸向何处，他都应当获得树的主要部分——树干。我在下文中比较充分地讨论了这些案例：“Juristic Science and Law”，31 *Harvard Law Rev.*，1047，1050－1053（1918）。

② *Inst.*，2. 7，§2；*French Civil Code*，art. 938；Baudry-Lacantinerie，*Précis de droit civil*，11th ed.，111，§§803－808；Schuster，*Principles of German Civil Law*，§§199－200；Demburg. *Pandekten*，8th ed.，11，§363，note 2. 关于普通法，请参见：notes 2－5，ante p. 50。我在下文中详尽地讨论了这个问题：“Juristic Science and Law”，31 *Harvard Law Rev.*，1047，1053－1058。

近颁布的法典所否弃；它被英国的衡平法借用于动产遗嘱赠予的方面，尽管不动产赠予仍适用其他法律交易所采用的一般性规则）的努力，也肯定是徒劳无功的。[①] 总而言之，试图用阶级冲突的原则或者用源出于“人之作用与反作用”的原则，或者用人类的欲望超过法律人对逻辑自恰或对依赖权威或对发现他能够赖以为凭的理性原则等欲望的原则来解释上述那些重要的法律现象的尝试，一定都是徒劳无益的。

从总体上看，我们在上文讨论的各种解释具有三个特点，但是这三个特点却足以证明它们无法自圆其说。首先，这些解释断言，一项单一原则便能够充分解释所有的法律现象。其次，这些解释排除了人类的创造性能力，并且把法律视作是我们只能够进行观察的某种东西，而观察法律的目的则是为了证明有关法律发展原则的那些假设；它们还把法律视作是任何法学力量所无力形成的某种东西，而只是一种具有不可抗拒之力量的无意识的工具。最后，这些解释只考虑并仅试图说明整个法律现象中一部分有限的内容，但是却把传统上的思想模式、裁决技术、权威心理以及模仿心理等现象完全置于了脑后，未加说明；此外，它们也没有考虑那些使得伦理解释和政治解释更加接近现实的合理成分。事实上，上述人种学解释和生物学解释除了它们给我们提供的两种类比（机械物理学原理的类比和有机体的类比）以外，几乎没有为我们提供任何其他东西。但是值得我们注意的是，机械物理学原理的

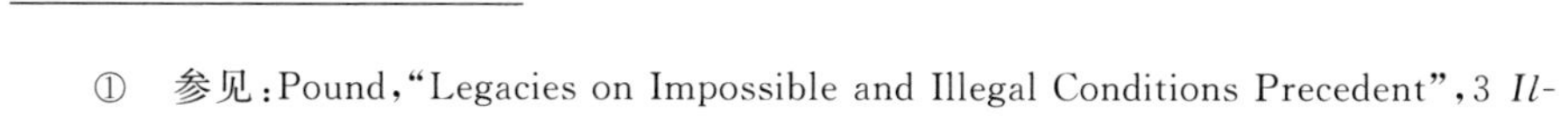

① 参见：Pound,“Legacies on Impossible and Illegal Conditions Precedent”,3 *Illinois Law Rev.*,1(1908)。

类比是不成功的，因为社会现象乃是一种生命现象。有机体的类比看上去比较有道理，但是也不成功，因为一种有机体会使自己与环境相适应，或者至少说一种有机体会直接受到环境压力的影响并且是在环境的压力下直接形成的。然而需要强调指出的是，法律却形成于外部的压力，以满足人类的需要、愿望和欲求。确实，人类的需要、愿望和欲求也可能源出于环境，但是法律却不是通过
91 其内在力量回应刺激因素而进行自我调适的，而且也不受制于来自它所适用于的那种外部生活环境所产生的即刻且直接的压力。

当然，上述解释也为今天的法律科学做出了某种贡献。它们促使我们为法律哲学提供了一种更为宽泛的基础。它们对原始社会制度和法律制度进行了深刻且详尽的研究，从而戳穿了从自然状态理论时代便留传下来的许多传统的错误观念。它们通过建立与人种学、人类学和社会心理学之间的联系而促进了各门社会科学的统一运动。更为重要的是，它们为我们在建立一项适当的社会理论进而一项适当的法律（作为一种社会现象）理论之前必须完成的准备工作提供了方向。

第五章 经济学解释

人们为所有法律现象探寻一种单一的终极原因的最后一个方 92
面，便是从人种学和生物学转向了经济学，亦即诸多不同的哲学道路最终都汇聚到一起的那个方向。这些哲学道路中的第一条道路是唯心主义，它通向了所谓的历史唯物主义。第二条道路是实证主义，它主张经由观察社会现象和法律现象这种方法去努力发现经济规律。第三条道路乃是通过所谓的经济唯实主义而达致的现实主义。自然科学在19世纪占据支配地位这个事实以及由此产生的唯自然主义的世界观，都促使人们越来越关注其周围的物质环境、人们的物质需求以及为满足这些需求而进行的物质活动。与此相适应，这个时代的问题已不再具有19世纪上半叶的那种政治形式了，而呈现出了一种经济形式。人们激烈争论了一个世纪的有关协调政治自由与权威的问题，也已经被所谓的社会问题所取代了——这是生产从农—商经济转向工业经济的直接后果，也是工业劳动者作为具有重大政治意义的和具有阶级意识的群体崛起壮大的结果；这个群体在传统法律秩序并未做出充分规定的那些情势中提出了各种要求。因此，在社会科学必须研究的那些新条件以及它们必须做出解释的那些新现象中，发生了政治观点向经济观点的转变。

众所周知,经济学解释(economic interpretation)[①]始于19世纪50年代。当时,马克思把黑格尔的辩证法适用于英国的政治经
93 济学、法国大革命时期法国历史学家的各种理论,以及他本人有关无产阶级运动的经验之中。如果人们愿意的话,可以说是一种物质观念赋予了这些材料以形式,因而也就为人们认识历史提供了一种新的方法。最初,这种新方法也只是一种建议而已。1859年,在一篇此后经常为人们所征引的文章中,这种新方法得到了系统的阐述。[②] 然而,在最初的整整一代人的时间里,它却没有引起人们的注意。1885年,有论者又开始极力主张这种解释,而且只在1890年前后,这种解释才真正得到人们的普遍接受。在19世纪的最后十年中,这种解释方法盛行于德国和意大利,并被应用于历史学的每一个分支。在1900年到1910年的罗斯福进步主义时代,这种方法在美国也风行一时。正是在那个十年中,它渗透进了英美法律思想之中,而且至今仍是法理学中一种不可忽视的力量,特别是在美国。

由于经济学解释被视作是一种有关社会制度和历史的一般理论,所以它具有两种成分:第一种是较为陈旧的形而上学成分。这是因为各种形式的经济学解释都是根据与事物的表象相对的客观实在以及与偶然性相对的实质性概念来分析各种问题的。经济学

① 关于一般的经济解释,参见:Seligman,*The Economic Interpretation of History*,2nd ed.;Croce,*Materialismo storico ed economia marxista*,4th ed.,transl. as *Historical Materialism and the Economics of Karl Marx*。关于法理学中的经济解释,请参见:Leist,*Privatrecht und Kapitalismus im neunzehnten Jahrhundert*(1911)。

② *Zur Kritik der politischen Oekonomie*,Ⅳ,Ⅴ(1859).

解释预设了一种历史中的上帝：这个预设的上帝控制着引线，操纵着木偶朝着各种不同的方向运动，并由此而制造出了我们称之为历史的各种表象。此前的思想家们只是误解了这个上帝而已；这个上帝实际上并不是“观念”，也不是“绝对的”或“无意识的”，而是经济的。但是，历史的观念却是相同的。历史意味着某种按照一项预先制订的计划并在一条固定的轨道上朝着一种至善至美的终极状况前进的过程。这种终极状况不是伦理的（权利），也不是政治的（自由）；它不是生物学的（社会有机体以一种完美的方式与其周遭环境相适应），而是经济的——亦即一种能够最大限度地满足物质要求的状况。第二种是一种较新的成分，亦即那种具体的经济观念；有关人类具体需要或要求的辩证法取代了有关抽象自由的辩证法。上述第一种成分把先验建构历史的倾向以及认为事实无关紧要而无视它们的倾向融进了经济学解释之中；这两种倾向在各种唯心主义解释及其各种分支观点中乃是十分明显的。然
而，上述第二种成分则有助于纠正这些倾向，而且还要求人们对所 94
有的证据（包括诸多被忽视的证据）进行重新考察或查证，以求发现经济规律。①

对马克思唯心主义经济学解释所做的一种进化论理解，产生了一种实证主义形式，而这种实证主义形式则是经济学解释的第二个阶段。这个阶段始于恩格斯在1884年所撰写的《家庭、私有制和国家的起源》一书。在此后的十年中，这种实证主义形式被

① 我对这个问题的说明受益于：Croce，*Storia della storiografia Italiana nel secolo decimonono*，11，219－221。

推向了极端，并在本书上文所提及的那种有关法律史的经济人种学解释中得到了表达。卢里(Loria)就把这种极端的实证主义形式应用在了财产法历史的撰写之中；此外，由于他的一部著作被译成了英文，因此它在美国也产生了某种影响。[1] 卢里乃是从控制土地的经济斗争以及经由奴隶制、农奴制、租赁制各个阶段的社会进化(并且通过小份所有权而达致土地的最终自由)这两个角度来认识整个历史的。那些根据经济进化探寻一种法律史哲学的实证主义刑法学家还把这种实证主义形式的经济解释运用于刑法的研究。[2] 再者，美国也曾出现过一种特殊的形式，它是一些论者把机械—实证主义的经济学解释嫁接于正统的英国分析法理学而达致的结果。据此我们可以发现，法律和法律史的经济学解释也具有三种类型：第一种是唯心主义形式；这种形式乃是以一种经济理念的逐渐展现为依据而解释法律和法律史的。第二种类型是机械社会学形式；它把社会法则与经济规律等而视之，并试图遵循经济理路而构设出一种社会机械学和社会物理学。第三种类型是机械分析形式；由于这种机械分析形式接受了法律乃是主权者的命令这项分析原则，所以它认为主权者只是一个代言人，那些由经济决定的社会力量就是通过这个代言人而为人们所知道的。我们也许还应当补充指出，虽然社会主义者通常都力主上述第一和第二种形

---

① *La teoria economica della costituzione politica*(1886)；*Le basi economiche della costituzione sociale*(1902)，transl. by Keasbey as *The Economic Foundations of Society*(1907).

② 在一定程度上讲，这个观点还可以回溯至 Godwin，*Political Justice*，15－16，455－458(1796)。

式，但是这两种形式中的任何一种形式与共产主义型的社会主义——或者说与任何形式的社会主义——都不存在任何必然的联 95
系。上述第三种形式的经济学解释得到了一些美国法律教师的极力推崇——这些美国法律教师乃是传统普通法以及这种解释所设定的那种社会秩序的坚定信奉者。

我们暂且不讨论那种唯心主义形式的经济学解释。为了取代伦理观念（权利）、政治观念（自由）、人种学观念（种族精神或种族性格）或生物学观念（自然选择），唯心主义形式的经济学解释提出了一种经济学观念，亦即一种满足物质需求的观念。因此，正如克罗齐所恰当指出的那样，唯心主义的经济学解释乃是“黑格尔学派中的左翼”[1]。它在解释历史的时候并不是以作为一种道德实体的人的伦理生活为依据的，也不是以作为一种政治动物的人的政治生活为依凭的，而是以人的经济生活为根据的。历史乃是满足人类经济需要的经济活动的观念在世界中的行进。因此，所有的法律史都成了经济史，亦即一种有关“需求和劳动的历史”[2]。显而易见，前文就法律史的唯心主义解释方法所做的讨论也同样适用于唯心主义的经济学解释方法，因此我们没有必要从中挑选出某种方法做专门的讨论。我们在今天所面临的问题，至多是我们必须承认每一种方法究竟具有多少合理成分的问题。无论各种方法具有多少合理成分，这种合理成分都是各种形式的

---

① *The Philosophy of Hegel*, 201 – 202; *Storia della storiografia Italiana nel secolo decimonono*, 11, 218.

② Croce, *Riduzione della filosofia del diritto alla filosofia dell'economia* (1907).

经济学解释所共有的，因此我们可以在比较详尽地阐释了其他类型的经济学解释以后再来探讨这种唯心主义形式的经济学解释。

机械社会学类型或实证主义社会学类型与人种学解释的经济学方面的区别仅仅在于它们各自所强调的侧重点的不同。的确，这种类型的解释也常常融合于人种学或生物学解释的某种形式之中，或者伴随着人种学或生物学解释的某种形式一起发展。它的显著标志是依凭物理学的类比，而不是依靠生物学的类比；它是一种根据经济环境和经济发展而不是根据心理学因素而对种族性格做出的思考。因此，一位倡导这种经济学解释的学者告诉我们说，“法律乃是人类在为生存而进行的斗争中所产生的各种力量的一种合力”。他还补充道：“法律乃是主权者的意志；确切地说，那种作为离心力与向心力间冲突运动的合力的地球运行的轨迹，乃是主权者的意志。法律和地球轨迹都是我们赖以为生的必需之
96 物。”[①]他在另一个场合还指出，无论是法律还是地球轨迹，都与权利和正义观念没有任何关系。[②] 地球轨迹是各种物理力量所导致的一种必然产物，而法律则是各种经济力量所造成的一种必然产物。这种思想模式对于我们来说并不陌生。这种思想模式所具有的唯一的新东西就是它所主张的那种永久的终极原因的新名称和新外衣；法学家们可以认识到这个原因，但是却无法使其偏离它的发展进程。黑格尔说过，任何东西都没有力量可以阻碍精神的行

① Brooks Adams in *Centralization and the Law*, 23(1906).

② Ibid., 35.

进。拥有绝对力量的人的本性代表了那种自我发展的世界精神中的一个阶段；与这些人不同，“其他人的精神则无甚力量可言”①。一位经济学解释的美国倡导者指出：“您所掌握的作为一种科学事实的东西，乃是各种力量之间的一种自动冲突——这些力量沿着那些阻力最小的道路发展并且达致了一种有利于统治力量的结果。”②他在另一个场合又指出：“法律作为各种冲突力量的一种合力，最终必定会倒向较强者的一方，而且也一定会给胜利者加冕。”③套用黑格尔的话来说，任何东西都没有力量可以阻碍经济法则的前进。在社会中占据支配地位的阶级拥有着绝对的力量，而它的这种支配地位则代表了那种自我发展的经济法则中的一个阶段；与该阶级不同，其他阶级的自身利益就没有这种作用了。然而，那些持这种观点的人却佯装自己已羽翼丰满，不再需要哲学了——他们否弃了形而上学，并且把它仅仅视作是人类思想发展之必然过程中的一个阶段而已。

经济学解释的拥护者所依赖的大部分证据都源自立法。因此，历史法学派有关法律可以被发现但却不能被创制的原则同分析法学派有关法律是主权者命令的原则以及晚期分析法学派有关法律是主权者的司法机关所认可和实施的规则体的原则相比较，对于经济学解释的观念来说，其适用性要差一些。从经济学解释的立场上看，具有重要意义的那部分法律并不是传统的思想模式和裁决技术，而是一些得到颁布的或得到司法适用的特定的行为 97

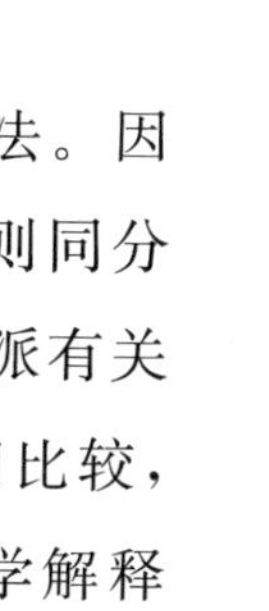

① *Grundlinien der Philosophie des Rechts*, § 347.

② Brooks Adams in *Centralization and the Law*, 35.

③ Ibid., 133.

律令——这些特定的行为律令可以追溯至那个在经济上和政治上占据支配地位的阶级的自身利益；这种利益通过那个阶级对立法者或法官的压力而影响他们，并且促使他们制定出相应的法规或做出相应的司法判决。经济学解释的拥护者也许会同意历史法学派所持的这样一个观点，即诸如此类的法规阐释或制定本身相对来说并不是很重要；它们只是表象，而实质则隐匿于其后。但是，他们却不会承认那些隐匿于其后的实质已然就是法律，亦即某种早就在那里等待着人们去发现和阐释的东西。在他们看来，这种实质乃是某种对立法者和法官发生作用并支配其观点的东西，而不是立法者和法官正在探寻的并且可以不时且逐渐揭示出来的那种东西。布鲁克斯·亚当斯(Brooks Adams)指出："主权者仅是一种喉舌或代言人，因此代言人所具有的形式或者被赋予的称谓都无关紧要。"[①]政治解释和制度法律史实际上是在解释幻象。"占据支配地位的阶级……将按照有利于自己的方式制定法律；法典将最为趋近每个特定时期的正义理想——而这种理想则会以一种最完美的方式有利于那个占据支配地位的阶级。"[②]这就是说，伦理学解释和教条的法律史实际上也是在解释幻象。"法律始终是按照相继占据支配地位并掌控权力的各个阶级的自身利益塑造而成的。这些占据支配地位的阶级任命法官，再由这些法官去创制并解释先例。他们还控制了立法机构，并且在法院不服从他们

① Brooks Adams in *Centralization the Law*, 63.

② Ibid., 63 - 64."道德和法律的规则，乃是建立在统治阶级认为对自己的目的有利和对自己的权力有用的条件之上的。这些规则只不过是那些有势力的阶级利益的反映而已。"Myers, *History of the Supreme Court of the United States*, 8.

命令的时候，他们便通过制定法规来实现自己的目的。”①

我们将看到，布鲁克斯·亚当斯在英国分析法理学的背后设定了经济决定论。法律是由主权者制定的，或者是由主权者的各种机构所认可的或所适用的。但是，在制定、认可或适用法律的过程中，它们所表达的只不过是占据支配地位的阶级的自身利益，因为法律不可避免地是由经济规律所决定的。为了形式法理分析的目的，我们论及了主权者。在进行更为深刻的讨论时，我们还必须 98
对经济冲突进行探讨。奥斯汀笔下的主权者乃是在功利的基础上发布命令的，然而布鲁克斯·亚当斯却向我们表明，占据支配地位的阶级乃是在法律秩序的掩护下根据其自身的利益发布命令的。此时，边沁主义者的功利主义已为机械实证主义所取代。奥斯丁学说中所隐含的那种伦理成分已被完全排除掉了。他们根本就不需要边沁的立法科学，而按照这种立法科学，主权者则会知道如何就功利所要求的东西下达命令。这是因为那种在社会上和经济上最强势的力量自然会有自己的方法，而且法律科学所能做的事情就是遵循这一法则并对它在司法现象中的作用进行证实。

在这个方面，经济学解释把那种分离和排除法律思想中的伦理成分的做法推向了极端；这种做法在分析法理学中始于边沁，作为对布莱克斯通的反动，而它在历史法学派中则始于萨维尼，作为对 17 和 18 世纪哲理法理学把法律与道德混为一谈的反动。奥斯丁的后继者们坚持认为，奥斯丁在这个方面远远超过了边沁，因为

① Brooks Adams,“The Modern Conception of Animus”, 19 *Green Bag*, 12, 17 (1907).

他证明了法理学与伦理学毫无关系，因而也与立法毫无关系——这就是说奥斯丁乃是第一个从根本上把握法律与道德间区别的学者，而边沁则把立法科学归入了法理学的门下。[①] 奥斯丁的后继者们还反对将法律与道德混为一谈，因为把法律与道德混为一谈的做法意味着道德的有效性乃是实在法法律责任的标准，正如 19 世纪法律制度教科书中所残存的那种观点一般。奥斯丁曾在波恩大学师从马克尔迪（Mackeldey），[②]而这就使他有机会接触到康德否定那种把法律与道德混为一谈的态度，并且接触到康德所主张的这样一个观念，即只有人们可以据以批判现行法律律令的永恒
99 的立法原则，而没有永恒的现行法律律令。在奥斯丁死后遗留下来的藏书中，[③]其间就有马克尔迪和胡果（Hugo）所撰写的重要的法律论著；当然还有一些康德所撰写的关于法律哲学与道德的论著。奥斯丁使用过的那个由胡果编辑的《大百科全书》（*Encyklopädie*）版本[④]，对于这个论题的讨论纯粹是康德式的；而且奥斯丁使用过的那个由马克尔迪编辑的《大百科全书》版本（此后出版的诸多版本中充满了历史法学派的观点），在阐述自然法与实在法之间的区别的时候所依凭的也是康德的观点。[⑤] 因此，我们不妨这样认为，奥斯丁关于法律与道德关系的观点在很大程度上受到了康德观点的影响。事实上，这些观点乃是他把康德的观点与边沁

① 比如说：Markby, *Elements of Law*, 4th ed., § 12(1889)。

② 参见奥斯丁夫人(Mrs Austin)的描述：Austin, *Jurisprudence*, 4th ed., 1, 5 – 6。

③ Austin, *Jurisprudence*, 4th ed., 1, ix-x.

④ 7th ed. (1823), p. 9.

⑤ *Lehrbuch des römischen Rechts*, 7th ed., § 2(1827).

的观点综合在一起的产物。布鲁克斯·亚当斯学说中的这两种成分都与伦理学不涉。

历史法学家根据一种至少认为立法科学没有必要的论说而从一个方面否定了那种把法律与道德混为一谈的观点。奥斯丁则通过严格区分法理学与伦理学而从另一个方面否定了那种把法律与道德混为一谈的论点。对现行法律只能进行分析研究,因此法学家的作用和法理学的范围也就局限于此。然而,奥斯丁却承认存在着一种以功利伦理学(utilitarian ethics)为基础的立法科学。一如我们所知,实证主义者也采取了历史法学派的立场,尽管各自依凭的理据不同;因此,这些实证主义者否弃了立法科学及其伦理学基础。一方面,实证主义者抨击"超自然物",认为它是某种干扰自然现象过程的东西;另一方面,他们又抨击"偶然性"的观念,并且坚持认为所有的现象都只是正确规律所具有的常规性的和有序性的作用的反应而已。伦理学之所以遭到了人们的怀疑,乃是因为它可能会与一种不明之物存有关系。此外,柯克那种意义上的立法之所以也遭到了人们的怀疑,乃是因为议会全能和主权者意志的理论与另一种不明之物保有关系。就经济学解释在美国的拥护者而言,他们当中的一部分论者乃是从历史法学派出发而达致机械实证主义法理学的,而另一部分论者则是从分析法学派出发而达致机械实证主义法理学的;这些经济学解释的拥护者都把上述历史法学派和分析法学派这两个方面对那种把法律与道德混为一谈的做法的否定观点推至了极端。布鲁克斯·亚当斯便猛烈抨击了权利观念和正义观念,而且也猛烈地批判了把法律与道德混为一谈的观点,但是他只不过是在相同的道路上比马克比(Markby) 100

走得更远一点而已；当然，布鲁克斯·亚当斯也否弃了立法科学，但是他只不过是沿着梅因在《早期制度史》(*Early History of Institutions*)[①]一书中所规定的道路前进并走到了该道路的尽头而已。

当我们转而研究论者们为了支持经济学解释而征引的那些证据的时候，我们便会发现，经济学解释的论者们通常所依凭的主要是刑事立法，而刑事立法在实际社会秩序或日常的司法过程中则是无甚持久性且相对没有什么功效的。这是对法律秩序中寿命最短且效果最小的材料所做的一种解释。但是，经济学解释在美国的倡导者却试图通过详尽考察普通法的学说史和制度史来证实这一解释，因此我们必须对这些论者的观点做一番更为详尽的探讨。布鲁克斯·亚当斯考证了从诺曼底诸国王到《威斯敏斯特第二条例》(*The Statute of Westminster* Ⅱ)的普通法令状史和有关它们的司法解释[②]、大法官法院兴起的历史[③]，以及19世纪作为有罪推论的责任学说之兴起的历史。[④] 波伦(Bohlen)教授根据经济学并依凭其横溢的才智和独创性解释了"赖兰兹诉弗莱彻案"(*Rylands v. Fletcher*)中的原则及其在美国的历史。[⑤] 威曼(Wyman)教授也对公用事业法的发展提出了一种相似的解释。[⑥] 威尔逊

---

① Maine, *Early History of Institutions*, Lecture 12(1874), 4th ed., 344－345.

② *Centralization and the Law*, 31－35.

③ Ibid.

④ "The Modern Conception of Animus", 19 *Green Bag*, 12.

⑤ 关于该项规则，见：*Rylands v. Fletcher*, 59 *University of Pennsylvania Law Rev.*, 298(1911)。

⑥ *Public Service Companies*, 1, §§1－14(1911). 另请参见：Wyman, *The Control of the Market*, 1(1911)。

(Wilson)总统也按照相同的理路解释了那种因雇员过错而引起的各种侵害以及必须承担的风险。[①] 下面,就让我们对其中的一些观点做一番考察,并且对这些观点的理据进行追问。

正如布鲁克斯·亚当斯所理解的普通法令状史那样,当国王出于任何特殊目的而需要某项令状的时候,该国王会首先“命令他的一位心腹……和大法官法院的一位书记员草拟该项令状”。从当时的情况来看,这种待售令状的方法似乎成了获致岁入的一个潜在来源,而贵族们则反对这种做法,因为“如果可以把正义出卖 101
给最高出价者的话,那么他们的末日便屈指可数了”。因此,他们先是坚决要求国王约翰向他们做出承诺,不再出卖正义;后来,他们又要求大法官不再出卖新的令状,而应当恪守古老的惯例。但是,皇家法院的业务案宗却已经多到了用当时现有的令状难以处理的程度,因此议会着手用《威斯敏斯特第二条例》进行补救。对国王来说,土地贵族太强大了。法官们总是拜倒在“当时的达官贵人的权势的影响之下”,而法令则收效甚微。[②]

读者们将会发现,上述论点赖以为凭的基础乃是柯克和布莱克斯通对《威斯敏斯特第二条例》所做的阐释以及法官们对该条例所做的司法解释。如果他们的阐释是错误的,那么上述论点中的大部分主张也就必定站不住脚了。此外,该论点也没有将任何解释都必须予以认真对待的相关现象考虑进去。直到13世纪,我们至多还只是处在一个向严格法(a strict law)过渡的阶段。因此,

① *The New Freedom*, 14－15(1916).

② *Centralization and the Law*, 31－35.

法律仍处在变化过程之中，而且往往还在很大程度上依赖于国王固执的个性。但是，亨利二世（Henry Ⅱ）天生就是一位法学家，而且格兰威尔（Glanvill）所撰写的那部以令状为基础的著作也表明，12世纪时，亨利二世这位法学家便着手整理令状，试图使它们达致系统化，并且还想从此前发展起来的一大堆杂乱无章的法律材料中确立起一种严格法。换言之，我们必须承认，这时业已出现了一种不依赖于意志并抵制阶级利益和阶级影响的有意识的努力。此外，我们还必须记住，中世纪视法律为永恒的惯例以及国王必须受法律约束的观念。当然，我们也不会忘记，贵族们之所以一直坚决主张个人自由，实是因为在贵族统治的全盛时期，贵族们也许会更倾向于拥有一种强有力的个性并且倾向于根据个人自我主张去思考问题。因此，如果我们把英国《大宪章》中的条款与罗马帝国时期士兵所享有的法定特权做一比较，那么我们就会看到这二者之间所存在的重要区别。在英国的《大宪章》中，那些具体的条款被视作是具有普遍适用性的普遍规则，而在罗马帝国时期，那
102 些规则只是一些专断的特殊规则而已。无怪乎，前者在现代世界的公法中留下了自己的印痕，而后者则被证明只是一种昙花一现的现象。中世纪的论者通常都根据一种僵化的神学去思考正义和权利问题，并且认为正义和权利超越了所有主权者的行为。这些观念渲染并指导了那些可能源于经济问题的特殊运动。伦理学解释只看到了前者（亦即那些普遍规则），而经济学解释只看到了后者（亦即那些特殊规则）。如果我们必须在这二者中做出选择，那么伦理学解释对我们的用处往往更大。

但是不论如何讲，上述论点在对《威斯敏斯特第二条例》的看

法上都是破绽百出的。[①] 当时，法律秩序正在开始进入一个严格法的阶段。人们对诉讼程序中的自由颇感恐惧。如果英国法律能够像罗马法那样得到系统化并且按照逻辑得到发展，那么令状的颁布就肯定可以成为一种制度。与此相适应，法律人也会设法削减大法官在这个方面所享有的广泛的自由裁量权；此外，当法官们在执行某项法规时理解了法规的精神以后，他们就会落实该项法规的精神。当布莱克斯通用 18 世纪的眼光回顾这个问题的时候，他发现了一个现代问题，亦即如何为诉讼程序松绑的问题，而 13 世纪的问题则是如何把它束缚住。

下面，我们再来讨论一下源出于大法官法院之兴起的那个论辩。一如我们被告知的那样，在以国王同贵族冲突这种外部形式表现出来的阶级冲突当中，当事实证明不可能通过普通法法院去放宽法律适用范围的时候，国王便会转而诉诸他的枢密院，并且开始直接通过他的枢密院或枢密院专门委员会去审理案件；这样，便产生了一种新型的法院。这种新型法院发展出了一种最为有效的武器，而这就是传唤令状。因此，“每当绅士们控制了下议院的时候，他们便对大主教法庭发起攻击，吵吵嚷嚷地要重新回到普通法去”。但是，发展进程还在继续。正如我们被告知的那样，“因此，大法官……成了日益发展中的资本力量赖以表达其利益的最终喉舌”。[②] 也许人们会做这样的追问：如果大法官的司法管辖权体现
了金钱阶级的自我利益以反对土地所有者自我利益的严格法，那 103

① 参见：Maitland, *Equity and the Forms of Action at Common Law*, 345－346。

② *Centralization and the Law*, 34.

么他为什么会缓和刑事约束以及为什么会允许赎回抵押财产。这是因为土地所有者是债务人而不是债权人。人们也许还会进一步追问:人们是否就不应当对曾经与皇家法院在司法领域中平分秋色的教会司法管辖权的崩溃这个因素做一番考虑呢?在限制并随后摧毁教会法司法管辖权的过程中,最积极的人是谁呢?是封建贵族,还是当时刚刚兴起的城市金钱阶级?

事实上,我们不可以用如此简单的方式来讨论这么复杂的问题。如果我们试图解释 15 和 16 世纪下议院与大法官法院的对立,那么我们就必须注意一些与此类似的现象。在英美法的范围内,我们必须把下述三种情形做一番比较:第一,那种肯定不代表封建贵族的共和政体对共和政体试图废除的衡平法所做的反对;[①]第二,清教徒对美国的衡平法所做的反对;[②]第三,杰斐逊(Jefferson)对此后通过他所谓的"曼斯菲尔德发明"(Mansfield's innovations)而实现的放宽法律适用范围的做法所做的反对。[③]此外,我们也不应当忽视上述现象中的三个因素:首先,它涉及人们并不理解进而引起人们怀疑的一些新制度。对法律人来说,除了渴望稳定和一般安全以外,他们之所以不理解进而怀疑新制度,还有一个特殊的原因;这个原因一次又一次地促使他们为了坚持传统的方法和传统的裁决技术而奋起抵抗各种形式的压力。法律

① Parkes, *History of the Court of Chancery*, chap. 8.

② 参见:*Quincy's Reports*(Massachusetts), 538 ff.。关于其他殖民地,请参见:Fisher, "Equity in Pennsylvania", *Select Essays in Anglo-American Legal History*, 11, 810; Wilson, "Chancery in the Colonies", Ibid., 779。

③ Letter of Jefferson to John Tyler; Tyler, *Letters and Times of the Tylers*, 1, 35.

人不愿意为了自己毫无经验的新方法而放弃他们早已了如指掌且熟练掌握的那种技艺，而且他们也很容易就找到不这样做的理由。其次，人们在当时完全有理由小心翼翼地保护那种具有权威且范围广泛的自由裁量权。与今天不同，当时没有衡平法制度，也没有指导行使自由裁量权的既有原则。因此，法律人会对扩大衡平法
管辖权的趋向特别敏感，正如他们对我们在今天把很大的即决权 104
赋予行政管理机构和专门委员会的做法特别敏感一样。[①] 再次，所有的自由裁量权都与清教徒的宗教观念相冲突，而不论某个清教徒的社会地位和经济地位如何。人类应当平等相处，而不应当彼此支配或征服。人类需要法治，而不是人治。[②] 个人良知应当受到善法的指引和开导——这种善法乃是事先制定的（可以在人的行为发生问题的时候给予事先的指导），而不是行政法庭（这些法庭乃是根据其法官关于衡平法和善良意愿在特定情形中所要求的东西的观念来行事的）事后强加的。我们不应当仅仅根据 16 和 17 世纪英国社会各阶级的各自利益来解释上述情况。

在普通法的初始阶段，它与处于早期发展阶段上的罗马法一样之所以课人以责任，只是因为该人或该人所保护的对象曾采取过行为而该行为又造成了侵害。在 17 世纪的时候，我们发现了有关变化的种种迹象；而到了 19 世纪，下述观点则被公认为一项法律原则：一个人并不对其行为导致的后果本身负责，而只对其可谴责行为的后果负责；因此，行为人的可谴责的意图乃是其间的决定

① 例如：the“Replication of a Serjeant at Law”to Doctor and Student，Hargrave，*Law Tracts*，325。

② *Massachusetts Bill of Rights*，§ 30(1780).

性因素。这一发展后来被认为是那种以阶级利益为依据的经济学解释得到建立的标志。[①] 但是，做出此一论断的那些人却必须在其论断的基础上做出进一步的解释，因为一种责任理论的发展只不过是一系列紧密相关的变化中的一个方面。在这些变化的过程中，衡平法观念和自然法观念改造了严格法，而在晚些时候，整个法律制度又被定型了，再一次在所谓的普通法成熟阶段成了僵化的法律制度。用可谴责行为责任取代所有侵害行为责任的做法，只不过是从作为法律单位的法律人格向作为道德单位因而也是作为法律单位的人格发展的运动中的一个部分，只不过是从形式向实质、从只考虑表象向主要考虑内在因素、从规则向原则和标准、
105 从机械地适用法律向理性且个体化地适用法律，以及从以权力为基础的权威向以理性和正义为基础的权威发展的运动中的一个部分，而且也是把此前过程中吸纳进法律中的各种因素进行系统化和组织化运动中的一个部分。道德单位乃是从道德上对可谴责的行为负责；因此，被视为与道德单位一致的法律单位也应当在同样的基础上对可谴责的行为负责。这是一个具有创造性的观念。在人类社会当中，必须有一种人们据以评价所有案件并且据以连接所有规则的具有普遍适用性的责任原则，而这项原则就是对可谴责行为之后果的责任原则。这也正是 19 世纪的组织化和系统化的观念。的确，从早期罗马帝国的罗马法在自然法的影响下从严格法向法理法的过渡过程中以及再经由从戴克里先(Diocletian)到查士丁尼(Justinian)而达致法律制度的成熟阶段的过渡过程

① 参见：note 4，ante p. 100。

中，人们也可以看到与上述进程完全相同的进程，亦即吸纳道德观念并用创造性的方式将它们付诸实践，进而把它们改造成组织化和系统化的原则的那种进程。实际上，从欧洲大陆的注释法学派向自然法学派的过渡中，进而向19世纪的法典法过渡的过程中，人们也可看到上述进程。毫无疑问，这些情形都是与各种文明运动和存在于这些文明运动之中的各种经济变化并行前进的。但是需要指出的是，在论者试图根据特定时空之社会中占据支配地位的阶级的自身利益和阶级冲突来解释上述过程中的特定论题之前，他却必须首先考察这些特定论题与整个法律体发展之间的关系，而且还必须探究处于相同法律发展阶段中的其他制度之中的类似现象，尽管他所处的时代可能并不具有十分独特的社会条件和经济条件，而且也不具有明显的阶级冲突问题。

从波伦教授对“赖兰兹诉弗莱彻案”的剖析中，从大约三十年前美国法院拒绝将该案中的原则作为普通法的一部分加以接受的事实中，人们也许会发现一种更为严肃的论辩。该项论辩的实施引起了较多的争议，但是它却隐含有更多的合理成分。波伦教授正确地指出，在一个自然资源得到充分开发的高度组织化的社会中和在一个自然资源正在开发的初创国家中，如果不考虑某人对 106
土地业已实施的或持续实施的行为中的过错，那么相关责任对于上述两种国家中的法官来说就会完全不同。在前一类国家中，法官可能会从保护现有财富的角度出发去思考问题，而在后一类国家中，法官则会从“变机会为财富”的角度出发去思考问题。[①] 这

① “The Rule in *Rylands v. Fletcher*”, 59 *University of Pennsylvania Law Rev.*, 298, 318.

个观点是颇有道理的，而且可以被概括为这样一种说法：在法官努力抉择理性原则的过程中，他们一般都会先描绘一幅他们所熟悉的社会秩序的理想图景，再从中找出被他们视作是法律规划的理性设计。然而，这个论辩却在朝着一个令人颇感疑问的方向展开。在当时的英国，一如我们被告知的那样，土地贵族乃是占据支配地位的阶级，英国的法官们或来自于土地贵族，或与土地贵族有着密切关系，或希望他们本人或他们的家庭成为土地贵族中的一员。因此，这样的法官所反映的也是土地贵族阶级的意见。"对这个阶级来说，对土地的排他性控制权应当高于对土地的商业利用这一点，乃是不可避免的。他们在商业和制造业中几乎没有什么利益或者没有任何直接利益，因此相对来说，他们认为商业和制造业乃是无关紧要的"。另一方面，又有论者指出，在美国的居住人口中，绝大多数都是商业和手工业工人。据说整个清教运动就是对土地贵族所信奉的社会观念和政治观念的一次大反叛。这种固有的阶级本能，使得本身就是土地主人的美国农场主们不曾像在此前就已经持续并统治了数代人的等级制度那样赋予财产权以极其神圣的光环，而且在很大程度上也不是从土地所有者的立场去思考问题的。因此，在英国法官看来，"土地在根本上乃是一私域，亦即土地所有者从中获致其权力和尊严的一种财产。因而在此一私域中，该所有者肯定是至高无上的，而且不容任何其他人的侵扰"。但是值得我们注意的是，在美国的法官看来，"土地乃是一项占有物，亦即应当被用来为该占有人的经济利益服务的一项资产"①。

① "The Rule in *Rylands v. Fletcher*", 59 *University of Pennsylvania Law Rev.*, 318 - 320.

毋庸置疑，无论是对"赖兰兹诉弗莱彻案"所做的上述解释，还是宾夕法尼亚州法院对这一案件中的原则所做的否弃，都是颇具原创性的。但是，我们仍有必要对其中的若干要点做一番更为详尽的探讨。诸位比我更清楚，在1867年的英国，究竟谁应当被认 107
为是当时占据支配地位的阶级的杰出代表：是利塞斯特·戴德洛克（Leicester Deadlock）爵士，波茨那普（Podsnap）先生，还是柯克镇的裘悉赫·潘得比（Josiah Bounderby）。不管是谁，在"赖兰兹诉弗莱彻案"的终审判决过程中起过主要作用的那位法官却是以一个商业律师的身份而在律师界引起人们广泛注意的，因此当人们试图断言这位法官把商业和制造业看得无足轻重的时候，他们还必须做一番谨慎的斟酌。在另一些问题上，我们也不能认为，美国的法官赋予土地所有权的神圣色彩要比英国的法官少；当然，我们也不能认为，美国的法官曾倾向于背离英国法律原则——英国的法律原则把土地视作是可以为恒久的目的而掌握的一种永恒的占有物，而动产则被认为是用来使用和交换的财产。曾有一段时间，美国的一些开拓性社区总是把市镇土地当作商业活动的主要标的物。人们出售和转让土地，并且在商业中心以投机股票的方式进行土地投机。但是，任何处于这样一种环境中的美国法院都不曾试图背离传统的观点和拒绝强制执行市镇土地销售合同的履行，尽管在不动产市场上随时都可能发生一些在各个方面的条件都与之十分近似的事情，而且这种合同的独特特征也只是教条式的虚构而已。此外，在英美法律中，几乎没有什么问题比不动产与动产之间的那些专断的界分更令人烦恼了。这个问题贯穿于整个法律之中，规定了继承和遗产分配的规则，使土地销售隶属于一整

套原则，而使动产销售隶属于另一套原则，因而也导致了许多附属后果。英国的立法在这个方面损害了普通法。但是，不论土地在美国法院的司法管辖权中究竟在多大程度上被视作是移动财产，从来就没有一家美国法院认为普通法对土地所有权的态度不适用于特定地方的情势。

具有更为重要意义的是自波伦教授的论文发表之后美国法院判决的进程。在经历了四十年之久的讨论之后，亦即在"赖兰兹诉弗莱彻案"的原则不能在美国得到执行的观点似乎已成定律的时候，波伦教授撰写了他的论文。但是，就在他撰写此论文之际，情
108 况发生了变化，而且仅在过去的十年时间里，就有三家美国法院接受了该案件中的原则，而只有一家法院拒绝了该项原则。再者，如果我们考察一下接受和拒绝此项原则的法院，那么我们即刻就会发现，我们不能以经济为基础来界分这些法院。1871 年，马萨诸塞州最高法院遵循了"赖兰兹诉弗莱彻案"中的规则。[1] 第二年，明尼苏达州最高法院也采纳了该项规则。[2] 此后，亦即经历了一段法院拒绝该项规则的时间以后，俄亥俄州于 1896 年、西弗吉尼亚州于 1911 年、密苏里州于 1911 年、得克萨斯州于 1916 年又相继接受了该项规则。[3] 另一方面，新罕布什尔州于 1873 年、纽约州于 1873 年、新泽西州于 1876 年、宾夕法尼亚州于 1886 年、加利

① *Shipley v. Associates*, 106 *Massachusetts Reports*, 194.

② *Cahill v. Eastman*, 18 *Minnesota Reports*, 255.

③ *Defiance Water Co. v. Olinger*, 54 *Ohio State Reports*, 532; *Weaver v. Thurmond*, 68 *West Virginia Reports*, 530; *French v. Manufacturing Co.*, 173 *Missouri Appeal Reports*, 220, 227; *Texas R. Co. v. Frazer* (Texas Court of Civil Appeals), 182 *Southwestern Reporter*, 1161.

福尼亚州于 1895 年、肯塔基州于 1903 年、印第安纳州于 1911 年则先后拒绝了该项原则。[①] 从上述接受和拒绝该项原则的法院的各方中，我们可以发现既有农业州也有工业州，既有坚持法官由任命产生且终身任职这种制度的州，也有遵奉法官由选举产生且短期任职这种制度的州。再者，我们也无法根据地区差异来解释这些持不同意见的司法判决。在新英格兰，马萨诸塞州与新罕布什尔州彼此对立；在中西部地区，相邻的俄亥俄州与印第安纳州意见不一；在南部，相邻的弗吉尼亚州与肯塔基州也相互对立。这个问题在美国第一次出现的地方乃是马萨诸塞州，而当时，马萨诸塞州最高法院没有经过独立调查便遵从了英国的权威。但是，19 世纪最伟大的法官之一、新罕布什尔州的多伊(Doe)大法官则不愿意趋炎附势、一味遵从权威；他以该项规则与“责任必须以过错为依据的原则”相抵触为由而拒绝了该项规则。在美国的法院中，纽约州法院和新泽西州法院在适用过错责任原则方面可以说是最持之一贯的。这一次，这两个州的法院又站在了一起，而且在一段时间里，它们的做法还产生了支配性的影响。从当今的情形来看，对一
般安全的迫切要求促使法院在若干仍悬而未决的领域中接受了该 109
项规则。人们不可能像三十年前的人那样确信无疑地认为，该项规则在美国已遭到了彻底否弃。但是，我们无论如何都不能把

① *Brown v. Collins*, 53 *New Hampshire Reports*, 442; *Losee v. Buchanan*, 51 *New York Reports*, 476; *Marshall v. Welwood*, 38 *New Jersey Law Reports*, 339; *Pennsylvania Coal Co. v. Sanderson*, 113 *Pennsylvania State Reports*, 126; *Judson v. Giant Powder Co.*, 107 *California Reports*, 549; *Owensboro v. Knox*, 116 *Kentucky Reports*, 451; *Lake Shore R. Co. v. Chicago R. Co.*, 48 *Indiana Appellate Court Reports*, 584.

1896 年以降"赖兰兹诉弗莱彻案"的影响在美国的明显复苏归之于土地所有者日益增加的影响,因为最近进行的联邦人口调查业已证实,人口比和经济力量比都已在根本上使美国从乡村农业型社会过渡到了城镇工业型社会。

1867 年所裁定的"赖兰兹诉弗莱彻案"是否有可能正是戴西(Dicey)所说的那种于 1865 年开始出现的集体主义运动的一个部分呢?[①] 如果是的话,那么它就标志着对责任只能是可谴责行为的必然结果这项原则的背叛。为了一般安全的利益,它要求土地所有者承担起一种具有更大风险的责任。当然,这项原则首先是在英国得到确立的,因为英国是一个人口拥挤的国家,因此一般安全始终是一个为人们特别关注的问题。与此同理,这项原则在美国也得到了谨慎的接受,当然一度也遭到了否弃,因为与美国这样一个人口不太拥挤且基本上是一个农业国的情形相适应的那些开拓性观念一直延续到了 19 世纪末。换言之,如果这项原则的背景在一定意义上讲乃是一种经济背景的话,那么它的背景也绝不是人们所描绘的那种阶级冲突,而是经济情势的逐渐变化。经济情势的逐渐变化经由不断改变法院所必须面对的法律目的这种方式而施加了一种间接的、逐渐的和时断时续的压力。

赞同经济学解释的这套论辩,实际上源出于普通法关于雇员过错所导致的侵害的规则和有关承担风险的原则。这些规则和原则一直被认为是为雇主利益而进行司法立法并且反对法律原则的

① Dicey, *Law and Public Opinion in England*, 250 ff. (1905).

臭名昭著的典范。但是，那些非常自信地做出这个论断的人，却把雇员代表雇主这种教条式的虚构当作了一个逻辑前提。他们认为，有关一个雇佣他人的人虽说本人无任何可谴责的行为，但是却 110
必须对被雇佣者在雇佣期间的可谴责的行为负责的规定，乃是一项永恒不变的正义原则。就此而言，我们所拥有的责任原则乃是一种不管那些靠雇佣他人而经营企业的人有无过错而强加在他们身上的责任原则。在根本上讲，此项原则与“赖兰兹诉弗莱彻案”中的原则是一样的，亦即如果某人拥有某种一旦失控便会危及一般安全的东西，如果他不希望危及一般安全，那么他就必须冒着承担因失控而导致的各种侵害的风险而把它控制在手。就司法目的而言，这种责任乃是通过虚构代表而与无过错无责任的原则结合在一起的。被雇佣者是雇主的代理人，因此他的过错就是雇主的过错。从该项虚构的表面价值上看，人们很容易认为，这种“雇员规则”武断地使得雇主无法承担正当的责任。但是，任何用批判的眼光来考察这个论题的人都不会为其表面现象所蒙骗。[①] 在19世纪的时候，亦即当责任与过错的联系成为法律信条中的一项既定条款的时候，历史上普通法中所有不考虑过错的那些责任都受到了司法上的重新检验；而且在一段时间中，还出现了力主限制它们的强烈倾向。因此，在“考克斯诉伯比奇案”（*Cox v. Burbidge*）中，[②]因牲畜闯入私人土地引起损害而承担的那些责任便受到了限制。而且不止一家美国法院要求此类案件中的责任主体必须具

① 参见：Burdick，“Is Law the Expression of Class Selfishness?”，25 *Harvard Law Rev.*，349（1912）。

② 13 C.B.，N. S. 430（1863）.

有可谴责的行为，或者必须具有邪恶的意图。[①] 有一家美国法院甚至走得更远，因为它主张，即使责任主体有着明显的邪恶意图，如果牲畜以一种通常无法合理预料的方式逃走了，那么它还必须要求责任主体具有可谴责的行为。[②] 用“雇员规则”限定雇主的责任，乃是这场运动中的一个部分。当时，法院并没有采取武断的方式给基本正义原则确立一项例外。为了在个人自由活动与一般安全之间达成某种协调，法院确立了一项雇主必须为雇员过错承担责任的原则（而不论雇主是否有过错）。当然，这项原则并不是一
111 项普遍原则，因为在罗马法中，只有当被雇佣者是奴隶的时候，这项原则才可以得到适用。而在法国法律中，只有当学徒造成的损害可以被明显推论成师傅有过错的情形中，这项原则才可以得到适用。[③] 法院在建立起了这种适用范围宽泛的责任以后，又开始着手对这种责任进行限制。如果说阶级的自我利益可以解释这种限制的话，那么我们为什么不援用阶级的自我利益来解释那项被限制的原则呢？但是，这已足以说明很多问题了。

从经济学解释的角度出发所撰写的许多论著都曾断言，19 世纪产业工人对司法判决的抱怨（有时是不无道理的），乃是阶级利益支配法律律令的一个例证。但是长期以来，产业工人并不是社会中对法律在回应其需要或欲求时表现迟缓这个事实而感到悲伤

① *Bischoff v. Cheney*, 89 *Connecticut Reports*, 1(1914); *Peterson v. Conlon*, 18 *North Dakota Reports*, 205(1909).

② *De Gray v. Murray*, 69 *New Jersey Law Reports*, 458(1903).

③ *French Civil Code*, art. 1384; Baudry-Lacantinerie, *Précis de droit civil*, 11, 676.

或怨恨的唯一的群体。所有探讨这个论题的论者都认为，19 世纪末期，占据支配地位的社会阶级是资产阶级，亦即大产业家和大商业家。因此颇为重要的是，美国工人对美国法律的抱怨与商人对它的抱怨基本上是相同的。商人进行商业活动的主要工具是商业公司或私人公司。如果商人想通过这种工具而进行超越州边界的商业活动的话，那么他就会发现，他所进行的这种商业活动有着丧失法律保护的潜在危险，而这就是说，唯有得到有关地方当局的恩准以后，他才有可能比较安全地继续进行这种商业活动。虽然宪法保证商人可以进行跨州的商业活动，但是，当他试图通过对于任何大企业都切实可行的那种方法进行商业活动的时候，人们便会按照那种阻碍他或阻止他的方式去解释宪法。如果他要问为什么会出现这种情况，那么他就会发现，这是因为在“公司”意味着州授权的垄断组织的那段时期内，法院曾十分有理由地判定，一个州不能把自己州内的垄断组织强加给另一个州。[①] 如果商人足不出州，只在本州做生意，那么他就会发现，一系列传统的法律偏见和历史上的限制因素也会阻碍他运用这种现代商业的必要工具——这些传统的法律偏见和历史上的限制因素源出于公司意味着一种自治单位的那个时代；当然在那个时代，皇家法院也完全有理由防范公司这类实体的权力以及它们使用这些权力的方法。[②] 如果商 112
人想另辟蹊径，试图通过合伙关系——亦即一种与商业活动一样

① 参见：Henderson，*The Position of Foreign Corporations in American Constitutional Law*(1918)。

② Machen，“Do the Incorporation Laws Allow Sufficient Freedom to Commercial Enterprize?”，*Reports of the Maryland State Bar Assoc.*，xiv，78(1909).

古老的制度——进行商业活动并且不断地记录他欠合伙人什么以及合伙人欠他什么，那么他就会被告知，从法律上讲，这类事情是不允许的。法律并不是由商业的需要所决定的，也不是从商人的普遍认识和实践中获致其有关合伙关系的观念的。实际上，这种观念早在数个世纪以前就确定下来了。当时，罗马法学家曾试图根据家长死后共同继承人的合作关系来理解合伙关系。[①] 如果说19世纪的美国法院只不过是美国商人据以公开主张其阶级利益的喉舌的话，那么前文所说的那些东西在很早以前就应当不复存在了。

经济学解释的倡导者们在另一个方面走向了极端。正如我们所知道的，所有源出于把黑格尔的历史哲学运用于法律的解释都认为法律的进化过程乃是某种不可避免的事情，而且也都把法学家的作用局限于历史研究以及在此基础上进行组织化和系统化（甚或还进行预测）的工作。然而，法律史的伦理解释和政治解释却告诫人们说，指导这种不可避免的进化进程的乃是一种权利和正义的观念或一种自由的观念。法学家们至少可以在其所承担的逻辑整理和系统安排这项有限的工作中运用这些观念。此外，立法人员也至少可以用边沁所谓的一种更“可知”的形式公布并出版那些从历史上发展起来的法律。但是，经济学解释却认为，法律人甚至都不具有上述那些有限的作用，而且所谓的作用只是些空洞的谎言而已。经济学解释认为，不仅法律的发展进程是不可避免

---

① Story, *Commentaries on the Law of Partnership*, § 2(1841); *Inst.*, 2, 25, pr. and §§ 1-2; *Dig.*, 17, 2, 63, pr.

的，而且法官、法学家和立法者也只不过是占据支配地位的社会阶级之利益的代言人而已——而不论他们是有意识的还是无意识的。当他们宣称自己能够做更多事情的时候，他们不是在欺骗自 113
己便是在欺骗公众，或者是在同时欺骗二者。法律的制定不可能比我们给法律制定者所提供的那种法律图景更好。各种法律理论都很容易转变成制定法律的理论，而这一点已在我们对分析法学派的作用所做的考察中得到了证实，因为分析法学派关于法律是主权者命令的理论就被美国的立法者奉为一种立法理论。[1] 无须赘言，人们根本就无法想象出还有哪一种理论会比隐含于经济学解释中的那种立法理论更反社会的理论了，而这种理论正是美国的实证主义者将经济学解释与分析法理学嫁接而成的理论。关于法律体现那种暂时占据社会和经济支配地位的阶级的暂时意志的法律理论，由于其间无望的内部冲突所具有的那种过渡性质（一个阶级会牺牲其前辈的利益而在经济社会秩序中逐渐占据上风），所以它要比 18 世纪关于一切事情都须诉诸作为最后裁决者的个人良知的理论更会威胁到一般安全。当然，晚近的立法也极其害怕那种以 19 世纪哲学无政府形式表现出来的 18 世纪的法律理论。

然而，仅仅因为经济学解释的倡导者的过分夸张而全盘否弃经济学解释，却是一种可悲的错误。经济学解释当中也隐含有一种我们不可忽视的合理成分；尽管有人认为促成经济学解释的方式很轻率，但它还是取得了重要的成果。如果人们认识不到来自

① 参见：Parker，"The Congestion of Law"，29 *Report*，*American Bar Assoc.*，383，387－389（1906）。

具有共同经济利益的群体所产生的那种有组织的压力乃是对制定法典中许多事情的唯一解释的话，那么他们便无法对 19 世纪的立法进行考察。美国准允那些为建造楼房提供材料的人享有留置权的立法，乃是被木材经营商联合会的活动逼迫到令人不可思议的程度以后才制定出来的。[①] 信用人协会也争取到了反对大量出售储备货物的法律，[②]人们也争取到了禁止农场主在铁路用地上播
114 撒杂草籽的立法。然而在过去，如果他愿意的话，他便可以自由地把自己土地上的草籽植遍各地。[③] 法官达林(Darling)先生关于立法旨在将特定组织的成员从与国王的其他臣民相同的“羞辱地位”中解放出来的说法，可以适用于美国的多项制定法规。[④] 当然，我们也不能无视法官的出身背景、所受的教育以及日常交往关系等因素在解释有关特定群体的法律中所具有的作用——就这些群体的利益而言，法官可能只是略知一二；就它们的愿望而言，法官可能只在抽象的意义上有所了解；而就它们的思维模式而言，法官也可能只是经由其他一些观点这种媒介而有所窥见。在我看来，重要的不是我们可以不时地指出某项司法判决的错误并依此对它做出解释，而是此类事情对司法的影响甚微，尤其是它们的持久影响极为微弱。在使法官合理地平衡有关群体的利益并且把暗示和潜

---

① 参见：Stimson，*American Statute Law*，art. 196。自从那个汇编起，许多州都进一步推进了这方面的立法。

② 参见：note in 33 *Harvard Law Rev.*，717(1920)。

③ 我在下文中讨论了这些制定法：“The Revival of Personal Government”，*Proceedings of the New Hampshire Bar Assoc.*，1917. 13。

④ *Bussey v. Amalgamated Society of Railway Servants*，24 *Times Law Rep.*，437(1908).

意识的影响控制到我们在所有与人有关的事务中所期望的那种最低限度的方面，没有什么东西比传统的职业思想和传统的裁决技术更有效了。

在经济学解释所达致的所有成就中，我们必须把它对法律目的的观念所产生的影响置于首位。经济学解释在促使我们去思考如何满足需求而不是如何主张意志的方面，在促使法学家根据现存有限的物质资料去描绘一幅关于满足需求的法律秩序的图景以取代协调行动中不同的意志的方面，都不无帮助。再者，经济学解释还切实帮助我们把注意力集中在各种法典和传统原则的实际运作方面。值得我们注意的是，那些传统原则的实际运作发生在当今社会的工业化组织出现以前，所以它们几乎不会去考虑当今社会中产业工人的利益。[①] 就这一点而言，法律史的经济学解释对于今天的功能法律科学(the functional legal science)来说乃是一股强劲的推动力。此外，与过去仅仅是学说上的法律史、制度上的 115
法律史和政治上的法律史相比较，一种社会法律史或社会学法律史(a social or sociological legal history)的观念为法律科学做出了更大的贡献。萨尔维奥里(Salvioli)教授在其所著的意大利法律史一书的最新版本中指出了人们于过去十年中在这个方面所取

① Courey, *Le droit et les ouvriers* (1886); Glasson, *Le code civil et la question ouvrière* (1886); Menger, *Das bürgerliche Recht und die besitzlosen Volks klassen* (1889, 4th ed., 1908); Menger, *Ueber die sozialen Aufgaben des Rechts* (1895, 3rd ed., 1910); Tissier, *Le code civil et les classes ouvrières*, *Livre du centennaire du code civil Francais*, 71 - 94 (1904); Salvioli, *I difetti sociali del codice civile in relazione alle classe non abbienti ed operaie* (1906).

得的成就。[①] 诸如威格莫尔（Wigmore）对英美法律关于口供问题所做的那种经济——历史解释，也指出了经济观念经由充分掌握法律材料的论者的机智使用而对人们实际理解法律规则所具有的作用。[②] 最为重要的是，尽管经济学解释的拥护者认为法理学努力的作用是微薄的，但是经济学解释却始终是一种促使人们信奉努力之功效的推动力。尽管它夸大了人们刻意制定法律以达到阶级目的的程度，但是它却始终通过指出人之行动在满足人之欲求方面所具有的有效力量而帮助我们打破了法理学悲观主义。

① “本书的目的就是要跟随意大利法律在不同时间和不同地点中的各种表现形式的发展，使意大利法律与其形成的社会基础以及与其所存在的环境保持联系，进而与意大利社会中的经济生活、政治生活、宗教生活和道德生活保持联系。因此，我认为，撰写意大利法律史，也就是在以一种有机且不可分割的方式撰写意大利民族的社会史、经济史和司法史，至少是在撰写它们的主要线索。”Salvioli, *Storia del diritto Italiano*, 8th ed., preface(1921).

② *Evidence*, 1, § 865(1904).

第六章 著名法律人的解释

至此，我们讨论了伦理和宗教解释、政治解释、人种学和生物学解释以及经济学解释，而其间的每一种解释都试图把握某种单一的重要因素，亦即在努力使那些从昔日文明传承下来的法律材料与当今文明的要求相调适的过程中以及在发现或创造新的法律材料并使它们与旧有的法律材料一起构成一个颇为和谐的法律制度过程中或多或少具有重要意义的那种单一因素。值得我们注意的是，上述各种解释的背景是：一方面，有的传统法律材料已经僵死，有的法律材料还不充分；而另一方面，那些传统法律材料所具有的各种可能性也不为人们所知或者被人们所误解。支撑伦理解释的乃是这样一个事实，即人们试图使司法和司法赖以为凭的法律与权利观念相符合，而且他们的这种努力在很大程度上也取得了成功。法律秩序之所以始终能够自我维系，法律之所以能够取代较陈旧的各种社会控制力量并且成为其间的首要社会控制力量——其他各种社会控制力量都成了从属于法律的力量，实是因为人们在这种努力的过程中始终坚韧不拔并取得了重大的成果。 116

支撑政治解释的乃是这样一个事实，即自 16 世纪以降，越来越多的人开始根据个人自我主张的最大化来认识法律目的，而这

种现象到了19世纪则变得愈发普遍了。论者们在当时认为,这种法律目的应当通过一种政治—法律的社会秩序来达到,因为在这种政治—法律的社会秩序中,强制性的社会控制被降到了最低限度。个人自我主张乃是人的基本本能之一;如果你愿意的话,你也可以把个人自我主张视作是人的基本欲求之一。足够的经验表明,如果人对自由的自我主张的欲求所遭到压制的程度超出了保障其他社会利益所要求的合理妥协的限度,那么其后果是极其严
117 重的。视法律为一种必要的恶的观念,有关每一项法律规则必须通过表明它能够促进个人自我主张的最大化来证成自己的原则,有关法律最低限度的原则(亦即把法律限制在实现作为一种观念的自由所明确必要的最低限度之内的原则),都是出于一项按合理方式执行的合理方案的缘故而向法律压制提出的抗议。这种情形似乎是18世纪思想发展的结果。承认个人生活中存有社会利益的观点乃是当今立法、司法判决,尤其是当今法理学思想的一个重要特点。它是一种新方法,亦即将19世纪历史法学派所努力追求的那种"自由"观念作为当今努力实现之目标的一种更具包容性的新方法。

支撑各种实证主义解释的那种事实不仅使得它们具有了某种合理性,而且还使得它们能够成为一家之观点。法学家或法律史学家不应当忽视物理环境。诸如罗马法中有关公共和私有河流的规定以及现代社会按另一种方式更新这些术语内容的做法,[①]还有英国与美国各自的海事管辖权标准、[②]英国与美国各自有关可

---

① *Dig.*,43,12,1,§3;*French Civil Code*,art. 538.

② "The Genesee Chief",12 *Howard's Reports*(U.S.),443(1851).

航行河流的定义[①]、关于流动河流河水使用的英国理论以及所谓的加利福尼亚理论或科罗拉多理论[②]，以及像英国及马来群岛（或澳大利亚）[③]对洪水的看法等等一类事情，都是显而易见且足以说明问题的。如果有人认为种族心理学不需要深入探讨什么样的法律律令可以在这个或那个民族中得到有效实施的问题，那将是轻率的。支撑那些以本能冲突为依据的生物学解释的乃是这样两个事实：第一，法律秩序的问题归根结底是一个调适或协调互相冲突或彼此重叠的利益的问题——亦即调适或协调人们所具有的互相冲突或彼此重叠的权利主张、需求或愿望的问题；第二，这类冲突的压力迫使法律秩序的各个细节不断地发生变化。支撑经济学解释的乃是这样一个事实，即人们所具有的这些权利主张、需求或愿望主要与把现有的物质财富运用于满足人们的要求有关。

然而，有一个因素却遭到了论者们的否认或忽视。在任何 19
世纪的法律史解释中，我们都没有发现诸如律师、法官、法学著作 118
撰学者及立法人员等人的创造性活动这个因素。这些解释只字未提法律者通过创造性的理性或一种创造性的试错过程而在调适或协调人们所具有的各种相互重叠的权利主张的方面做出的不懈努力。这些解释把法律发展这种现象视作是单纯的事件，就好像人们在每个事件的发生过程中都无所作为似的。然而，所谓的法律

① *Carson v. Blazer*, 2 *Binney's Reports* (Pennsylvania), 475 (1807); *Browne v. Chadbourne*, 31 *Maine Reports*, 9 (1849).

② *Embrey v. Owen*, 6 Exch. 353 (1851); *Elliot v. Fitchburg R. Co.*, 10 *Cushing's Reports* (Massachusetts), 191 (1582); *Lux v. Haggin*, 69 *California Reports*, 255 (1895); *Hammond v. Rose*, 11 *Colorado Reports*, 524 (1887).

③ *Gerrard v.* Crowe, [1921] 1 A. C. 395.

史事件，实质上是特定的一些人甚或某个特定的人的行为。罗马执政官颁布的敕令并不是一种自我发展起来的东西。某个人求助于执政官以求获得损害赔偿或救济，并劝说他准予这种损害赔偿或做出救济；结果，敕令上又加上了一项含有如下意义重大的文字——即“诉讼权”——的条款。在这样一种情形中，需要考虑下述三个因素：行为人、行为人据以行事的材料或依据、他们行事所处的环境。19 世纪的各种解释把人这个因素都给遗忘了，至少是忽略了人的特性。历史法学家根本就不考虑行为人，他们至多只考虑整个种族，而且至多只是把人作为具有民族精神的某类民族的一个特殊范例加以考虑。所有这些解释都经由各自的方式根据行为的条件而非根据行为人本身去解释法律，亦即根据外在于行为人的某种东西去解释法律，因为在他们看来，行为人的行为实质上仅仅是遮盖背后真实运动的一种表面现象。19 世纪各种解释所思考的都是抽象的人，而不是具体的人。真正的行为人在他们看来只是种种公式而已。正如库柯在论及一种与此相似的一般历史解释时所说的那样，我们不妨用字母来取代所谓行为人的名字。[①]

例如，让我们细想一下戴西对 19 世纪英国法律所做的解释。[②] 也许，戴西的论著乃是在这个领域中最为严肃且所涉范围最广的论著。戴西的解释乃是一种以公共舆论为依据的经济—政治解释（an economic-political interpretation）。公共舆论随着其

① *Saggio storico*, preface to 2nd ed.

② *Lectures on the Relation between Law and Public Opinion in England in the Nineteenth Century*（1905，2nd ed.，1914）.

背后的经济变化而缓慢地变化，并且通过政治制度和政治运动而促成法律的变化。在过去的十年中，我们业已看到，公共舆论自身并没有发生什么变化，也没有因为经济的变化而发生自生自发的 119
变化。传经布道者、争论辩驳者、著书立说者、开课讲学者、高谈阔论者以及夸夸其谈者，才是产生公共舆论的积极力量。晚近这些年中，大量的事例表明，人们实际上是在刻意地大规模地炮制公共舆论。的确，为了达到这种或那种目的而大规模地炮制公共舆论已成了一种行业，而且旨在炮制公共舆论的组织及其分支机构也比比皆是。正因为如此，官方报纸、新闻简报、观察评论等已是家喻户晓之物，而且各种调查、审查和限制讲学的制度、指控煽动性言论的制度以及其他形式的防止人们炮制对统治集团暂时不利的公共舆论的手段也始终存在着。公共舆论的背后是人们的欲望、愿望和要求。这些欲望、愿望和要求通过人们本身而使人们感到它们的存在，并使它们在司法过程中、在撰写法学著作的过程中以及在立法的过程中发挥作用。因此我们可以肯定地说，如果我们想充分理解它的话，那么我们就不能无视在这个过程中发挥积极作用的人。

19 世纪把人从我们的法学思想中切割了出去。于是，正如耶林所指出的，[①]这种情况在概念法理学（the jurisprudence of conceptions）中结出了果实。在历史法学派独霸法学领域的岁月中，概念法理学不仅在法学论著中而且在实际司法中都是极为凸显

① *Scherz und Ernst in der Jurisprudenz*, pt. 3(1884), 10th ed., 245 ff. 参见：Pound, "Mechanical Jurisprudence", 8 *Columbia Law Rev.*, 605(1909); Holmes, *Collected Papers*, 231－232。

的。根据概念法理学，一个从历史上演化而来的概念乃是衡量司法行为的唯一标准。这种概念并不是被用来适应某个特定案件并为该案件带来一个结果的——据此，某项能够达到此一目的的法律便可以被赋予效力。特定案件的结果乃是无足轻重的。与此相反，特定案件应当按照普罗克拉斯提斯那种方式去适应这种概念。罗马派法学家吹嘘说，人们从公元3世纪罗马法学家的论著中发现的那些法律概念，足以给人们提供解决当今所有法律问题的方法。
120 英美历史法学家则相信，从《法律年鉴》中也可以推衍出具有类似普遍性的概念，因为根据这些概念，人们可以解答当今法律中出现的各种问题。[①] 耶林曾经指出，历史学派的法律概念需要有一个它们自己的天地，而在这个天地中，它们完全可以远离尘世生活而独立存在。[②] 它们既不是真正的罗马法制度，[③]也不是真正的英国中世纪的法律制度。它们是既与过去的生活没有关系，也与今天的生活没有关系的抽象杜撰之物。

这一点可以为一些事例所证明。令人感到高兴的是，“维多利亚铁路公司诉库尔特斯案”(*Victorian Railways v. Coultas*)[④]中的原则在英国遭到了否弃，但是值得我们注意的是，该项原则却在

① 比如说：Ames，*Lectures on Legal History*，172，191，and the theoretical development，192 ff.(written 1889－1890)。参见：Professor Bordwell's comments in 34 *Harvard Law Rev.*，740(1921)。

② “理论彼岸所生存的天体不属于太阳系，那里没有阳光照射。太阳是一切生命的源泉，但是观念并不把自己与生命联系在一起。这些观念需要有自己的天地，而在这个天地中，它们完全远离尘世和生命而独立存在。”Jhering，*Scherz und Ernst in der Jurisprudenz*，10th ed.，247.

③ 参见：Savigny，*System des heutigen römischen Rechts*，1，§35(1840)。

④ 13 App. Cas. 222(1888).

美国日益复活了。根据该项案件的原则，如果不能用因果关系证明行为人在可谴责的惊吓或可谴责的精神折磨行为发生时有损害被害者的意图或者有某种身体冲撞，那么不管这种惊吓或精神损害对身体的侵损后果多么明显，受害者都不能获得损害赔偿。在实际生活中，这是一项行之有效的规则——该项规则产生于下述三个因素：第一，陪审团审判所具有的各种局限性；第二，人们在表现为主观损害的案件中进行举证的困难；第三，我们在认识精神与身体关系方面的知识的贫乏。考虑到强行判决的危险性，因此法院在无人能够证明原告主张的真实性（不管在被告有造成这种损害结果的意图方面，还是在一般经验认为会造成这种结果的身体冲撞方面）的情况下，为了平衡相关当事人的利益，一般都拒绝受理这类案件。[①] 伴随着现代心理学的兴起，这种按照谨慎方式保护人格利益中一个重要因素所依凭的那种基础也被推翻了。但是
与此同时，另一种法律概念又应运而生了。该项原则赖以为凭的 121
基础始终是那种身体完整之权利的概念：身体完整包括肉体完整，而不仅限于纯粹的精神安全。[②] 这个概念得到了历史的证明，而且这项规则也已得到了确立。试图证明惊吓与身体毫无关系这个假设的虚假性并无多大意义。我们并不讨论人类生活的事实，而只关注那些自足的概念。

① “这种观点并不被认为是一种从侵权责任一般性原则中做出的逻辑推论，而是一种以纯粹的实践为基础而对那些原则施加的限制”。Holmes，C. J.，in *Smith v. Postal T. Co.*，174 *Massachusetts Reports*，576（1899）. 另请参见该法官在下述案件中的观点：*Homans v. Boston E. R. Co.*，180 *Massachusetts Reports*，456（1902）。

② 参见：Bohlen，“Right to Recover for Injury Resulting from Injury without Impact”，41 *American Law Register*，141，142－144（1902）。

下面让我们再来考察一下那个曾引起广泛讨论的对孕妇的伤害而造成孩子出生后残废的案件。[①] 当时的法院乃是根据法律人格始于出生的概念来解决这个问题的。因此，当孕妇受到伤害的时候，腹中之子还没有获得法律人格，而在该婴儿取得法律人格之后，又不存在任何伤害了。我们完全可以理解人们对这类案件中的损害赔偿问题所持的谨慎态度，因为要想在伤害与该婴儿出生时的状况之间建立起一种因果关系是非常困难的。但是，这种分析案件的方法却与19世纪的思想模式相去甚远。所有的一切都必须以法律概念为基础。任何人都不会建议用医学来确定法律规则的制定所必须指向的那种实际情况。法律永远都是自足的。法律乃是不会随着医学知识和心理学知识的增长而发生变化的，因为从19世纪的概念来看，法律规则的确立必定是一劳永逸的，从开始到永远。

再比如说，就像在"迪利厄诉怀特"（*Dulieu v. White*）一案[②]中的情形一样，有两位妇女在一间房子里，一位是房子的主人，而另一位则是客人。根据一些以概念法理学的纯机械方法而做出的判决，前者可以对因疏忽引起的惊吓而导致的流产提出赔偿要求，因为前者可以以后者侵入其住宅为由而提出赔偿要求，而后者却无
122 法因此而提出赔偿要求。还有另外一种情况：如果一匹马并非恶意地侵入了一块土地并且踢伤了该土地的主人，那么该土地的主

---

① *Walker v. Great Northern R. Co.*, L. R. 28 lr. 69; *Dietrich v. Northampton*, 138 *Massachusetts Reports*, 14; *Allaire v. St Luke's Hospital*, 184 *Illinois Reports*, 359; *Gorman v. Budlong*, 23 *Rhode Island Reports*, 169.

② [1901]2 K. B. 669.

人便可以获得损害赔偿。但是,有一种权威性的说法却认为,如果这匹马还踢伤了一位偶然但却合理地出现在该土地上的第三者,那么这位第三者就不能获得损害赔偿。[①] 换言之,如果在一些以正当谨慎的方式操作的爆破作业中,石块出乎意料地散落到另一个人的土地上并且击伤了那块土地的主人和另外一个偶然但却合理地出现在那块土地上的人,那么我们便会被告知,该土地的主人可以以附加物入侵损害为由而获得损害赔偿,而那个第三者却根本无法获得损害赔偿。因为我们知道,如果某人得到允许把石块散落到另一个人的土地上(即使他没有疏忽,也没有责任),那么他就获得了有如此行事的权利,但是,这并不等于他同时也获得了向他人身上掷石块的权利。法律规定的这样一项要件在常识层面上大大触怒了纽约州上诉法院,因此它力排众议,准允偶然出现在他人土地上的非土地所有人也可以获得损害赔偿,尽管纽约州上诉法院非常珍视"无过错无责任"的原则。该法院宣称,生命与肢体至少与财产一样神圣;再者,既然土地所有人能够获得损害赔偿,那么受伤害的非土地所有人也应当获得损害赔偿。[②] 这种损害赔偿的法律基础至今仍是大有疑问的,但是,法官们却并没有因为没有定论就不作为。在这个案件中,法官们就是凭直觉行事的。

从"温特博特姆诉赖特案"(*Winterbottom v. Wright*)[③]和"乔

① *Troth v. Wills*, 8 *Pennsylvania Superior Court Reports*, 1(1898); *Bischoff v. Cheney*, 89 *Connecticut Reports*, 1(1914).

② *Sullivan v. Dunham*, 161 *New York Reports*, 290, 294. 参见:Smith, "Liability for Damage by Blasting", 33 *Harvard Law Rev.*, 542, 667(1920)。

③ 10 M. & W. 109(1842).

治诉斯基文顿案”(*George v. Skivington*)[1]这两个案件中,我们亦可以洞见英国的事例。根据这两个案例以及责任仅产生于一项买卖的当事人之间的概念,如果一位制造商因疏忽而卖给你一辆在制造方面存有疏忽的有瑕疵的小汽车,而你又不知道这种瑕疵或者说潜在的瑕疵,那么你因驾驶或乘坐这辆小汽车而受到了伤害,你就可以获得赔偿。然而,如果你把这辆小汽车给了你的兄弟,而且你的兄弟因乘坐这辆车外出而受到了伤害,那么他就不能够因此而获得损害赔偿。但是,如果你在买这辆小汽车时告诉那位制造商你是替你兄弟买这辆小汽车的,而你兄弟因乘坐这辆小汽车外出而受到了伤害,那么他便可以获得赔偿。

123 这类事情在当今法律上受到的重视程度,已远远低于其在19世纪中叶所受到的重视程度,而且也低于其在强调“疏忽”那个时代所受到的重视程度。[2] 最近,出现了一个令人感到欢欣鼓舞的迹象。当时,一些人试图把法律概念强加给纽约州上诉法院,并且要求它在审理下述案件时做出这样的判决:有一块跳板从铁路用地延伸出来直至一条公众有权在其间游泳或洗浴的河流上方;由于跳板的一端连着铁路用地,因此它是铁路用地的固定附着物。据此,在这种情况下,站在河上方那端跳板上的人,从技术上讲,乃是入侵者,因此他不属于铁路公司疏忽责任的保护范围之内。当人们要求纽约州上诉法院按照这种逻辑方式适用法律概念的时候,该法院批驳了概念法理学,并且拒绝把固定附着物的概念和入

① L. R. 5 Exch. 1(1869). 弗雷德里克·波洛克(Frederick Pollock)爵士认为这“并不是一种极其有益的案件”。*Torts*,11th ed.,note *h*.

② *Thorogood v. Bryan*,8 C. B. 115(1849).

侵者的概念适用于这样一个案件之中。[1]

美国的宪法性法律中充满了概念法理学的观点。契约自由作为正当法律程序的概念和警察权力(the police power)的概念——一种个人自我主张最大化的概念以及一种为了保护公共健康、公共安全或公德而限制这种自我主张的立法权力的概念——曾一度取代了该项法律规则赖以制定并旨在适用的那种有关特定时空之情势的合理标准。[2] 因此,法院在一个实物工资案件中便适用了这样一条法规,而该法规规定,凡雇佣10名或10名以上员工的公司必须用现金支付工资。法院指出,把劳工置于被监护人的地位并用“武断的命令”强行宣布他们无能力的做法乃是违宪的。[3] 在此之前,衡平法就已经注意到了受托人与受益人之间以及出借人与借用人之间所存在的事实上的不平等,因为在这类情形中受托人和出借人都处于有利的地位。同样,普通法法院注意到了公用事业与资助人之间所存在的事实上的不平等。法院和立法机构也注意到了保险公司与投保人之间所存在的事实上的不平等。在这 124
类情形以及许多与其类似的情形中,为了确使人们不去利用这种实际上的不平等,并且确使人们所缔结的合同是平等的,法律调整当事人在这类关系中有可能缔结的各种合同。但是,立法机构可能还没有认识到作为雇主的矿业公司对雇工所具有的事实上的优势,因为这种事实上的优势还未成为一种法律概念。它还只是一种事实。承认这种事实,乃是一种“专断”。法律概念就像刘易

[1] *Hynes v. New York Central R. Co.*,231 *New York Reports*,229,235(1921).

[2] 参见:Pound,“Liberty of Contract”,18 *Yale Law Journ.*,454(1909)。

[3] Smith,J.,in *State v. Haun*,61 *Kansas Reports*,146,161 ff.(1900).

斯·卡劳尔(Lewis Carroll)的表一般。事实无法影响一种法律概念,而时间也无法影响另一种法律概念。[①]

观念也许需要这样的影响。但是,人却开始反抗它们,而且人的这种反抗正是法律得以发展的一个原因。即使观念水火不进且不为其他之物所影响,事实还是会对人产生影响的。于是,人们也会相应地重构这些概念或否定这些概念。人们对事实做出的这种回应,或多或少会受到传统技术和逻辑方法的指导。正是人们做出的这种回应,而不是概念所具有的那种自我发展的内在力量,形成了法律制度、法律规则和法律学说。

我们是否可以根据那个被19世纪的论者所忽视的因素去解释法律和法律史呢?是否有可能对法律史给出一种著名法律人的解释(a great-lawyer interpretation)呢?我们是否可以围绕着法官、法律制定者和法学家的个性展开讨论呢?如果我们可以这样做的话,那么这种解释究竟在多大程度上是有效的呢?坎贝尔

① 关于"概念法理学"的其他情形,请参见威格莫尔在下文中所讨论的判决:"Contributory Negligence as a Bar to an Administrator's Action for Death",2 *Illinois Law Rev.*,487－494。威格莫尔的评论颇为切中要害。他指出:"无论正义要求什么,所谓只主张考虑名义当事人各方的说法,实际上就是主张法律存在于某种由机械操纵的钢质齿轮与杠杆之中或者主张法律存在于a、m、n与x等式的数学答案之中,而不论正义的结果是什么。"(p. 487)"但是,为了达到正义,也许必须变换工具或修理机器,或者必须发明一种偏心圆来代替一种简单的循环运转——简单地说,就是以某种方式获得结果——这种适应性的天赋,标志了我们民族非常杰出的工业成就,并使我们以一种超群的特性立于世界民族之林。但是,当我们走进正义大厅时,我们却似乎失去了这种天赋。未能实施这一天赋,乃是所有法院的特征。……赞成赔偿和反对赔偿的法院都受到了这个问题的影响。无论这些法院采取什么态度,它们所采用的都是一种机械的方法。他们不能分配,不能调整,而只能精心设计一种公式。"(p. 494)

(Campbell)勋爵曾经提出过这样一种解释。但是，由于坎贝尔只是围绕着大法官和首席法官的生平来撰写英国法律史和英国宪法 125
史的，[1]所以他所撰写的仅仅是一套肤浅但却吸引人的传记而已；此外，他所采取的那种与其时代不相适宜的撰写历史的方法，导致了人们对他所采取的整个方法的偏见。比如说，坎贝尔在其著作中记录了18世纪爱德华四世(Edward Ⅳ)统治时期有人在一叛逆案的审理中向陪审团指控首席法官的事例。[2] 再者，法律史的撰写主要始于19世纪，因而是在萨维尼和黑格尔的影响下展开的。因此，坎贝尔——有时是在有意识的情况下而有时则是在无意识的情况下——通常都是根据观念而不是根据人来撰写法律史的。坎贝尔勋爵曾经以律师和法官的身份在制定法律的"实验室"里工作了三十多年，并且亲眼目睹和亲身经验了人们及其品质和性格在这些"实验室"的工作中以及在其产品的制造过程中所起到的作用。因此我们可以说，坎贝尔勋爵的直觉是可靠的。我们不能把律师、法官和立法人员仅仅视作是实现观念的被动工具。我们必须承认，伟大的心智和强劲的性格至少可以帮助我们解释法律史中的许多事情。

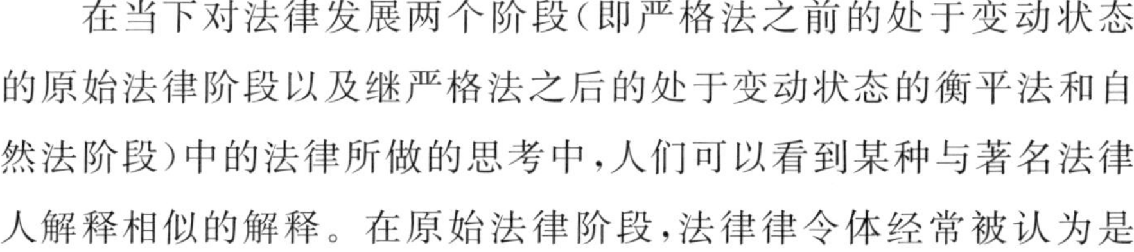

在当下对法律发展两个阶段(即严格法之前的处于变动状态的原始法律阶段以及继严格法之后的处于变动状态的衡平法和自然法阶段)中的法律所做的思考中，人们可以看到某种与著名法律人解释相似的解释。在原始法律阶段，法律律令体经常被认为是

① "执掌国玺的人的历史，就是我们宪法的历史，也是我们法理学的历史。"Lord Campbell, *Lives of the Lord Chancellors*, preface to first edition, p. v(1845).

② *Lives of the Chief Justices*, 1, 149－159.

某个神或某个神明的先知或圣人所创造的；整个法律制度和政治制度也被视作是某个立法者所创造的。因此，希伯来法（the Hebrew law）被认为是摩西创造的，[①]斯巴达的各种法律和各种制度被视作是莱克格斯（Lycurgus）创制的，罗马带有军事性质的法律制度和政治制度被看作是罗米欧勒斯（Romulus）创造的，而那些具有宗教性质的法律制度和政治制度则被认为是奴玛创制的。毫无疑问，在一定程度上讲，这乃是一种试图通过象征性的手法来说明一般安全赖以为凭的法律的神圣性或者习惯的悠久性和权威性
126 的努力。毋庸置疑，这种努力与人类倾向于在所有的现象背后发现一种与我们自己极为相似的人格的本能有关，也与人类倾向于在那些妨碍或伤害我们的自然事件背后发现一种恶意精神以及在那些增进或满足我们愿望的自然事件背后发现一种仁慈精神的本能有关。虽然教育和科学业已得到了发展和普及，但是人们的这种本能倾向依然强劲。在法律制度和政治制度的运作过程中，通常的思维模式就是试图在一件好事背后发现某人是好人，而在一件坏事背后发现某人是坏人。我们的政治制度中存在着政治领袖间的竞争，而这种制度则进一步促成了这种思维模式的发展。但是值得我们注意的是，它却是固有且恒久的。虽然这种情况的产生有多种原因，但是那种认为法律是由特定的有意识的人之立法者所创造的设想属于两个蓬勃创造活动的阶段这个事实却是极为重要的。因为在罗马法古典时期，我们也发现了同样的观念——

① 关于这个问题的讨论可以见：Kent，*Israel's Laws and Legal Precedents*（1907）。

在某种程度上讲，它也许是从法律发展的较早阶段传承下来的，但却是由那些把一切都置于理性检验标准之下的人所主张的。[①] 我们在颇为类似的现代法律阶段（亦即 17 和 18 世纪的自然法学派占据支配地位的阶段）中也发现了它的明确印记。那些发现理性命令、向人们系统阐释它们并把它们制定成法典的聪慧的立法者，乃是当时法律史学家宠爱的论题。[②] 另一方面，在严格法阶段以及在我所称之为的成熟法阶段，人们并不是根据创造性，而是根据权威来解释法律史的；这即是说，在严格法阶段，人们乃是根据权威来解释法律史的，而在 19 世纪的成熟法阶段，人们则是根据历史的权威、形而上学的权威或经过考察和证明的权威来解释法律史的。当然，这种权威乃是以一种观念的形式或一种发展规律的形式表现出来的。

换言之，以创造性活动为依据做出的那种解释属于发展新制 127
度和吸纳外部因素或融合外部因素这样的发展时期。然而，根据 *169*
权威做出的那种解释或以哲学观念代替权威为依据做出的那种解释则属于僵化且稳定的时期。当历史撰写在很大程度上摆脱了历史哲学之后，法律史的撰写却依旧长期驻留在黑格尔的哲学之上。也许，一个弗洛伊德主义者（a Freudian）可以解释人们在 19 世纪

---

① 比如说：彭波尼（Pomponius）对罗马法律史的描述，见：*Digest* the fixed forms of *legis actiones* are ascribed to the Decemvirs（*Dig*.，1，1，2，§ 6）；据说，塞克斯图斯·埃利乌斯（Sextus Aelius）“完成了其余形式”（Ibid.，§ 7）；据说，拉贝奥（Labeo）“进行了许多创新”（Ibid.，§ 47）。

② “正像我们易于将这种（陪审团）发明和其他司法制度的发明归功于超天才的阿尔弗雷德大帝那样，我们通常也因为他的贡献太多而把所有的发明都归功于他。” Blackstone，*Commentaries*，Ⅲ，349（1765）.

的法律科学中始终忽视创造性因素(亦即人之行动这个因素)那种现象,因为一如我们所知,19 世纪的法学家都试图把人的因素从司法中切割掉;他们试图把所有的个体化因素都从法律适用中切割掉;他们还信奉一种按照刚性的逻辑机械地建立并实施的封闭的规则体系。在这一封闭的规则体系的起源或运作过程中确认一种人格的创造性因素,在形构和确立这一规则体系的各种制度中确认一种人格的创造性因素,乃是极其困难的。因此,这种创造性因素便遭到了人们的无视,而且人们在机械自动的法律的假设后面又提出了一种自我发展的法律史的假设。

让我们暂时先按照那种被 19 世纪的论者所否定的方式进行思考。首先,我们认为,人类努力实现正义、努力满足需求、努力保障社会利益。我们不应当相信人类乃是依凭着子虚乌有去创造法律律令和确立法律制度的。创造并不意味着变无为有,除非是无所不知无所不能的上帝。创造性活动需要有各种材料并赋予它们以某种形式,这样,它们才能够为人类所用,而我们知道,没有被赋予形式的材料则是不具有这类用途的。其次,我们认为,人类乃是根据理性原则努力实现正义、努力满足需求和努力保障社会利益的,目的是为了根除古代社会中对一般安全造成主要威胁的那种专断任性且反复无常的行事方式。再次,我们认为,他们试图利用传承至他们的法律材料来实现正义、满足需求和保障社会利益,但是却又受到下述三个方面的因素所掣肘:第一,他们对某种形式的权威(如神灵的权威、习惯的权威、理性的权威和逻辑的权威)的信奉;第二,他们为这样一种意识所支配,即他们在这一努力过程中所采取的行动将受到其同胞的意见的评判,或者日后还会遭到受

过传统思想模式和传统裁决技术训练的专业人员的批判；第三，他 128
们也会受到一些传统思想模式和裁决技术的限制，因为这些传统思想模式和裁决技术会在很大程度上使他们固守在某些限度之内，并且使他们只得以一种或多或少固定的技术去对待或多或少受到限定的材料。第四，我们认为，在现有的法律材料无法满足迫切需求而且僵化的技术也被证明不足以提供新方法的时候，他们便一次又一次地爆发出了创造性能力来冲破那些束缚。最后，我们还认为，在法律稳定的时期，他们也会受到上述限制的束缚，因为在这种时期，发展、创造和发明只会以较小的规模并在较狭窄的方面缓慢进行。

在上文所描述的过程中，那种具有强劲性格的人会从现存的各种可能的法律材料之间做出自己的选择或者从使用这些材料的各种可能的方法之间做出自己的选择，并且把他自己的选择强加给同代人，进而为此后数代人标示出将要处理的法律材料。换言之，具有强劲个性的人对传统的思想模式和裁决技术（亦即此后数代人在处理特定法律材料时所使用的那种技术）进行彻底检验，根据他的观念、成见或气质重新塑造这些传统的思想模式和裁决技术，进而把他的个人态度和个人性格在未来较长的一段时间里强行注入进法律之中。柯克正是通过运用这种方式对美国的法律产生了极其持久的影响。人们可以说，我们据以观察古老的英国法律的传统材料的眼镜，正是根据柯克所具有的那种独特的散光症而打造的。如果我们使用的是培根（Bacon）的眼镜而不是柯克的眼镜，如果培根对早期职业发展的追求得以实现（以他的能力和关系来说是完全可能的），如果他能够在柯克之前而不是在他之后升

任高级司法官员并且在关键的时刻为我们的法律发展指点方向的话，如果他的法典化建议被国王接受的话，那么人们只需要阅读一下他的计划[①]便可以发现，我们的法律在此后三个世纪的发展过程便会截然不同。

那种把法律仅仅视作是法学论著所阐释的法律的法律史根本就不会考虑这类问题。实际上，我们可以把法学论著比作植物标本箱。在植物标本箱中，各种典型形式之所以为标本收集人所选
129 中，实是因为它们与标本收集人自己所设想的图景最相符合。标本收集人将这些典型形式压制、烘干和分类，并在此基础上按照理想型的方式描述植物。毋庸置疑，植物标本箱极有助于我们理解植物。但是，每当人们对自然事实进行详尽且仔细的实地考察的时候，作为一种描述自然的标本箱却无所作为了。植物标本箱中的各种物种与自然界中的各种个别形式有关系，正如法学家论著中的理想型法律概念及理想型法律制度与司法实践中不断涌现而且还将继续涌现的各种现象有关系一样。无论人们是否重视本本中的法律，他们都会极其重视现行的法律。为了确定类型、安排秩序、区分类别，为了把正义现象——至少部分正义现象——置于理性的秩序之中，法学家们就必定会忽视人这个因素。这样的法学家必定会像植物分类学家考虑物种那样，根据某个观念去思考法律概念、法律律令和法律原则，而不会把它们视作从各个方面覆盖空空世界的大量现象的一致性内核。另一方面，开业律师却痛苦

① “Proposition to His Majesty Touching the Compilation and Amendment of the Laws of England”, Spedding, *Letters and Life of Bacon*, vi, 61 – 71.

地知道自己手头的案件将在多大程度上取决于碰巧审理其案件的那位特定法官；他们十分清楚该案件将在多大程度上取决于谁会在特定的法庭上为该案件进行辩护；他也意识到该案件的结果将在多大程度上取决于那些目睹这场具有决定意义的法律之战的上诉法庭的人员。对法理学分析的目的来说，谁将在副大法官谢德威(Shadwell)面前为案件进行辩护，乃是无关紧要的——而衡平法的研究者则必须把这种情形视作应当在衡平法体系中加以协调和发展的权威。然而，当一个研究现代律师传略的论者注意到该案件是由萨格登(Sugden)或布鲁斯(Bruce)骑士或贝瑟尔(Bethell)进行辩护的时候，他就有可能对某个疑难争点获得新的认识。[①]

19 世纪的法理学，特别是 19 世纪的机械——实证主义法理学(mechanical-positive jurisprudence)，关注的都是进化问题。就此而言，人们可以将它与作为特殊产物的生物学相比较。这两门 130
学科的基本假设都认为，所有重要的路线在最初的时候都已经被一劳永逸地确定了。一开始就存在的物种，只是在业已确定的路线中发生了相对微不足道的变异。植物标本箱只是林奈(Linnaean)和达尔文之前(pre-Darwinian)的作为特殊创造的物种的植物学。与此相似，19 世纪的分析法理学也属于进化论之前的一种法律思想，而且它的作用也远不止于一种应当为人们采用的工具所

① “历届领导人都对谢德威法庭的法官施以苛刻，而且这种苛刻乃是非亲眼目睹之人难以想见的。他们中的第一个人是萨格登……他接着又把权力交给了布鲁斯骑士……布鲁斯是兰斯立特·谢德威法庭的首席法官，他后来又被贝瑟尔所接替”。Lord Selborne, *Memorials Family and Personal*, 1, 374–376(1896).

具有的作用。分析法理学的教科书乃是一种法律“植物标本箱”(a legal harbarium)。

创造性的立法活动,亦即设计新的制度、提供新的法律律令和发现新的原则这类发明活动,主要采取了下述形式:第一,确立程序性拟制(procedural fictions)的形式,或者晚些时候运用更加广泛更加一般的解释、衡平法和自然法的拟制形式;第二,司法经验主义的形式,或者经由司法审判而展开的反复试错或兼容否弃的形式;第三,法律科学和立法的形式。在许多能够有效产生重要的实质性变化的程序性拟制情形中,我们知道是谁设计了它们,我们也知道解决某一特殊案件的迫切需要(在现有法律材料不足以解决该问题时)是如何促使他去发明它们的。因此,普布利西亚那诉讼(*actio Publiciana*),亦即罗马法中带有革命性的程序性拟制之一,便是以其创制者的名字命名的。此外,美国联邦程序之拟制的历史也是举世皆知的,[①]尽管它颇令人费解。根据这项拟制,公司
131 可以以其成立地那个州的公民的身份向联邦法院起诉。它表现了

① 最初,人们认为,作为集合体的公司不能在联邦法院起诉,除非它是由自然人的公民身份组成的。*Hope Ins. Co. v. Boardman*, 5 *Cranch's Reports*(U. S.), 57 (1809);*Bank of the United States v. Deveaux*, Ibid., 61;*Commercial Bank v. Slocomb*, 14 *Peter's Reports*(U. S.), 60(1840). 后来,人们认为,这种诉讼“被假设成一个由创造公司实体的州的公民起诉或反对该州公民的诉讼”,而且任何与此相反的证明或证据也都是不会被接受的。*Ohio R. Co. v. Wheeler*, 1 *Black's Reports*(U. S.), 286(1861);*Louisville R. Co. v. Letson*, 2 *Howard's Reports*(U. S.), 497(1844). 最后,法院认为,一家公司“即是创造该公司的那个州的一个公民”。*St Louis v. Wiggins Ferry Co.*, 11 *Wallace's Reports*, 423(1870);*Chicago R. Co. v. Whitton*, 13 *Wallace's Reports*, 270 (1871). 参见:Henderson, *The Position of Foreign Corporations in American Constitutional Law*, 39 - 60。在这个问题上我们应当记住,在美国法律术语中,“公司”包括了人们根据一般性法律由协议而组成的有限公司。

法官在遇到这样一种情形——即按照法律规定这些法官无法实现或保障公司向他们上诉的并且应当加以保护的要求和愿望——时所进行的直白的创造性活动。诸如此类的构设乃是具有深远影响的创造性设计，它们并不是自生自发衍生而成的，而是著名人士为了满足具体案件中的明确要求而刻意创制的，衡平所有权的观念并没有创造出普布利西亚那诉讼。它只是晚些时候的一个法律推论而已。[①]

程序性拟制作为立法中的创造性力量后来被更为大胆更为一般的解释、衡平法和自然法拟制所取代。奥斯丁在很早以前就指出过，那些被称为解释的东西，实际上只有一小部分是对制定规则时的意图所做的真正探索。[②] 正是由于出现了一些超出那种意图范围的案件，所以所谓的解释也就成为最为棘手的司法任务之一了。[③] 当人们必须在一个刚性且呆板的法典范围之内进行司法的时候，或者当人们必须根据那些在严格法阶段固定下来的习惯法进行司法的时候，在尚不存在人们所畏惧的那种立法革命的情形下，人们唯一可以诉诸的手段便是通过解释来发现现有法律律令没有提供但却是法院在司法实践中所需要的那些规则。一种神圣的或权威的文本意味着它在颁布时明显未意指或没有含括的东西以及任何人在当时都没有想到的东西。然而，这种拟制只不过是

① “使用所有权”这个术语最初出现于 6 世纪。Theophilus on *Inst.*, 1, 5, 3.

② *Jurisprudence*, 3rd ed., 1023－1036. 参见：Pound, “Spurious Interpretation”, 7 *Columbia Law Rev.*, 379(1907)。请比较：“置于教皇手中的系统阐述和解释的权力，实质上是一种通过巧妙地解释变更法律的权力。……这些解释的逻辑没有什么可多说的，但是其功效却是不容置疑的。”Buckland, *Roman Law*, 2.

③ Gray, *Nature and Sources of the Law*, §§ 370-399(1909).

在程序性拟制早已迈出的方向上前进了一步而已，因为在这种类型的解释中，人们所发现的那种东西先是被纳入文本之中，然后再博得发现之美誉的。在法律发展的每个阶段中，这种解释都始终是法院和法学家所诉诸的主要方法之一。尽管这种解释受到罗马
132 法中和我们自己法律中那种以格言和规范形式表现出来的传统技术的限制，但是事实证明，它却与法律制度中那些最顽固的材料没有什么两样，而且在其他法律体中，即使是那些反对司法注释或从司法上发展这类文本的最为刚性的法典和最为严苛的规定也都对它做了让步。为了证明这种解释在这个方面所具有的创造可能性，人们只需要征引下述事例就足够了：对《阿奎利亚法》(*the Lex Aquilia*)所做的解释最终改变了整个不法行为责任的理论，柯克通过解释《大宪章》和爱德华一世(Edward I)所颁布的制定法而进行的法理学立法。然而，这一进程也同样不是自生自发展开的。它并不是文本中所隐含的内容在逻辑上的展现。在柯克所著的《英国法总论》第二部分和对13世纪英国立法的解释的情形中，我们了解到究竟是谁根据这些原始的有时还是神谕似的文本为现代英国和美国制定了法律，而且也知道了他之所以这样做的原因。柯克的目的就是要证明他在法院与国王争论中的论辩，因为他是这场争论中的主要角色。当代历史学家在撰写皇家枢密院、星座法院和高等宗教事务法院的历史时重新考查了这些材料。他们认为，柯克完全曲解了这些文本。① 柯克很可能曲解了这些文本，因

① Usher, *The Rise and Fall of the High Commission*, 186-187, 191-192, 199-201, 222-235(1913).

为他是一个党派人士而且还是一位律师。毫无疑问，他是从党派的观点出发去理解这些文本的，因为他们追问这些规定对那些在13世纪为13世纪的英国制定它们的人究竟意味着什么。柯克的问题是，如果17世纪的英国根据这些规定或运用这些规定进行司法活动，那么人们必须把它们解释成什么意思。解释这种拟制使柯克和他的同代人相信，这些规定在13世纪和在17世纪的意义乃是完全相同的。

衡平法和自然法乃是更为大胆的拟制，因为它们允许一种范围更为广泛的创造性活动。梅因从一般角度出发证明了衡平法的这个特点，而兰德尔（Langdell）和梅特兰（Maitland）则证明了英国衡平法的这个特点。[①] 大法官并没有声称要修改法律。根据法律规定，契约的处罚是可以强制执行的，条件不完备的受押人的财产是完全的，受托人的法定所有权是完整的和不容置疑的。但是在 133

这项法律标准之上，还有一项更高的衡平法和良知标准——它调整债权人或受押人或受托人对其法定权利和权力的行使，并且把该大法官旨在（通过防止债权人或受押人或受托人索要获得超过损害程度的赔偿或者通过强制受托人为信托人的利益持有、使用和管理受托财产）强行实施的责任强加给债权人或受押人或受托人的良知。在衡平法通过这种方式所干涉的许多案件中，这种做法虽说顾全了法律的面子，但也因此而整个地改变了法律体系的实际运作；当然，在这些案件中，我们也了解了这个最早采取行动

① Maine, *Ancient Law*, chap. 3(1861); Langdell, *Brief Survey of Equity Jurisdiction*, 13 ff. (written 1887); Maitland, *Equity and the Forms of Action at Common Law*, 19 ff. (1909).

的大法官以及促使他采取这种行动的事实状况。[①] 正如梅特兰所指出的那样，这位大法官并没有为各种观念和一般理论所困扰。被告的行为极不诚实，因而他必须去寻找一种有效的可以在对人诉讼中被强制实施的救济方法。[②]《法学阶梯》(*The Institutes*)讲述过一种与此类似的情形，即罗马法有关强制执行遗嘱信托的规定。当时，奥古斯都(Augustus)就曾出于对某些特定人士的宠爱而出面在某些重大欺诈案件中做过干涉。[③]

自然法，亦即促使法律发展的巨大的法理学力量，是一种有关更高的法律原则的拟制。它存在于理性之中，现行法律只不过是对它做出的一种不完善的反映，因而根据自然法，人们可以对现行法律做出修正和补充。自然法理论表达了法律人的这样一种欲求：一方面，为了在诉讼中达到特定目的，他们试图改进和增补现行法律材料，但同时又不损害人们所信奉的法律具有不容置疑的
134 权威这一信念；另一方面，他们试图用这种方法劝导法庭接受他们的结论。无须提示，你们一定知道罗马法学家这一工具取得了什么样的成就。在 17 和 18 世纪，欧洲大陆法学家也通过运用同样

① “我之所以有意识地说现代规则，因为我们绝不能忘记衡平法法院的规则——与普通法的规则一样——并不被认为是在远古时期就已创立的规则。人们完全清楚，这些规则乃是人们慢慢地确立起来的——亦即不时地为人们所修正、调整和改进。我们可以从许多案例中知道发明这些规则的大法官的姓名。毫无疑问，他们发明这些规则的目的是为了更好地司法。归根结底，这些规则是由人们发明的。例如：已婚妇女的独立使用权、对所有权转让的限制、反对永久所有权的现代规则以及衡平法中的损害赔偿规则。我们可以说出最早创造这些规则的大法官的姓名，并指出这些规则最初被引进衡平法的日期。”Jessel，M. R.，in *Hallett's Estate*. 13 Ch. D. 696，710(1879).

② Maitland，*Equity*，30.

③ *Inst.*，2，23，1.

的工具取得了几乎同样的成就。[①]

司法经验主义(judicial empiricism)为普通法做了法理科学为罗马法做的大部分事情。司法经验主义一般是通过谨慎的方式——只是偶尔运用创造性的归纳方式——逐个处理案件的。但是,也有许多具有创造性司法意义的案例;正是这些案例,几乎一举揭开了法律中的新篇章或者创建了新的法律制度。我们可以在曼斯菲尔德勋爵所审理的诸多案件中发现一个这样的案例;在这个案例中,曼斯菲尔德勋爵将英国的衡平法观念与罗马法中关于不当得利的原则结合在一起,并且通过把它们适用于一般的违法行为而就我们所称之为的准契约(quasi contract)问题为我们确立了一项颇有成效的原则。[②] 再者,科滕汉姆(Cottenham)勋爵在对"塔尔克诉莫克塞案"(*Tulk v. Moxhay*)的判决中,[③]也为地役权法谱写了另一新篇章。此外,这个判决也是因某一具体案件中对正义的迫切要求而达致的结果。由于这个判决绝不是某个抽象观念逐渐展现的产物,所以科滕汉姆在防止不当得利之理论的基础上建立起来的那种论证也显然是一种谬误,而且也未能成为衡平

① "罗马法中关于不同类型的协议以及界分合同与简单协议的原则,并不是建立在自然法基础之上的,而且也很难说得上简明,它们没有得到我们法律的接受。"Pothier,*Traité des Obligations*,pt. 1,chap. 1,art. 1(1761).

② "这种要求归还按正当理由不应当持有的钱财的衡平法规则,乃是很有益的,因而也是极鼓舞人的。……简而言之,这种规则的主旨就是:在这种案例的情形中,被告在自然正义观和衡平法的约束下有义务归还这些钱财。"*Moses v. Macferlan*,2 Burr. 1005,1012(1760). 至于曼斯菲尔德勋爵在商法方面的创造性工作,请参见:Buller,J., in *Lickbarrow v. Mason*,2 T. R. 63;Story,*Miscellaneous Works*,411－412;Lord Campbell,*Lives of the Chief Justices*,11,chap. 34。

③ 2 Phil. 774(1848).

法的地役权理论。[1] 但是，科滕汉姆为财产法所谱写的新篇章却是站得住脚的。美国法律可以在众所周知的青少年法庭制度方面
135 为我们提供一个例子。正在各处蓬勃发展的这种青少年法庭制度，无疑应归功于若干以关心社会问题著称的法官的创见性。由于以前无此先例，所以创造这种制度的法官便需要高瞻远瞩，知道社会需求什么，同时还需要具有使他们的工作得以顺利展开的明智判断。今天，我们可以在衡平法法院对青少年的司法管辖权中找到青少年法庭制度的法律基础。在这个基础上，我们将这种法律制度与法律——历史的教条结合在一起。但是，衡平法法院对青少年的司法管辖权却并不是创造这种青少年法庭制度过程中的一个因素。青少年法庭制度产生于刑事法院，因为刑事法院的法官们在良知上就反对把超过 7 岁的儿童作为刑事犯罪分子进行审讯的法律规定，而且也反对对超过 14 岁的青少年适用成年刑事犯罪分子的处罚条例的法律规定。[2]

我们应当将罗马执政官敕令中的创造性司法经验主义与上述情形做一番比较。在某个特定当事人的坚决要求下，某个律师了解到了那种可以满足其当事人之需要的东西，为此展开辩护并试图说服执政官。于是，一种新的观念便经由一种能够适用于该案件的救济措施而被融入进了法律之中。有时候，我们知道是谁为

---

① *Rogers v. Hosegood*, [1900] 2 Ch. 388; *In re Nisbet and Potts'Contract*, [1905]1 Ch. 391,399,[1906]1 Ch. 386,401,405,409.

② Mack,"The Juvenile Court",23 *Harvard Law Rev.*,104(1909); Flexner and Baldwin, *Juvenile Courts and Probation*, 1 - 7(1915); Eliot, *The Juvenile Court*, 1 - 2 (1914).

法理学的长期发展奠定了基础并为法律谱写了新的篇章。因此，在塞尔维亚那诉讼（*the actio Serviana*）中，法官为了审理一个需要更为有效的法律救助的案件而创造了一种具体的救济措施。在准塞尔维亚那诉讼（*the actio quasi Serviana*）中，该项措施又经由近似于拟制的类推而得到了进一步的发展。后来，面对着自然法图景，法学家们又对它进行了归纳，进而提出了一整套抵押权理论。[①] 今天，罗马派学者对默示抵押权的使用与我们对推定信托的使用一样多。[②] 然而，这一观念并没有创造出塞尔维亚那诉讼。塞尔维亚那诉讼乃是为了满足一种特殊要求而力图探寻一种具体的救济措施的结果。如果我们将默示抵押权与推定信托做一番比较的话，那么塞尔维亚那诉讼就会以另一种方式显示出来。这两种方法取得了大致相同的结果，而且都是用于救济以防某人以牺牲他人利益为代价去获得不当得利的措施。然而值得我们注意的是，这两种方法在法律观念上却是迥然不同的。其中的一种方法认为，甲某的财产权从属于一项实在义务——亦即一种基于财产对抗整个世界的义务——这就是根据正义原则和衡平原则而确使 136
一项义务从甲某转向乙某的那种实在义务。另一种方法则认为，甲某拥有某种他本人有义务为乙某的利益而不是为了他自己的利益而持有的东西。这两种情况中都含有一种拟制的因素：一种是有关没有获得担保的某物却获得了担保的拟制，而另一种是有关没有信托过的某物被作为信托物而占有的拟制。然而，历史法学

① *Inst.*，4，6，§ 7. 还请注意：*The interdictum Salvianum*，*Inst.*，4，15，§ 3。关于这个术语的称谓，告诉了我们一个相似的故事。

② Windscheid，*Pandekten*，1，§§ 225－229.

家却从这两种情况中都发现了一种规定法律发展方向的观念。

耶林曾用化学法理学(juristic chemistry)这一极富启示性的称谓去称呼创造性法理科学。[①] 这就是说,创造性法理科学乃是一种对那些经过挑选的法律因素进行组合以创制出某些新的复合物的学科。但是,创造性法律科学却往往走得更远,经常从外界吸纳新的因素,并且用类比的方法发展这些新因素或者将这些新因素与现有的法律因素相结合以创制出更新颖的复合物。这些新的复合物一般来讲并不是某种观念渐次展现的结果,而是人们努力规定某一具体案件的结果——这种努力导致人们适用一种具体的解决方法,而在此之后,其他人则着手进行尝试性的概括,直至人们在最后构设出一种更具包容性的秩序。因此,当我们回顾它的时候,我们说一种观念正在实现。但是,观念只是在事件发生以后才能起到整理、安排并使其凸显出来的作用。这意味着观念在人们努力满足某种要求的那种创造性活动中并没有什么作用。

当然,法理学活动在创造方面的可能性还有另外两种形式,而这方面的著名事例可以见之于美国的法律。在一个时期,鉴于政治上的严酷、美国独立革命以后人们对英国事物的敌视以及对杰斐逊·布里克(Jefferson Brick)时代美国政治中突出的技术知识和特殊职业能力的反感,美国各州是否会接受英国的普通法,便成了一个严重的问题。正是在这个时期,约瑟夫·斯托里(Joseph Story)经由创造性地运用比较法而对英国商法和英国衡平法做出

① *Geist des römischen Rechts*,Ⅲ,2nd ed.,Ⅱ(1871).

了解释，并使它们成为一整套普世性原则（亦即一整套为经验所承认并为人类理性所接受的普世性原则），进而为美国各州接受英国的商法和衡平法铺平了道路。[①] 就此而言，人们也可以说，斯托里所使用的那种比较法乃是某种与自然法类似的拟制。通过根据欧 137
洲大陆的商法对英国的商法进行考察以及根据欧洲大陆法学家的论著对英国的衡平法进行考察，斯托里得出了有关应然法律的理想图景，并且根据美国的需求用这种理想图景去形塑英国的原则和英国的法规，进而使得这些英国的原则和法规值得为美国所接受。最近，另一种形式在法律期刊上所刊登的研究特定问题的论文中表现得颇为有效。一篇研究隐私权的论文，几乎可以被视作是这个方面的经典范例。该论文的合作者之一乃是法官布兰代斯（Brandeis）先生，他当时还只是一位律师。该论文根据那些确保其他人格利益的法律权利的类推而进行法理论证，表明人们对作为人格一部分的隐私保有着一种利益或主张，进而要求建立一种能够完整保障人格的法律秩序。这种观点首先引起了人们的讨论，随之引起了司法判决的冲突，最后经由司法判决或制定法而形成了侵权法的新篇章。[②] 我们从史密斯（Smith）法官所撰写的一篇关于误用语言的论文中也可以见到与此类似的主张，而它在司

① 参见：Pound，"The Place of Judge Story in the Making of American Law"，48 *American Law Rev.*，646（1914）。

② Warren and Brandeis，"The Right to Privacy"，4 *Harvard Law Rev.*，193（1890），adopted in *Pavesich v. New England Ins. Co.*，122 *Georgia Reports*，190；*Foster Milburn Co. v. Chinn*，134 *Kentucky Reports*，424；*Munden v. Harris*，153 *Missouri Appeal Reports*，632. 另请参见：the statute of New York，*Binns v. Vitagraph Co.*，290 *New York Reports*，51。

法中也已得到了人们的遵循。[①] 当然，诸如此类的范例可以说是不胜枚举。

创造性立法(creative legislation)乃是人们更为熟悉的一个术语。权力分立的宪法原则使得正统的英美法律人承认，除了立法机构以外，任何人或任何组织都不得制定法律；此外，关于规则在法院阐释它并将它适用于判决案件之前就已存在的那种专断拟制，使得法院更难去考虑那些与法律理论相矛盾的东西，尽管它们是客观存在的。关于立法能够创造法律的主张并没有遇到很大的麻烦。然而，立法也许是这三种形式中最不具创造性的形式。的确，历史法学派否认立法具有任何创造性作用，并且认为除了给司法结果和法理学发展提供较好的形式以外，除了实现那些在经验

138 中逐渐展现并在司法判决或法理学论著中得到系统阐述的观念的逻辑含义以外，立法不具有任何其他作用。这一理论对于那些受过查士丁尼立法训练的人来说，乃是相当自然的，因为查士丁尼立法正是历史法学派论述的那种立法方法。但是，立法有两种类型：一种是历史法学派所认为的那种条理型立法(an organizing type)，另一种则是创造型立法。如果有人怀疑创造型立法的存在，那么请他看一下《劳工赔偿法》便足以说明问题了。现在，有人主张将《劳工赔偿法》的原则适用于其他的情况，比如说，适用于经营作为公用事业的运输企业过程中的偶然事故。这项原则在法律中已经得到了确立。但是，这些制定法并不是对某一传统观

---

① "Liability for Negligent Language", 14 *Harvard Law Rev.*, 18 (1900), followed in *Cunningham v. Pease*, 74 *New Hampshire Reports*, 435.

念的适用所做的条理化工作。它们引入了一种新的观念,或者说一种新的责任,而在这种新的责任背后,我们必须设置一种观念以使它变得清楚易懂并在法律体系中为其寻找到一席之地。史密斯法官建议,人们应当将侵权这个称谓局限于指称那些具有可谴责因果关系的案件,并为那些不考虑过错的责任确立一个新的范畴。[①] 因此,我们应当从雇佣人员侵权的责任中、从《劳工赔偿法》中、从"赖兰兹诉弗莱彻案"的原则中以及从牲畜入侵责任中发现一种共同的观念。然而,正统的英美法律理论却是从一种完全不同的立场来论述雇佣人员侵权责任的,因为它们把雇佣人员的侵权责任比作是某一代理人行使代理权所产生的那种责任。法官霍姆斯先生[②]以及晚些时候的巴蒂(Baty)博士[③]揭示了这种观点赖以为凭的那种专断性拟制。然而,法律确实是如此解释这种无过错的责任形式的。这个事实足以说明,在那些把劳工赔偿构设为解决某一具体问题的可行办法之前,并不存在任何与这样一种范畴相类似的东西,也不存在任何有关这样一种范畴的观念。

如果我们用另一种方式来看待这个问题,那么我们就会看到著名法律人在每一种法律制度中所留下的个人标记。罗马法中注入了拉贝奥(Labeo)、朱利安(Julian)也许还有帕比尼安(Papinian)的个性。《法律大全》以及源于《法律大全》的现代世界的大量法律材料中都留下了特里波尼安(Tribonian)的标记。法国法

① "Tort and Absolute Liability",30 *Harvard Law Rev.*,241,319,409(1917).

② "Agency",5 *Harvard Law Rev.*,1(1891);*Collected Papers*,81.

③ *Vicarious Liability*(1916).

139 律中有杜摩兰(Du Moulin)和波蒂埃(Pothier)留下的标记。不用说,亨利二世(Henry Ⅱ)、柯克、曼斯菲尔德都是在英国法律的初创时期发挥过个人作用的杰出代表。在美国法律中,人们正确地推举马歇尔(Marshall)为美国宪法的创制者,因为在宪法形成时期,马歇尔对美国宪法所做的颇具政治家风格的法律解释使得美国宪法成了一种有效的工具,并经受了内战的考验。肯特和斯托里乃是19世纪前期主张接受英国法律的主要活动家。没有他们两位的努力,美国接受英国法律的工作就不可能完成。肖(Shaw)、吉伯森(Gibson)、拉芬(Ruffin)以及晚些时候的多伊,都在他们各自领域的法律中而且在某种程度上可以说在整个国家的法律中留下了他们的标记。的确,多伊在程序法方面的成就明确地证明,如果一个人具有强劲的个性,加上合理的法律直觉以及对传统法律材料的深刻认识,那么他仅凭司法判决而无须立法的帮助就可以在现行法律改革的方面有所作为。

然而,亨利二世和柯克的情形却最能说明问题。如果英国的中央集权化无论如何都是不可避免的,那么就有可能出现三种类型的中央集权化。第一种是行政权分散而司法中央集权化的类型,比如说英国;第二种是司法权分散而行政权中央集权化的类型,比如说旧制度下的法国;第三种是司法和行政全都中央集权化的类型,比如说今天的法国。诺曼底人在英格兰首先中央集权化的是行政管理权。当然,中央集权化在英格兰之转变成法律和司法的中央集权化,亦即中央集权化的司法和统一法律下的地方行政自治,则必须归功于一位天生就是法学家的强有力的国王,因为他在关键的时刻把英格兰的政体引向了法律统一的方向。柯克的

个人成就更显而易见了。他有着朝气蓬勃的个性，对法律材料可
以说是了如指掌，他的职业地位又赋予他以很大的权势，他决心运
用他的权力通过对中世纪英国法律材料的解释和逻辑阐发而在英
国建立一种司法性质的法律——在这种法律制度中，法院应当居
于个别臣民与王室及其代理人之间。这一切使得法律在柯克个人
的影响下得到了前所未有的发展。当现代法律论者证明柯克在阐 140
释或征引权威典籍方面常常缺少根据的时候，他们恰好证明了柯
克的创造性能力，因为柯克的观点取代了中世纪那些作为法律陈
述的权威典籍。霍布斯认为，是权威而不是真理创造了法律。①
如果一个人对于应予满足的要求有着清楚的认识，对于如何满足
这些要求有着清楚的概念，并且详尽地掌握了法律材料——从而
使得他有可能极有把握地对它们进行筛选并极有信心地将它们组
合在一起，那么他就可以在不考虑权威和历史事实的情形下制定
法律。柯克在面对着强烈反对的情况下能够做到这一点，便确凿
无疑地证明了一个强者所做出的创造性努力的功效。

然而值得我们注意的是，人们有可能对著名法律人这样一种解释提出过分的要求，一如人们有可能对前述每一种解释都提出过分的要求一般。我根本就不主张把著名法律人的解释视作是法律现象的唯一阐释，亦即撰写法律史的唯一方法。我真正主张的乃是根据那些参与各种法律史事件的人以及他们的个性、性格和偏好（将其视作是各种法律史事件之结果中的一个因素）来看待各种法律史事件这种方法所具有的重要性。我们需要牢记柯克和曼

① *De Cive*，chap，xiv，§ 1.

斯菲尔德做出的那些成就：一位给严格法的法律结果赋予了一种权威性的形式，另一位则使得那种获致如此系统阐释的严格法得到了解放，并且使它成了一种能够在19世纪传遍世界的法律。现在，我们必须对19世纪所取得的法律成就进行条理化并做出重述，从而为重新启动司法和法理学的发展奠定一个坚实的基础。在法律经历了19世纪的修正、条理化和系统化的活动（而不是创造性的法理学活动）以后，我们必须再次解放法律并且从外部世界吸纳更多更新的养料。显而易见，这些就是不远的将来的要求，而这些要求则需要有人去做出19世纪的法律科学所没有做出的许多伟大的事情，而且还需要我们坚信人有力量做出19世纪法律科学所没有做出的许多伟大的事情。

第七章　一种社会工程解释

如果我们至此以上的论辩得以成立的话，那么我们就需要一种 141
能够考虑到下述四个因素的法律史解释：第一，那些探寻并调适法律材料的人；第二，他们所处理的法律材料；第三，他们工作时的各种情势；第四，他们为之工作的各种目的。柯勒所主张的那种文明解释(civilization interpretation)满足了上述要求中的多项要求。在20世纪的头十年中，他的文明解释得到了社会—哲理法学家(the social-philosophical jurists)中的新黑格尔派学者的大力弘扬，并赢得了众多的追随者。因此，在我们提出一种新的解释之前，我们必须首先对柯勒所主张的那种文明解释进行考察并做出评价。

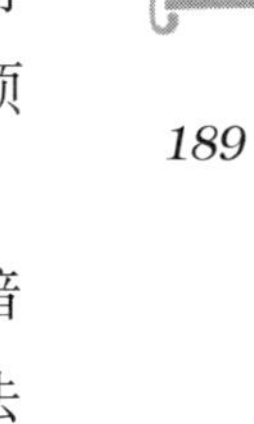

就柯勒对法律材料的全面了解和对法律制度中各种问题的谙熟而言，他是一位极为出色的法律哲学家。最初，他是一位基层法官，或我们所说的县镇法官。后来，他又当了五年的上等法官，或者说高级法官。1878年，他担任维尔茨堡大学的教授，并在1888年担任了柏林大学的教授，直至1919年逝世。他一开始研究罗马法，后来研究原始法，并成为这个方面的最高权威之一。[①] 再后

① *Shakespeare vor dem Forum der Jurisprudenz*, 1883, 2nd ed., 1919; *Rechtsvergleichende Studien über islamitisches Recht, das Recht der Berbern, das chinesische Recht und das Recht auf Ceylon*(1889); *Zur Urgeschichte der Ehe*(1897); Kohler und Peiser, *Aus dem Babylonischen Rechtsleben*(1890 - 1898); Kohler und Ungnad, *Assyrische Rechtsurkunden*(1913).

来,他又研究法律的特殊部门,比如说,刑法史。[①] 最后,亦即在
142 1904 年,他开始就法律哲学论题撰写论著。[②] 专利法和破产法。他曾就专利法写过一部著名的论著,[③]而且他关于破产法的论著也被当作标准教科书。[④] 此后,他讲授 1900 年德国新法典,并在此基础上撰写了一本评论著作。[⑤] 他几乎是现代社会中唯一一个将法律的所有部门都纳入自己研究领域中的人。

柯勒在成长过程中一直受到历史法学派的熏陶,因此他可以说是 19 世纪后期那些试图为历史法学派提供一个更宽泛的基础和一种更灵活的方法的论者中的领袖之一。在历史法学派开始解体之时,亦即当该学派中的一部分人转向实证主义、一部分人转向新康德主义的社会法哲学、而另一些人则转向刚刚复兴的自然法的时候,柯勒则试图运用新黑格尔主义的社会—哲理法理学来发展和弘扬历史法学派中最优秀的传统。他抨击了上一代人所主张的那种形而上学——历史自然法和分析比较法。他指出,19 世纪的法律科学接受了历史材料以及从对现行法律体系的分析调查中得出的各种材料,并从这些材料中制造出了一种新的自然法,亦即一种假设的普遍有效的法律原则和普遍的法律制度。但是,那种

① *Studien aus dem Strafrecht*(1890–1897).

② *Forschungen aus dem Patentrecht*(1888);*Handbuch des deutschen Patentrechts*(1900).

③ *Lehrbuch des Konkursrechts*(1891);*Leitfaden des deutschen Konkursrechts*(1893,2nd ed.,1903).

④ *Lehrbuch des bürgerlichen Rechts*(1906).

⑤ "Rechtsphilosophie und Universalrechtsgeschichte", in Holtzendorff, *Encyklopädie der Rechtswissenschaft*, 1, 6th ed., 1907, 7th ed., 1913; *Lehrbuch der Rechtsphilosophie*, 1908, 2nd ed., 1912, transl. by Albrecht as *Philosophy of Law*, 1914.

从人性中推导出来的17和18世纪的自然法，却没有按照这种方式在其自身的基础上批判法律，而是从法律外部对法律进行批判。然而，在19世纪的法律哲学中，人们却是根据法律自身的理想型而对法律展开批判的。因此，相比较而言，19世纪的法律哲学几乎没有什么收获，而17和18世纪的法律哲学则取得了辉煌的成就，因为前者按照实在法的图景创制一种理想，而后者则试图按照一种理想的图景创制实在法。事实证明，人们曾经寄予厚望的那种所谓的比较方法，也没有取得更多的成果。由于法律哲学转向对现存事物做似是而非的证明，所以比较法便通过把法律律令的内容当作抽象的命题进行比较而提供了一种“虚假的调和”——它根本不考虑法律律令的社会历史和社会作用，好像所有的法律律令都是一蹴而就的（亦即我们所说的都存在于虚无缥缈的世界之中），而且人们也只是在事后又找到了一些赖以调和或统一它们的似是而非的理据。[1] 换言之，当时出现过比较的分析和分析的比 143
较（comparative analysis and analytical comparison）。这就是一代人之前的比较法，而它与那种具有一种哲学的、历史的和社会背景的比较法则完全不同。柯勒积极主张后者并且为其产生起到了巨大的推动作用。

---

① “有的人因缺乏远见而认为有可能在没有哲学的情况下建构起一种法律哲学，但是这种缺乏远见的情形却遭到了抨击。自然法改头换面，再一次以新的形式重新出现，并且导致了一种实证主义的法律哲学的产生。但是我们却不能够把自然法与实在法等而视之。它不过是从不同的法律体系和不同的法律基本条件中熬出的汤汁，然后被称为法律哲学……默克尔的撰著也同样毫无结果，他企图凭其对少数几种法律体系的一知半解，并且通过有助于法学思想衰亡的‘虚假调和’而创造出一种普遍的法律理论。”*Lehrbuch der Philosophie des Rechts*，16.

每个人开始时都说法律是相对的，但是法律相对于什么呢？柯勒的回答是，法律与文明相对，而且不同的法律与特定时空的文明相对。柯勒认为，并不存在一种可以适用于所有文明的普世性的法律制度和法律规则。相反，存在的只是一种普遍的观念，亦即人类文明的观念。他指出，法律的“具体规定千差万别”，但是它们的“基本要求却是相同的，那就是通过对事物的强制性安排来增进文明”。[①] 因此，即便没有自然法，在法律与文明之间仍会存在着一种持久的关系。当然，“这种关系面对不同的人类文明条件会具有不同的内容”[②]。但是，法律却不仅仅是一种通向文明的工具，因为它也是文明的产物。据此，我们必须从三个方面来探讨法律：对过去来说，法律是文明的一种产物；对现在来说，法律是维系文明的一种工具；对未来来说，法律是增进文明的一种工具。[③] 值得我们注意的是，历史法学派的观点、19 世纪分析法学派的观点与社会学法学派的观点究竟是如何在这种理论当中得到统一的。

关于这个问题，也许有人会问：柯勒的文明所意指的是什么呢？他回答说，文明就是最大限度地展现人类力量的社会发展。[④]
144 这个回答又产生了另一个问题，即在这种情形中，应当如何确定最大限度呢？显而易见，柯勒所意指的是人类为了其自身的目的而最大限度地控制自然，其中包括对人性的控制。[⑤] 这一点似乎与

① *Moderne Rechtsprobleme*, § 1, 1907, 2nd ed., 1913.

② Ibid.

③ *Lehrbuch der Rechtsphilosophie*, 1 - 2.

④ *Moderne Rechtsprobleme*, § 1.

⑤ 参见：Berolzheimer in *Archiv für Rechts-und Wirtschaftsphilosophie*, 111, 195 - 196。

法理学中所谓的经济实在论者有某种关联，因为这些经济实在论者认为法律的目的就是最大限度地满足人类的需求。从表面上看，这一点也似乎与克劳泽学派(Krauseans)的学说有某种关联。因此，洛里默(Lorimer)指出，法理学的终极目标乃是达到人类的至善至美，而且这个目标与伦理学的目标相同。[①] 这就是说，伦理学的目标是通过完善个人而达致个人行为的完善，而法理学的目标则是通过完善个人与其他人之间的关系而达致个人的完善。正如阿伦斯所认为的，个人始终是在不断地完善自己，而在这个过程中，法律将他与其他人隔开，以使他达到或者使他可能达到这个目的。[②] 个人是人类社会的机体，而人类社会则随着个人的自我完善而得到完善。毋庸置疑，这种观点是颇有道理的。推动社会进步的一个巨大的力量就是个人自生自发的主动性。因此，个人自由行为中所包含的社会利益，实际上也是个人生活利益的一部分。但是，柯勒认为这种观点还不全面。人类并不只是各自努力完善自己的个人所形成的乌合之众。文明观念也在起作用。整个民族，乃至整个人类，都在通过最大限度地发展自己的能力而提升自己。这不只是我们在人们经由采用维护社会的方法或反社会的方法而各自寻求自我完善时保持和平或维护治安的问题。这就是法律功能的概念，而它导致人们从法理上去谴责卫生法案和工厂法案。应该说，每个人和所有的人都是通过各种方法来发展整体的。这些方法当中包括反映、维系和增进或者旨在增进文明的法律制

① *Institutes of Law*, 2nd ed., 353, 1880.

② *Cours de droit naturel*, 8th ed., § 19, 1892, 1st ed., 1837.

度和政治制度——而这种文明则是人们在当时当地所理解的那种文明。

145 在柯勒看来,法律秩序的任务有两个方面。[①] 第一,法律秩序应当维护现存的文明价值。这就是希腊人、罗马人以及步他们后尘的中世纪的人所理解的法律目的。第二,法律秩序应当创造新的价值——亦即促进人类力量的发展。这与华德(Ward)关于人类努力之功效的观念相类似。一如我们所知,个人自我主张这个简单的自由观念乃是形而上学派的出发点或者是形而上学所认为的那种在法律史中不断实现的观念。人们将认识到,我们在这里乃是在用一个持续发展文明(亦即无限发展人类力量)的复杂观念去取代个人自我主张的那种简单观念。持续发展文明这个观念并不是一种范围狭窄且固定不变的简单观念,而是一种复杂的且日益发展的观念。人们由此可以想到威廉·詹姆斯(William James)所提出的那个日益发展的上帝。如果说这种解释与所有唯心主义的解释一样是用一个重新命名的上帝取代了法律初始阶段中那种神性的权威,那么它至少是一个发展的而且不会因为妒忌而否认人类行动之效力的上帝。

曾有论者认为,柯勒返归到了古代城邦国家的法律观念,因为一如他所指出的:"只有当人们中间存在着一种规定每个人的职位、确定每个人的任务并旨在保护现存价值且不断创造新价值的制度的时候,人类文明才是可以想象的。"[②]柯勒的这番言论听起来与柏拉图《共和国》(*Republic*)一书中的某些观点颇为相似。[③]

---

① *Lehrbuch der Rechtsphilosophie*, 1.

② Ibid., 1, para. 6.

③ 比如说:Ⅲ, 397 - 398;Ⅳ, 434。

但是需要强调指出的是，柯勒的观点与柏拉图的观点之间存在着一个根本的差别。古希腊哲学家和古罗马法学家的观念乃是一种有关理想型静止社会的观念；人类社会时常会出现偏差，因而人们不得不根据这种观念类型对其做出纠正。比如说，在一个印度村社中就存在着一种定期重新分配的制度，而这种定期重新分配的制度之所以有必要，实是因为家庭财产的分割与家庭的解体经常会导致与那种理想设计不相符合的情势，[①]因此有必要常常根据理想型社会标准被背离的程度或情形而对社会进行重新分配，亦即将每个人都安排在由其本性所决定的适合其能力的位置之中并将其固定在该位置上。这种观点根本就不是柯勒的观点。柯勒认
为，文明是不断进步的，但是文明的进步却并不是一种简单的发 146
展。柯勒指出：“文明乃是按照这样一种方式向前发展的，亦即在现存的文明中有着唾手可得的新文明的种子，而且随着新文明对旧文明的更替，新价值也会不断地从旧文明中得到产生。”[②]我们永远都不可能拥有一种人人各归其位并由法律确使人人各归其位的理想社会。然而，我们也不可能在一个价值因冲突和挥霍浪费而泯灭的疯狂争夺的社会中使人类的能力得到最大限度的发展。我们必须使人类的活动达到一定程度的有序化，并且通过这种秩序来限制人们的行为，确定个人的职责，以保护现有的价值和推动新价值的产生。这种秩序应达到什么样的程度，必须取决于特定时空下的文明，取决于那些应予保有的价值，还取决于创造新价值

---

① 参见：Mayne，*Hindu Law and Usage*，8th ed.，300。

② *Lehrbuch der Rechtsphilosophie*，1，para. 5.

的现有手段。在19世纪早期，美国还是一个处于开拓阶段的以农业为主的国家，还没有机会去限制劳动者签订的接受实物报酬的合同。如果美国当时采取这种限制措施的话，那肯定是一种专断的做法。另一方面，在20世纪都市化和工业化的美国，雇主与雇员之间具有抽象的契约自由的制度，常常导致对价值的破坏。此外，它还导致人们牺牲劳动者个人生活中的社会利益。因此，人们有充分的理由对雇主与雇员之间有可能签订的合同进行限制。再者，柯勒并没有说法律应当规定每个人的职位和确定每个人的任务。但是，必须有一项制度来进行这一工作。这项工作可以经由下述四种安排来承担：第一，由政治机器或政治军事机器来承担，一如在斯巴达这一极端情形中那样；第二，由以权威为基础的传统和等级社会来承担，一如在中世纪的情形中那样；第三，由自由竞争来完成，一如我们在19世纪努力做的那样；第四，由经济手段来承担，一如我们在今天所做的那样。无论如何，法律的职责就在于捍卫那种制度安排以维系和增进文明。但是，这并不排除个人可以在为自己寻找一个位置或为自己创设一个位置的方面发挥自己的积极性，而且它也没有要求通过那种将人们置于事先决定好的位置之中并将他们固定在其间的法律来实现一种社会秩序。我们没有必要在两项严格界定的选择之间做出最终的和绝对的抉择，因为这两者都可能会破坏价值。如果后者侵损了社会进步的主要力量并且对个人自我主张的抑制已达到了阻碍个人生活的程度，
147 那么19世纪个人自由发挥能动性的神话便会使我们在过分热衷于抽象的人的抽象自由的同时无视具体的人的生活中的社会利益。

例如，斯宾塞所著的《社会静力学》(*Social Statics*)一书中有一章的题目是“卫生监督”。在这个章节中，他实际上告诉我们说，让我们城市中的穷人死于瘟疫，要比让国家卫生团体剥夺个人自由和干涉个人主动性或对主动性的诉求好得多；让天花流行于社会之中，要比强迫个人去种牛痘好得多。[①] 立法不应当强行课以限制，而应当取消对个人自由行动设定的那些限制，只要那些限制对于保障其邻人的相同的自由是没有必要的话。尽管存在着诸如斯宾塞这样的理论，但是法律却从未能够实施过每个人都是评判自己幸福的最好的法官这样的命题，而且人们凭其意愿缔结合同的自由亦未能超过一定的限度。未成年人没有判断能力。经济胁迫下的个人根本就没有真正的自由可言。正如诺辛顿(Northington)勋爵所说的那样，贫困者无自由。[②] 爱尔兰佃户与美洲印第安的土地接受者，都是在一夜之间变成土地所有者的，而在此之前，他们根本就不曾体验过充分的自由。除了抽象的契约自由以外，还有许多其他的社会价值。标志着20世纪法理学特点的法律思想在整个世界范围内的态度变化，乃是以承认个人生活中的社会利益为基础的，认为它比个人自我主张更宽泛，也更具包容性。关于这个问题，柯勒会说，让人们凭其意愿完全自由地缔结合同是否能够维系和增进文明，乃是一个时间与地点的问题。或者说，法律秩序是否应当在某些情形中和为了某些目的而抑制个人的自我主张，也是一个时间与地点的问题。

① 1892 ed.,197－216(written 1850).

② “坦率地说，贫困的人并不是自由的人；为了解决燃眉之急，他们有可能会屈从于狡黠者强加给他们的任何条件。”*Vernon v. Bethell*,2 Eden,110,113(1762).

尽管不能用教条的方式制定一个抽象的普遍法律的方案这一
148 点很重要，但是为了实现法理学和立法的即时性目的，仍需要有某种比维系和增进文明这样一种概念更为明确的东西。法官头脑中必须有一幅更为详尽的蓝图，以便在他们发现法律规则、解释法律规则并将法律规则适用于判案的时候为他们提供指导。立法人员的头脑中必须有一幅指导他们制定法律的更为详尽的蓝图。法学家的头脑中也必须有一幅明确的图景，以便在他们构设创造性活动的方向、条理化活动的方向和系统化活动之方向的时候为他们提供指导。此外，法学家还至少应当认识到，这幅图景只不过是一幅适用于特定时空的图景，而且他们也应当有理由对修改这幅图景或彻底重新绘制这幅图景的可能性持欢迎的态度。当然，法学家仍必须有这样一幅图景，而且也将受到某幅图景的支配，而不论他们是否意识到这幅图景。柯勒在解释的过程中用他关于文明的法律先决条件这一理论满足了这一要求。每一特定时空下的文明都具有某些法律先决条件——这些法律先决条件并不是法律规则，而是各种有关由法律制度和法律律令应予实现的权利的观念。法学家的任务就是要确定和系统阐释特定时空之文明的法律先决条件，而不是整个文明的法律先决条件——亦即确定和系统阐释特定时空的文明所预设的有关权利和正义的观念——并且努力形构那些传承至我们的法律材料，从而使它们能够表达或者实施那些法律先决条件。[1] 世界上没有永恒的法律，但是却有着一个永恒的目标，亦即最大限度地发展人类的力

① *Lehrbuch der Rechtsphilosophie*, 1, para. 7.

量。我们必须努力把特定时空中的法律变成达致特定时空中的那个目标的一种工具，而且我们也应当通过系统阐释我们所知道的文明的法律先决条件来完成此项任务。在这些法律先决条件得到确定以后，立法人员便可以根据这些法律先决条件去修正旧的法律规则和创制新的法律规则；法官便可以按照它们去解释法典和传统的法律材料（所谓解释，亦即是通过类推来发展它们并适用它们）；法学家便可以根据它们去组织和批判立法机构和法院的工作。

下面让我就这个问题做一些说明。作为当今文明的一项法律先决条件，我们应当就下述问题达成一致意见，即在我们的社会中，人们必须能够假设其他人不会故意侵犯他们。我们不必像中世纪早期的人那样尚武，也不必像野蛮人那样回避地平线。我们在我们不会遭受攻击这样一种平和的保障下从事我们各自 149
的商业活动。作为当今文明的第二项法律先决条件，我们还应当毫无疑问地就下述问题达成一致意见，即在我们的社会中，人们必须能够假设其他人在他们以主动的方式采取行动时应当对那些可以合理预见的行为后果持应有的谨慎态度——所谓“应有的”，也许意味着该社会中一般的善意所要求的那种东西。在一个机器和机构（即存在潜在危险的机器和机构）日益增多的世界里，我们不仅可以假设那些操纵或运作这些机器和机构的人会注意那些可以被合理预见并会产生伤害结果的情形，而且还可以毫无所惧地去从事我们各自的事业。我们当今的文明有无第三项法律先决条件呢？我们是否可以说，文明社会中的人必须能够假定，那些拥有可能会失控或可能会释放并造成危害的

东西的其他人会把这些东西控制在或保持在一定的范围之内？如果是这样的话，那么法律就可以对那些由于某人未能控制或防止其所拥有的某种危险物的释放而非因有意也非因疏忽而对另一人的财产和人身造成的侵害的行为课以责任；此外，“赖兰兹诉弗莱彻案”的规则、有关牲畜侵犯的不考虑过错的责任规则，以及某人因自己喂养的凶残动物逃窜而造成伤害时所承担的责任规则，在法理学上都得到了证明。如果不是这样的话，那么人们就应当根据前述第二项法律先决条件对所有上述案例做出批判，与此同时，19 世纪有关这些案例都是历史上的异常现象（因而应当限制使用它们并最终取消它们）的观点也应当成为法律人的指导。可以说，对文明的这些法律先决条件所做的这种阐释又一次给我们提供了自然法的观点。事实也确实如此。但是，这却是经由考察特定时空中的具体文明而得来的自然法，是人们通过努力探寻该文明所预设的权利观念而得来的自然法。相反，18 世纪的自然法乃是从抽象的人性中推演出来的自然法。再者，它也是人们所说的一种实用的自然法（a practical natural law），亦即一种具有不断变化和不断发展之内容的自然法。① 20 世纪自然法的复兴，并不是 19 世纪形而上学法学派所主张的那种僵化的自然法的复兴，也不应当是 18 世纪的普遍自然法
150 的复兴。它是 17 和 18 世纪那种创造性自然法（the creative natural law）的复兴，但是却只是作为某种相对的东西的复兴，而不是作为

① Stammler，*Wirthschaft und Recht*，2nd ed.，180－181，1905（1st ed.，1896）。另请参见：Saleilles，*L'École historique et droit naturel*，*Revue trimestrielle de droit civil*，1，96－99（1902）。

某种永远停滞的东西的复兴。[①] 因此，阐释特定时空中文明的法律先决条件这种方法，乃是当下法律科学所取得的最为重要的成就之一。

诸位一定能够发现，柯勒的解释比以往的任何一种解释都更接近我们所设定的那些要求。确实，我不想否认这样一个事实，即我乃是在将柯勒的解释与此前的各种解释进行比较以后并且是在我向自己设问柯勒的解释是否弥补了此前各种解释中看似不足的东西以及我是否完全满意他的观点以后，才设定了那些要求的。柯勒的解释所具有的优点乃是显而易见的。第一，它承认法律史中的创造性因素，但是却不赞同狂妄地否弃旧因素的那种做法以及以直觉抽象理据为基础迷信某种抽象的理性方案（这是18世纪自然法易犯的错误）的那种做法。第二，它通过承认我们必须认真对待社会历史和法律历史提供给我们的材料而考虑到了法律稳定的必要性，而且也通过认为法律与某一持续变化的文明相关而考虑到了法律变化的必要性。第三，它并没有将法律的发展局限在那些确定不变的途径之内——而每一条确定不变的法律发展途径都只能在两边的高墙之间具有狭小的游离空间。然而，我对此却并不感到满意。柯勒的解释实质上是一种唯心主义的解释，而我则趋于一种工具主义者的观点（an instrumentalist point of view）。柯勒的解释将它的观念当作一种因果关系来对待，而没有把它当作一种工具来对待。柯勒的解释为我们提供了一种观念，这种观

① Charmont, *La renaissance du droit naturel*, 217 - 218(1910); Demogue, *Les notions fondamentales du droit privé*, 22(1911).

念在其内部起作用，并在它日益发展和逐渐展现的过程中促使法律的发展。它为我们提供的并不是一种工具，而我们知道，人们通过运用这种工具可以在事后理解法律的发展，组织法律发展的现象，从而使它们适合于法理学的目的。因此，我担忧，与此前的各种唯心主义解释一样，这种解释也会倾向于继续保有19世纪法理学所具有的那种僵化特性。此外，尽管柯勒本人极其了解现行法律和法律史，因而不至于犯这样的错误，但我还是担忧，这种解释所具有的黑格尔主义形式会趋于遮蔽人之活动这个因素；除此之
151 外，我还担忧，那些接受这种解释的法学家会期望文明观念在法律制度、法律规则和法律学说中展现自身并且会期望事物在法律发展过程中得到自我完善，因此这种形式的解释即使不陷入此前不久的法理学悲观主义之中，也会驻足于法理学停滞主义之中。我认为，柯勒解释中的黑格尔主义倾向并不是必要的东西。但是，柯勒的解释中确实有此倾向。我担心许多人都会把芝麻看得比西瓜大，因此，我冒昧地提出另一种可能性。

所有的解释都依据类比。我们一般都会努力通过将某种东西与另一种东西的比较来理解前者。我们会通过将一种理论与另一种理论的比较来解释前一种理论的产生过程。家长的命令，或城邦国家长官的命令（如执政官同意或禁止财产的敕令），或军事将领的命令，老年人传授给青年人的有关本部落的知识，或教师教给学生的本民族的知识，或师傅传授给徒弟的手艺，交战双方的家族之间，或氏族之间，或部落之间就拥有财产或采取行动的权利主张的界限所达成的条约，从数量有限的给定原则中推论出三角的特性，植物从种子开始的生长，可以用数学计算的星球在轨道上的循

环，经由自然选择的物种起源，单个有机体之间以及物种之间的生存之争，其特定性格和特质渗透进其工作之中的个人，经济竞争中彼此冲突的个人利益之间的争斗——上述所有的类比都曾被用来解释法律和法律史。我们的确需要一种类比，而且如果我们拥有一种根据当时占支配地位的活动解释事物的类比，那么对我们就会有很大的益处，因为它有可能产生种种与我们的法律应予适用的当时生活相一致的结果。我们还需要这样一种类比，它既不以形式的和逻辑的决定论（formal and logical determinism）为前提条件，也不以实证主义的决定论（positivist determinism）为前提条件，但是却能够提醒我们：我们在法律方面的所作所为会受到许多因素的限制。这种类比必须为我们提供一种以活动为根据的法律史解释，引导我们不仅把法律制度视作是固有之物，而且也把它们视作是被创造的事物；不仅把法律制度视作是传承至我们的传统之物，而且也把它们视作是人们在此前某个时代创制的事物，并且是那些相信它们和需要它们的人在当下所创制的事物——而且在 152
很大程度上也就是后者相信并需要的那种东西。此外，这种类比还必须为我们提供一种以有条件的活动为根据的法律史解释——人的活动会受到那些计划并从事活动的人的能力、性格和偏好的制约，会受到他们必须使用的材料的制约，会受到他们必须在其间进行工作的环境的制约，还会受到他们为之工作的特殊目的的制约。我认为，这种类比应当由社会工程（engineering）来提供。让我们暂时把法理学看成是一门社会工程科学（a science of social engineering）。这门科学所必须处理的事务乃是整个人类领域中可以通过政治组织社会对人际关系进行调整的做法而得以实现的

那一部分事务。

社会工程被认为是一个过程、一种活动，而不只是一种知识体系或者一种固定的建筑秩序。它是一种作为，而不是数学公式和机械规律按照亘古不变的指定方法而据以自我实现的一种被动工具。人们评判工程人员的标准是他所做的工作，而评判他的工作的标准则是它是否符合该项工作的目的，而不是它是否符合某种理想型的传统方案。与19世纪不同，我们正在开始以一种相同的方法来认识法学家、法官和立法者。我们正在着手对法律秩序进行研究，而不是就法律的性质进行争论。[①] 我们开始考虑各种利益、主张和要求，而不是考虑权利；我们开始考虑我们必须确保或满足的东西，而不只是考虑我们据以努力确保或满足这些东西的制度——就好像那些制度本身就是它们为之存在的终极目标似的。我们开始考虑我们对于摆在我们面前有待我们去做的事情做到什么程度的问题，而不只是考虑我们如何做这些事情的问题；我们开始考虑制度是如何运作的，而不只是考虑如何系统完善制度的问题。因此，我们也就越来越多地根据法律秩序（亦即过程）而不是根据法律（亦即经过阐释的经验的规定或规范体系）进行思考；我们也就越来越多地考虑调整各种关系的活动或协调和统一各种主张和要求的活动，而不是去考虑调整本身或是作为一种体系的协调和统一本身——在这
153 个体系中，生活事实就好像一种逻辑必然性似的按照机械的方式安排自己。这种态度上的转变在20世纪各派法学家的论著中都

① Kohler, *Einführung in die Rechtswissenschaft*, § 1, 1902; Levi, *La société et l'ordre juridique*, 1911; Levi, *Contributi ad una teoria filosofica dell'ordine giuridico*, 1914.

极为明显。实际上，我们只需要列举当今法理学论著所极力主张的六个方面，便足以证明这一转变了。第一，研究法律制度和法律学说所具有的实际社会效果；[①]第二，研究那些得以使法律规则有效的手段；[②]第三，为立法准备工作进行社会学的研究；[③]第四，研究法律方法；[④]第五，从社会学的角度研究法律史；以及第六，研究公正合理地解决个别案件的方法的重要性——而对于这些案件，上一代人则满足于那些抽象法规的抽象正义。[⑤]

法理学被认为是法律科学，但它却肯定不只是一门对法律律令进行条理化和系统化工作的学科。就此而言，我们应当考虑三件事情；当然，这三件事情是彼此关联的，而且我们也不应当将其

① Ehrlich, *Grundlegung der Soziologie des Rechts*, chap. 21; Ehrlich, "Die Erforschung des lebenden Rechts", Schmoller's *Jahrbuch für Gesetzgebung*, xxv, 190; Page, "Ehrlich's Seminar of Living Law", *Proceedings of Fourteenth Annual Meeting of the Association of American Law Schools*, 46; Kantorowicz, *Rechtswissenschaft und Soziologie*, 7–8; Van der Eycken, *Méthode positive de l' interprétation*, 190.

② Parry, *The Law and the Poor*, 248–249; Smith, *Justice and the Poor*; Pound, "Law in Books and Law in Action", 44 *American Law Rev.*, 12; Pound, "The Limits of Effective Legal Action", 27 *International Journal of Ethics*, 150.

③ Tanon, *L' Évolution du droit et la conscience sociale*, 3rd ed., 196–198 (1911); Kantorowicz, *Rechtswissenschaft und Soziologie*, 9 (1911); Willcox, *The Need of Social Statistics as an Aid to the Courts*, 1913.

④ Geny, *Méthode d'interprétation*, 2nd ed., 1, § 7, 1919 (1st ed. 1899); Wurzel, *Das juristische Denken*, especially § 30 (1904); *Les Méthodes juridiques*, Lectures by French jurists, 1911; Bozi, *Die Weltanschauung der Jurisprudenz*, 1907; *Science of Legal Method*, Modern Legal Philosophy Series, vol. 9; Wigmore, *Problems of Law*, 65–101 (1920).

⑤ Hollams, *Jottings of an Old Solicitor*, 160–162; Gnaeus Flavius (Kantorowicz), *Der Kampf um die Rechtswissenschaft*, 1906; Kantorowicz, *Rechtswissenschaft und Soziologie*, 11 ff. (1911).

完全割裂开来进行考察，但是我们却绝不能用“法律”这一含混的术语把它们三者混为一谈。从这三件事情发展的年代顺序来看，它们是司法、法律秩序和法律。显而易见，司法是一种过程。它是由具有习惯性权力、或契约性权力、或宗教权力、或政治权力对争端各方当事人进行宣判的法庭对争议进行有序处理的一种过程。然而，司法却并不是19世纪的论者所希望的并徒劳创制的那种简
154 单的机械过程。在财产法和商法的问题中，亦即一般安全（即占有财产的安全与交换财产的安全）中各种经济形式的社会利益占据着支配地位的领域中，机械地适用既定且详尽的规则或者机械地适用从既定观念中做出的那些刻板的推论乃是一个明智的社会工程的问题。我们生活于其间的按照经济方式组织起来的社会明确要求那些长期发展的工业企业和商业交易所产生的后果和间接结果具有确定性和可预见性。在这个方面，那些在法律适用方面个殊化的做法以及那些关注每个案件之个殊情势的标准显然是不合适的。在这个方面，套用伯格森的话来说，我们正处在这样一种智性领域之中，而这个领域的特点表现为它具有“把握一种情形中的一般性因素并把这个因素与过去的情形联系起来”[①]的力量。因为我们知道，那种与过去的情形相关联的一般性因素乃是保障那些具有实质性利益的极具重要意义的因素，亦即是财产法和商法中的极具重要意义的因素。人们绝不能用某个特定案件中的各种情势来判定土地遗产的性质，也不能用它们来判定期票的可转移

① *Creative Evolution*, 153 - 173. 参见：Lindsay, *The Philosophy of Bergson*, chap. 5, especially p. 219。

性。每一项无条件继承的不动产权都与其他无条件继承的不动产权一样，每一张期票也都与其他的期票一样。机械地且重复地适用法律规则显然排除了法律规则视野方面的个殊化倾向，而这种个殊化倾向则会威胁财产占有和财产交换的安全。然而，这绝不是司法的全部内容。

另一类争议涉及个人行为以及企业行为的道德性质或合理性的问题。虽然19世纪的人们做出了各种努力，试图把法律的每一个部分都变成由严格界定的规则构成的章节，变成各种精确限定的概念，甚或变成从精确阐述的原则中得出的逻辑推论，但是各种法律制度还是发展出了一种复杂精致的个殊化机制。因此，在英美法律中，法律规则的适用至少经由下述七种力量而被个殊化了。这七种力量是：第一，法院在适用衡平法救济措施时所享有的自由裁量权；第二，各种法律标准，一如应有谨慎的标准、受托人公平行为的标准，以及公用事业应当提供合理设施的标准等；第三，陪审 155
团提供一般性裁定的权力；第四，司法适用方面的自由，包括从已做出判决的案例中发现法律的自由；第五，使刑罚适合于个体罪犯的各种手段；第六，小型法庭所采用的非正式的司法行政方法；第七，行政法庭。在这些方面，套用伯格森的话来说，我们乃是处于直觉领域之中。在这个领域中，我们不得不认真对待每一起案件中的独特因素，因为这种独特因素要求“对由本能支配的那种特殊情势做彻底的把握或控制”[1]。任何两起疏忽案件都绝不会是一

① *Creative Evolution*, 153 - 173. 参见：Lindsay, *The Philosophy of Bergson*, chap. 5, especially p. 219。

样的。在这类案件中，具有重要意义的并不是这类案件中的一般性特征（亦即机械适用法律规则的做法颇适合于的那些一般性特征），而是那些要求凭直觉适用一项标准的特殊情势。一张汇票中并不存在任何独特的东西，但是人之行为的每一个情形却都是一个独特的事件。

奥斯丁曾是大法官法庭的律师，而且他也是从土地法的角度来思考法律的，因为土地法在他那个时代乃是衡平法涉及最多问题的一个领域。美国分析法理学的主要代表人物，也是我们在财产法方面的主要权威。他甚至怀疑美国宪法是否是法律的问题，因为美国宪法中的一个核心问题是关于正当法律程序这一标准的适用问题。因此，我们获得了一种以财产法为根据的法律理论；在这种理论中，司法领域中的一半问题至少被忽视了，而且为这个领域所设计的并且适合于该领域的各种方法也从法律科学的领域中被排除了出去。在某种程度上讲，19 世纪世界各地的人们所试图发展的东西被美国人推向了极端。我们曾在下述四个方面做出了努力：第一，使疏忽责任受制于一系列详尽界定的规则；第二，把调整大法官行使自由裁量权的原则变成衡平法司法管辖权的规则；第三，系统阐释公用事业责任的每一个细节；第四，制定出一系列具有相应处罚规定的严格界定的罪行等级。现在，我们正在品尝我们使行为受制于政府控制这种努力所结出的果实，而一如我们所知，这种努力导致了将越来越多的司法领域转由各种行政机构和行政委员会支配的情形，而且还曾一度预示着某种类似于东方

司法的专制制度的兴起。[①]

就19世纪法律科学所思考的法律秩序而言，它一方面区别于 156
司法，而另一方面又不同于法律，因为19世纪的法律科学认为，法律秩序是一种状态或一种状况，是潜在冲突意志间的一种统一状态或和谐状况，而在这种状态或状况中，每一种意志的实现都是与其他意志的实现完全相容的。但是值得我们注意的是，法律秩序也是一种过程。法律秩序是一种有序化或条理化（ordering）的过程，它部分是经由司法而实现的，部分是通过行政机构而实现的，还有一部分是通过为人们提供以法律律令的形式的指导而实现的——法律律令为人们提供了一种避免冲突或使冲突减至最低限度的指南，并且通过给每个人指明所要走的路而使个人之间避免了冲突。[②] 司法、行政、立法和法学等方面的活动，都旨在调整各种关系和协调人们之间彼此重叠的权利主张，都旨在通过规定每个人可以安全地坚持自己的权利的范围来保障各种利益，而且也都旨在发现那些能够在使更多的权利主张或要求得到满足的同时牺牲更少权利主张或要求的手段。上述活动综合在一起便构成了法律秩序。法律秩序乃是社会控制过程（the process of social control）的一个方面。人们也有充分的理由把法律秩序视作是社

① Pound, "Executive Justice", 55 *American Law Register*, 137; Pound, "The Revival of Personal Government", *Proceedings of the New Hampshire Bar Assoc.*, (1917), 13; Goodnow, "The Growth of Executive Discretion", *Proceedings of the American Political Science Assoc.*, 11, 29. 关于英国的类似现象，请参见：*Local Government Board v. Arlidge*, [1915] A. C. 120; [1914] 1 K. B. 160; Dicey, *Law and Opinion in England*, 2nd ed., xli-xliv; Dicey, *Law and Custom of the Constitution*, 8th ed., xxxvii-xlvii。

② Ehrlich, *Grundlegung der Soziologie des Rechts*, 352-380(1913).

会工程的一项任务或一系列任务，并且把它视作是在用相对有限的现有物质商品尽可能地满足无限的人之欲求的过程中消除摩擦和防止浪费的手段。法律乃是一种知识和经验的组合体，而社会工程的上述部分活动就是在法律的支持下展开的。法律不只是一种规则体。的确，法律拥有一系列有关行为和审判的规则、原则、概念和标准，但是它还拥有使行为规则和审判规则得以适用、发展和变得有效的法律学说、职业思想模式和职业裁决技术。与工程
157 师的公式一样，它们代表了经验、科学对这种经验的阐释以及这些科学阐释的逻辑发展，但是也代表了人们在用一种发达的手段认识新方法并系统阐释它们的要求的过程中所具有的创造性的技艺。

威廉·詹姆斯指出："在探寻一种普遍原则的过程中，我们不可避免地会被引向这样一项全涉的原则，即善的实质在于满足人的要求。……难道伦理哲学的指导原则（因为在这个可怜的世界上，人们并没有办法满足所有的要求）就不应当是在任何时候去满足尽可能多的要求吗？"[①]在我看来，詹姆斯的这番话便是对法律秩序这个问题所做的一种陈述。这是一项以最少冲突和最少浪费的方式满足人之要求、保障各种利益或者满足各种权利主张或要求的任务——据此，完成这项任务的手段也会以尽可能多的方式表现出来。如果有人妄称用科学的方式平衡各种利益并且努力使它们协调一致从而以最小的牺牲来保障最大多数利益的做法实际上是决定审判和立法的唯一因素，那将肯定是徒劳无益的。权利主张、要求或欲望所具有的压力，以及社会心理学家告诫我们需要

① *The Will to Believe*, 195－206.

关注的许多东西的压力，都将在不同程度上扭曲法律秩序所做出的实际调整。但是，在我们尽自己所能保障各种利益之前，我们却无法得到安全，而且那些没有得到保障的利益或没有得到满足的要求也都会不停地敦促我们努力去寻找范围更为广泛的解决方法。我们并不指望描绘出一幅可以通过实际调整人际关系而得到实现的法律秩序的图景。然而，如果我们能够就我们试图做的事情以及欲求达到的目标描绘出一幅较为清楚的图景，如果我们能够更为明确地认识到法律秩序乃是在不断地努力实现尽可能多的利益的进程中调整彼此重叠的权利主张和协调相互冲突的要求或愿望的一种过程，那么无意识的扭曲现象也会少得多。换言之，我们越是清楚地认识到我们正在做的事情以及我们为什么做这些事情，我们的社会工程也就会越有效。

我们不仅依赖物理学和生物学的知识，而且还把它们用来扩大我们有关如何保存、占有和使用那些满足人类需要所依凭的物质资料的知识。与人类需求相比较，这些物质资料可以说太有限 158
了。正如旧日美国的煤矿区那般，矿区的地图所表明的往往是各种各样的彼此重叠且相互冲突的权利主张。如果人们不能有序地安排和调整矿脉和矿床的使用，限制各种权利主张的范围以及规定拥有它们的条件，那么任何人都无法从该矿区中得到任何好处。社会生活也表明了一种相同的情况，因为在社会生活中，人们的权利主张也是彼此重叠和相互冲突的。如果人们没有对个人把人类生存的物质资料用于满足个人权利主张的做法做出有序的安排，那么人类生存的物质资料就会蒙遭损失或浪费，或者我们至少可以说，人们从人类生存的物质资料中所获得的满足便会大大减少。

只有当人们有效地消除和杜绝了人们在使用和运用现有物质资料过程中的摩擦和浪费以后，只有当人们有效地否弃了对所拥有的财富的纵情享用以后，上述两种情况中的有序化才有可能得到维系。虽然没有足够的可供享用的物质资料，但是我们还是应当尽力而为。因此，社会科学的任务就在于发现下述各方面的手段：第一，如何在满足人们的权利主张和要求的过程中不断减少浪费现象的手段；第二，如何在满足人们的权利主张和要求的过程中不断减少摩擦现象的手段；第三，如何使这一过程在满足不断增长的人类需求的方面变得更为有效的手段。由于这些事情也许能够经由法律秩序而得到实现或者得到增进，所以它们便被归进了法理学的研究范围之内。形而上学法学派主张思考统一和协调问题的观点是正确的，但是它的错误却在于以一种过于狭隘和过于抽象的方式认识统一和协调这项任务，还在于它认为一种普遍而抽象的统一能够实现那些必须经由特定时空中的协调和调整工作方能达致的成就。

更有甚者，自然权利的理论(the theory of natural rights)，以及作为其结果的19世纪的法律权利理论，不仅被用来替代真正的法律秩序，而且也被用来取代法院、法律制定者和法官的实际作为。最初，这种理论认为，自然权利乃是抽象的人的特性，而根据这些特性，人拥有某些东西或做某些事情乃是正当的或正确的。存在于一种自然状态中的抽象的人，亦即存在于一种理想型的至善至美状态中的抽象的人，只能够主张他作为一个理性的道德实体并且根据他的特性以及与他相关的同样作为理性道德实体的其
159 他人的特性所应当拥有的东西。因此，这些特性所意指的东西，便

是他所享有的东西。这些东西乃是由被称为自然法的理想型法律律令授予他的,因此被称为实在法的现行法律律令也应当把这些东西授予他并对此进行保障。事实上,这是人们根据一种理想型的、抽象的、理性的人有可能提出的那些抽象的要求而对彼此冲突的各种要求所做的一种哲学上的调和。它描绘了这样一幅图景,其间,人们经由考虑理想型的人的权利主张并且根据在此基础上以理性方式提出的普遍性规则而对人的各种权利主张和要求进行调整。19 世纪,各种自然权利乃是从基本的自由观念中推论出来的权利,因而法理学问题也就变成了如何推论每一项权利的确切范围的问题,以确使每一项权利都可以按照逻辑的方式贯彻下去而不会在彼此之间发生冲突,因为从自由中做出的各种推理并不会发生冲突。因此,这个方面的问题也就被化约成了一个定义问题。由此演化出来的一个间接结果就是要制定出一种切实可行的"法律权利"(legal rights)体系——而根据这种"法律权利"体系,个人的人格利益和个人的物质利益则可以得到有效的保障。但是,试图为各种法律权利进行确切定义的努力却失败了,这是因为:第一,这种基本的权利观念并不像人们想象的那样是一个简单的观念,而是一个涉及诸多独特内容的观念;[①]第二,人们所需要的那些协调和调整手段也是无法从一个简单的自由观念中推论出来的。因此,在 19 世纪的法律典籍中,便充满了由诸如此类的努

① 参见:Bierling, *Kritik der juristischen Grundbegriffe*, 11, 49 - 73, 128 - 144 (1883); Bierling, *Juristische Prinzipienlehre*, 1, § 12 (1984); Hohfeld, *Fundamental Legal Conceptions as Applied in Judicial Reasoning*, Reprint of papers published in 1913, 1917; Pound, "Legal Rights", 26 *International Journal of Ethics*, 92 (1915)。

力所不断导致或导向的稀奇古怪的逻辑矛盾。

"权利"(right)一词的含义极其纷繁复杂。19 世纪所有的法学论著都因为"权利"这个含义超载且含混不清的术语而变得晦涩难懂、矛盾重重且漏洞百出。我们把我们认为应当予以主张且应当得到承认的那些事实上的权利主张或利益——亦即对事实上的权利主张所做的理想化描述、把法律在权衡各种权利主张或利益的基础上做出某种切实可行的调整以后所承认且界定的那些权利主张,以及那些为法律所承认并为法律所界定的权利主张能够得到有效实现所依凭的一系列法律制度,都统统归之于"权利"这一
160 个称谓的名下。在这种情况下,人们无论如何都无法避免在同一个问题的论证过程中从一种意思跳到另一种意思上去的现象。但是值得我们注意的是,当时却几乎没有人意识到该术语含义混淆不清的程度,然而意识到这个问题却是一件特别容易的事情。因此,法官和法学家在持续不断的推理过程中并没有采取谨慎小心的方法去避免词义的转换,因为这种做法可以使他们达致某种切实可行的协调方案,尽管这种方案乃是通过他们下意识地权衡相互冲突的权利主张这种方式而达致的,但是却具有经由演绎推论而能够获得的严格按照逻辑对各种权利做出确切定义的外表。虽说这种做法有许多便利之处,但是"权利"这个术语在含义上的含混不清却实在是压在 19 世纪法律科学上的一个沉重负担。当时,诸多利益之所以长时间得不到保障,实是因为一些谨慎而博学的法官唯有在明显违反某种似乎层次更高的"权利"的情况下才有可能做出有益于这些利益的推论,因此他们无法这样做。

法官和法学家真正的所作所为乃是通过另一种途径经由公共

政策(public policy)这个概念而展现出来的。一种所谓的权利的此种与彼种的行使或者此种与彼种的适用,常常会遭到"法律政策"(the policy of law)的禁止。颇为自然的是,法院会非常谨慎地解释这些政策,但是,随着时间的推移,人们已然对其间的十种政策颇为熟悉了。当我们在实践中考察这些政策时,我们很容易就可以发现,它们都是对社会利益的确认——也就是对人们在社会生活中的权利主张或要求的确认。[①] 文明社会乃是以和平和秩序为前提条件的。唯有当所有的人都可以安全地在社会中工作的时候,这种文明社会才能继续下去。因此,普通法把人们对一般安全的诉求或一般安全中的利益视作是一项公共安全的政策。此外,政治制度安全中的社会利益,表现为一种保护王室的利益或国家的利益的政策。家庭制度安全中的社会利益,表现为一种反对那些趋于妨碍家庭关系的事情的政策。一般道德规范中的社会利益,表现为一种反对腐败的政策或者一种反对不道德倾向的事情或某些敌视善良道德的具体交易的政策。经济发展中的社会利益,表现为一种支持自由动产贸易的政策或反对对财产权设置新
限制的政策。在实践中,法院常常以公共政策为由宣布这种行为 161
或那种行为不能予以强制执行或者这样的结果或那样的结果必须予以禁止,并通过这种方式来权衡上述各种社会利益和其他社会利益。但是,这种方式却是一种颇为古怪的方式。某些权利主张在更高的神圣"权利"的称谓下而变成了不尽相同的东西,而某些

---

① 我在下文中详尽地讨论了这个问题:"A Theory of Social Interests",*Proceedings of the American Sociological Society*,1921。

其他权利主张则在各种政策的名义下而变成了不确定的东西。宣称“权利”必须为政策做出牺牲并且给人们造成这样一种印象:“政策”并不意指某种同一水准上的东西,而是意指某种权宜之策或某种应当使法官和法学家感到羞愧的低级动机,很容易把问题搞乱。[①] 因此,19 世纪的人们对任何援用公共政策的做法都表示怀疑。当时,人们不仅经常驳斥公共政策的概念,而且还常常指出司法诉诸公共政策的做法所具有的危险。[②] 尽管如此,法院还是继续推进旧有的公共政策,而且还制定了一些新的公共政策。柯克曾经做过这样的评论:许多东西都因为“方便”而被引入了普通法之中,因此普通法在不知不觉中侵害了私人,比如说剥夺个人权利,而不是造成什么“不便”。[③] 柯克的这些见解依然十分正确。在实践中,我们从来就没有按照严格的推理过程把一项所谓的权利贯彻始终。实际的方法一直是那种调整和协调的方法,并且像法官或法律制定者或法学家认真对待他们所面对的各种材料那样

---

① 比如说,参见下述案例中的不同意见:*Arizona Copper Co. v. Hammer*(Arizona Workmen's Compensation Cases),250 *United States Reports*,400,433(1920)。

② 比如说法官在下述案例中的回答:*Egerton v. Brownlow*,4 H. L. Cas. 1(1853)。

③ 参见:*Co. Lit.*,66a,97a,97b,152b,279a,379a。“法律很快就会遭到暗地里的损害而不是公开的不便。”Broom,*Maxims*,7th ed.,147;*Absor v. French*,2 Show. 28;*Dawes v. Hawkins*,8 C. B,N. S.,848,856,859;*Atty. Gen. v. Briant*,15 M. & W. 185. “Multa in jure communi contra rationem disputandi pro communi utilitate introducta sunt”(“良好的依法合伙,在对合约进行了合适的理性确证后,将产生有益的结果”)。*Co. Lit.*,70b. 值得注意的是,曼斯菲尔德勋爵在下述案件中对在道路不通时有权从相邻的土地经过的问题所提出的理由:*Taylor v. Whitehead*,2 Doug. 749。请比较首席法官柯克关于“为了更大的公共目的,即为了整个公益,应当在一定限度内牺牲私人权利或公共权利”的讲话。*Greenwich Board of Works v. Maudsley*,L. R. 5 Q. B. 397,401. 另请参见:Lord Hardwicke in *Lawton v. Lawton*,4 Atk. 13. 16(1743)。

在尽可能大的程度上考虑和实现相关的权利主张。

滥用权利的问题、对主观证明的损害进行赔偿的问题、侵犯隐私权的问题，以及作为贸易争议和间接联合抵制情形之正当理据的“利益”问题，虽说都是些颇有争论的问题，但却是一些非常能够说明上述问题的例子。在诸如此类的问题中，人们必须平衡来自两个方面的权利主张，即一方所要求的自由行使自己的各项能力的权利主张（即使会涉及间接的侵犯），以及另一方所要求的不受侵犯的权利主张。实际采用的解决方法是把这两方的权利主张都置于社会利益之下进行考虑，并且努力在尽可能大的程度上保全各方的利益。较少争议的事例可以见之于诋毁名誉的情形，但是在这类情形中，人们也必须不时地进行极为棘手的平衡工作，而且还导致了司法意见的极大分歧。[①] 其他一些颇具启示性的事例则可以见之于英国的赡养义务法[②]以及滥用法律程序和进行诬告的阴谋史——“为了惩罚那些利用法律武器进行谋杀掠夺的恶棍，而同时又不至于令诚实的原告或被告感到恐怖，人们实际上一直在努力解决这一法律困境”。[③] 162

仅举英国现代衡平法中的一个例子，便足以使我们认识到这个问题中的细节。下面让我们以“拉姆利诉瓦格纳”(*Lumley v. Wagner*)[④]一案为例。在这个案件中，一方面是交易安全中的社

① *Coxhead v. Richards*, 2 C. B. 569(1846).

② Winfield, *History of Conspiracy and Abuse of Legal Procedure*, 68(1921).

③ Ibid., 67.

④ 1 De G. M. & G. 604(1852).

会利益，它要求我们履行协议，强制执行业已成为受约人财产之一部分的诺言；当然，这不仅是为了保护受约人的个人财产利益，而且也是为了实现社会对以信誉为基础的按照经济方式组织起来的社会中（其间的大多数财富都是以信誉形式表现出来的）信守诺言之原则的诉求。另一方面则是个人生活中的社会利益，它要求我们对那些直接涉及个人行动自由的诺言的履行设定限制。特别是
163 履行一项劳务契约，亦即在雇主的详细规定下强迫提供一项带有限制性质的持续性服务，显然会严重干涉个人的生活，因而也会严重侵犯个人的人格利益——这种情况导致的损失要比我们从坚持交易安全中取得的收益多得多。因此，这里的问题也就变成了一个我们如何才能最大限度地实现上述两种重要的社会利益的问题，而我们知道，分别考察这两项社会利益肯定会得出不同的结果。在诸如"拉姆利诉瓦格纳"一类的案件中，对受约人财产的侵害极为严重，无从估量，只能按照推测的方法进行金钱赔偿。在这种情形中，虽然履行契约的行为并不会涉及对自由的持续干涉，但是决定性的因素很可能是法院会把它作为一种债务契约，并且以经济选择的方式实现履行协议的行为，因为在实现承诺与偿付损害之间进行经济选择也同样不会对人格造成侵害。据此，交易安全和个人生活的安全都得到了保障，或者说，即使个人生活的安全受到了一定程度的侵犯，从权衡所有相关利益的角度来看，它也不至于严重到侵损整个利益的地步。撇开前文所述涉及的权力机构和专门的衡平法原则不论，我们可以发现，前文所述的东西实质上就是圣·里奥纳兹（St Leonards）勋爵所说的东西。从理论上忽视我们在制定、发现和适用法律的实际过程中所做的事情以及必

须做的事情这一缺陷，可以从美国的雇主与雇员之间的那种僵局中见出，也可以从法院迄今为止仍无力在普通法原则的基础上提出一种法律办法的情形中见出。只要人们仍根据权利来对待这个问题、定义这个问题并且根据逻辑将其贯彻始终，只要人们还因为它们是权利就无法做出任何妥协，那么未得到保障的权利主张和未得到满足的需求就会继续产生压力。

在19世纪，法律史的撰写乃是对个人自由之展现的一种记载，亦即对那种在个人意志的压力下持续不断地承认和保障新的个人利益的一种记载。但是值得我们注意的是，根据持续不断地承认和保障各种新的社会利益（即包含在文明社会生活中的权利主张和需求——实际上它们也是个人生活中的社会利益）的进程来撰写法律史，也同样是颇为容易的。我曾经在其他的论著中对

这个问题做过详尽的讨论。[①] 我的研究足以表明，初始阶段的法 164
律实际上更适合于那种根据持续不断地承认和保障各种新的社会 *219*
利益而给出的解释，而不适合采用19世纪所盛行的那种正统解释。《十二铜表法》（*The Twelve Tables of Gortyn*）在第一节中规定，一个欲与奴隶打官司的人在法律程序开始之前不得将该奴隶带回家。这项规定究竟是为了保障其间某个个人的个人自由呢，还是为了保障一般安全中的社会利益呢？当罗马执政官在处理民事诉讼中将其权杖置于诉讼当事人中间并且对他们说："你们两个都走吧"的时候，如果他所满足的不是一般安全中的那种社会利

① "A Theory of Social Interests", *Proceedings of the American Sociological Society*, 1912; *The Spirit of the Common Law*, Lecture 8(1921); *Introduction to the Philosophy of Law*, Lecture 2(1922).

益，那么他所满足的又是什么权利主张和需求呢？日耳曼的休战或治安，在我们建立普通法的过程中曾起过极为重要的作用。但是，我们从中得到的不就是对一系列社会利益的承认和保障吗？这些社会利益包括存在于家庭安宁之中、存在于享有自治特权的城镇的安宁之中、存在于交通干线的安全之中、存在于对家族仇杀的限制之中的那种一般安全，包括存在于节日安宁之中、存在于教会安全之中的那种宗教制度的安全（这样“充分地履行对上帝的义务”这一社会诉求才能够得以实现），包括通过自由民集会的安宁而实现的政治制度的安全，也许还包括通过市场稳定而实现的经济制度的安全，等等。所有上述社会利益都要比个人自我实现更为重要，亦即比个人生活中的利益更为重要。这一点虽说比较粗糙，但是却与今天更为复杂且更为棘手的法律秩序的社会工程中的情形一样，极为显而易见。

我并不否认社会工程解释也许会被一些人滥用。但是，危险暂时会来自另一个方面。我们根本就不可能轻易而迅速地将此前存在的那种法理学悲观主义连根铲除。那些必须研究过去而且还将在很大程度上像上一代人解释过去那样来研究过去的法律人，也不可能即刻就摆脱那种对自己有所作为的能力的不信任感。再者，他们的所作所为也都必须从法院与立法机构的工作中获致其功效。就英美法律的创造性工作而言，我们必须越来越依赖法学
165 家的努力。如果不受其他方面的限制，那么立法机构也就只能为了法律秩序的目的而时断时续地关注建构性的法律制定问题。法官乃是在一定条件下工作的，而这些条件却使得他们越来越不可能成为活着的法律预言者，当然也有例外，即他们给那些业已得到

论者和教师系统阐述的东西赋予权威性的情形。如果一种法律解释能够激励普通法国家中的法理学活动，能够推动我们的法学论者和法学教师去引领法院和立法机构的工作，而不是跟随法院和立法机构的工作并满足于做一些条理化、系统化和协调化的分析，那么这种解释就能够很好地完成自己的使命。这样一种解释将为下一代人做出的贡献，至少不会亚于19世纪的各种法律史解释为它那个时代所做出的贡献。

索　引

（索引页码为原书页码，即本书边码）

A

B

C

D

E

F

G

H

I

J

S

T

附录

社会学法理学中的"社会"神

——《法律史解释》导读*

邓 正 来

我认为，不知道目的地，选择走哪条路或确定如何走某条路都是无甚意义的；然而，不知道目的地的性质，无论选择走哪条路还是确定如何走某条路，却都有可能把我们引向深渊。

引论：论述进路与问题设定

自人类步入现代社会至20世纪上半叶，法律哲学大体经历了前后相继但却颇为不同的三个阶段。16—18世纪时，论者们将法律哲学从13世纪为了维护权威而在法律背后所设置的那种神学中解放出来，同时将法律与权威分立开来。在这个阶段中，最初作为一种立法理论的自然法，在一般安全的压力下又转变成了一种

---

* 囿于时间和篇幅，本文中一部分文字未能刊出，因此对本文内容有兴趣的读者，请查阅和征引刊登在《中外法学》2003年第2期上的全文。——邓正来

法律理论，因此这种主张“事物之本性”或“人之本性”的新的哲学权威得到了确立。法律秩序再一次成了神的启示，而这个新的法律之神便是人所周知的“理性”，它被认为是一种与除它自己以外的其他诸神（自然神、政治神和宗教神）的权威相敌对的力量。因此，这种经由理性而建构的外在于实在法的自然法理想图景便构成了制定、修改和否弃实在法及其全部效力的最终判准。

在法律哲学发展的第二个阶段，法律理论进入了分析法学派、哲理法学派和历史法学派三强鼎立的阶段。尽管萨维尼所创立的历史法学派并不构成整个19世纪的法学思想史，但是它的兴起、称雄与衰落却可以被视作是这一历史的核心和最主要的部分。历史法学派乃是在自然法学派的衰败中兴起的，它经由康德“个人权利”之神所支配的伦理解释、黑格尔“自由理念”之神贯穿于其间的政治解释、以“种族精神”之神为依归的人种学解释和达尔文“自然选择”之神所控制的生物学解释、由“经济”之神所操纵的经济学解释，最终把法律哲学与政治哲学割裂开来，进而明确把法理学视作是一种独立且分立的科学。这个阶段的主要法律理想图景就是最大限度地保障个人自我主张，而这种“观念”则是在历史自身中行进的，因此反映这一观念的法律以及检测实在法的判准也只能被发现而不能被创造。

法律哲学的第三个阶段乃是在历史法学派的衰败中兴起的，而这正是本文所要讨论的《法律史解释》这部著作的撰写者罗斯

科・庞德[①]在20世纪初创建的社会学法理学(sociological jurisprudence)。当然,历史法学派对20世纪的法律及法律思想的影响,同自然法学派对19世纪上半叶的法律及法律思想的影响一样显著。然而值得我们注意的是,所有19世纪的法学派都试图仅仅根据并仅仅在法律本身的基础上建构一种法律科学。但是,社会学法学派却试图把分析、历史、哲学和社会学等方法统合起来并通过某种形式的社会哲学而把法理学与其他社会科学统合起来,并且经由反对只强调法律的抽象性质而关注法律在社会中的运行和功能、经由反对"书本中的法律"而强调"行动中的法律"、经由反对"个人化的法律"而主张"法律的社会化",最终经由否弃此前诸神而为法律确立了一个外在的但却实用的神——亦即我所谓的"社会"神。

罗斯科・庞德创建社会学法理学的智性努力,基本上可以通过他所撰写的下述著作而得到反映,尽管他一生著述颇丰而且论述题域极其广泛。庞德在其于1911—1912年所撰写的《社会学法理学的范围和目的》一文中概括了他本人以及当时社会学法学论者所阐发的社会学法理学纲领,并且依据这一"纲领"而在其于1923年发表的本书(即《法律史解释》)中对19世纪历史法学派中

① 庞德(1870—1964年)出生于美国内布拉斯加州林肯城,曾在内布拉斯加州立大学攻读植物学,1887年获植物学的哲学博士学位。1889—1890年在哈佛大学攻读法律。1890—1903年一面在州立大学任教,一面当律师。1904—1907年任州法律委员。此后,先后任教于芝加哥的西北大学、哈佛大学,并于1916—1936年任哈佛大学法律学院院长。其著作甚多,至1960年,曾出版过24部著作,发表了287篇论文和报告。庞德在法哲学方面的主要论著有"社会学法理学的范围和目的"、《普通法的精神》(1921年)、《法哲学导论》(1922年)及《法理学》五卷本(1959年)等。

的各种法律史解释进行了详尽的批判，又在其于1942年发表的《通过法律的社会控制》一书中进一步阐释了建立在利益论基础上的社会工程说或社会控制说。最后，庞德在其于1959年所发表的《法理学》五卷本巨著中对上述观点做了若干修正和系统的阐释。

需要指出的是，庞德的社会学法理学极其繁复，因此我们在讨论他的观点的时候确立何种论述进路的问题便具有了相当重要的意义。我们必须承认，任何得到学术界承认的观点或理论，包括法律理论，都具有一个基本的特性，即它具有相对于此前观点或理论的知识增量：它可以表现为解释力的扩展，涉及理论范式转换的某个理论问题的提出或某种理论批判的证成，也可以表现为某种理论视域的拓展。换言之，每一种这样的学术观点或理论都是在一种理论脉络或学术传统中展开的：它既依赖这个传统，同时又在建构这个传统；它既受制于这个判准，同时又在建构这个判准并成为这个判准的一部分。因此，立基于这项有关理论认识的前设，本文拟从庞德社会学法理学赖以建构的理论脉络——主要是指其与19世纪法律理论的关系——中来认识他的社会学法理学的特征；最后，亦即在本文的结语中，我尝试对庞德建构社会学法理学的内在理路进行重构，以求凸显出庞德在建构法律功效之判准过程中所确立的“社会”神并对它进行批判。显而易见，本文经由这样的讨论和批判至少有可能达致这样两个目的：一是通过前者有可能揭示出庞德社会学法理学在法律理论脉络中的知识增量，二是通过后者有可能为我们认识法理学此后的发展以及有可能为我们做出我们自己的知识增量之努力确立某种有助益的方向；当然，我也希望，这样的讨论和批判能够成为读者阅读和理解庞德《法律史解

释》这部著作时的一篇有助益的导读文字。

我们在这里首先需要指出的是，庞德在讨论“社会学法理学”的特征时所依凭的相关性指向乃是支配19世纪法律理论的三大法律学派，即分析法学派、历史法学派和哲理法学派，而具体的论述进路则始于对下述五个问题的设问[①]：第一，在我们称之为法律的复杂现象和日常审判活动中，一般都具有三种要素：法律律令要素、技术要素和理想要素；而在这些要素中，各个法学派所主要关注的是什么要素以及通过法律而达致的是何种社会控制制度？第二，各个法学派对法律性质这个问题以及对法律是如何产生的这个问题做了什么样的回答？第三，各个法学派是如何回答下述问题的：何者使法律具有了强制力？什么应当是法律权威的渊源？什么赋予了法律秩序以功效？第四，各个法学派把何种形式的法律律令视作是法律的类型？第五，各个法学派的哲学观是什么？正是基于上述五个问题的设问，庞德经由分析19世纪三大法学派的各自回答而阐明了社会学法理学所具有的五个特征。[②] 因此，本文将把庞德所设定的这五个问题转换成本文讨论的形式框架，并在具体分析的时候选择我个人认为重要的或相关的问题进行比较详尽的讨论。当然，社会学法理学的这些特征乃是以它所确立的这样一项基本预设为依凭的，即法律乃是一种专门化的社会控制形式，即通过政治组织社会的压力而形成的那种社会控制形式，因而在这种意义上讲，法律制度、法律学说和法律律令乃是社会控

① 参见：Roscoe Pound, *Jurisprudence*, St. Paul, Minn, 1959, vol. I, pp. 71－74。

② 关于19世纪三个法学派对这些问题的回答以及庞德对社会学法理学五个特征的阐释，主要参见同上书，第74—90页，第291—298页。

制的一种工具，而且人们还可以通过有意识的和智性的努力并且根据法律制度、法律学说和法律律令的目的对这种工具进行改进或批判。

一、法律秩序意义上的法律

庞德指出，分析法学派所考虑的只是发达的法律制度——罗马法（通常是现代罗马法）和日耳曼法或者英美普通法，因为它把发达的法律制度视作是一种在当下一举创制而成的东西；而在法律的三个要素中，分析法学派只考虑第一个要素（即法律律令要素），换言之，分析法学家只是在指导审判的权威性规则体中律令因素的意义上使用“法律”这个术语的。他们宣称只关注“纯粹的法律事实”（the pure fact of law），并且努力通过分析来发现特定法律制度中的所有律令都必须严格服从的那种逻辑方案。历史法学派并没有把他们的法律概念局限于通过政治组织社会达致的那一部分社会控制，而是在整个社会控制意义上使用“法律”这个术语的。他们研究的是过去的法律而不是现在的法律，即使当他们考虑现在的法律的时候，他们也只是把它当作法律过去发展过程的结晶——亦即日益展现并在当下达致顶点的观念或原则——来对待的。哲理法学派直接关注上述三种要素中的理想要素，即那种构成了为人们所接受的关于法律目的以及关于根据这种目的法律律令应当是什么的当下观念的法律要素。因此，他们更关注的是法律律令的“应然”。直至20世纪初，哲理法学派仍努力从特定时空的法律律令体中发现理想的一面或普遍的要素，并且试图把其间的

理想因素组织起来并确立起各种理想型的批判标准。与上述三大法学派不同，社会学法学家所关注的乃是在法律秩序、指导审判的权威性规则体以及司法和行政过程意义上的法律及其运行和作用，而不是权威性律令的抽象内容。因此，他们倾向于在法律秩序的意义上使用“法律”这个术语，或者说特别坚持“法律”的这个意义。

就社会学法理学的这个特征而言，我认为值得我们注意的是这样几个要点：第一，众所周知，法学家乃是在不同的意义上使用“法律”这个术语的，而其间主要有三种含义：通过政治组织社会的强力（force）调整关系和规制（ordering）行为的制度、这种制度据以维续的指导审判的权威性规则体和行为模式，以及那些指导审判的规则赖以被发现和被适用的司法和行政过程。但是社会学法理学家却认为，“法律”所具有的这三种含义应当经由社会控制或社会工程这个观念而统一起来。一如我们所知，19 世纪法律科学所思考的法律秩序，一方面区别于司法，而另一方面又不同于法律，因为这种法律科学认为，法律秩序是一种状态或一种状况，是潜在冲突意志间的一种统一状态或和谐状况，而在这种状态或状况中，每一种意志的实现都是与其他意志的实现完全相容的。但是社会学法理学却认为，法律秩序是一种过程，亦即一种有序化或条理化的过程，它部分是经由司法而实现的，部分是通过行政机构而实现的，还有一部分是通过法律律令的形式为人们提供一种避免冲突或使冲突减至最低限度的指南而实现的。[①] 司法、行政、立

① 参见：Roscoe Pound, *Interpretations of Legal History*, The Macmillan Company, 1923, pp. 153 - 154。

法和法学等方面的活动综合在一起便构成了法律秩序。法律秩序乃是社会控制过程的一个方面，当然人们也有充分的理由把法律秩序视作是社会工程的一项任务或一系列任务，并且把它视作是在用相对有限的现有物质商品尽可能地满足无限的人之欲求的过程中消除摩擦和防止浪费的手段。因此，社会学法理学认为，法律乃是“法律秩序”意义上的法律，即法律乃是一种知识和经验的组合体，而社会工程的上述部分活动就是在这种法律的支持下展开的；法律不只是一种拥有一系列有关行为和审判的规则、原则、概念和标准的规则体，而且也是一种拥有使行为规则和审判规则得以适用、发展和变得有效的法律学说、职业思想模式和职业裁决技术的社会工程。由于社会学法理学家把法律视作是社会控制的一项工具或社会工程的一项任务，所以他们主张对作为现代国家中一种高度专门化的社会控制的法律进行研究。由此可见，社会学法理学把成熟的或发达的法律视作是它的研究范围，而把理解或认识此前的法律或当今较低层次的法律视作是对其理解社会学法理学核心论题的一种帮助。

第二，柯勒认为，文明就是最大限度地展现人类力量的社会发展，而所谓最大限度，亦即人类为了其自身的目的而最大限度地控制自然，其中包括对人性的控制。[①] 庞德赞同这个观点并明确指出，从广义上讲，法律的对象乃是内在性质的各种表现，而它们——表现为主张或努力实现个人预期或要求或欲求的那些形

---

① 参见：Roscoe Pound, *Interpretations of Legal History*, The Macmillan Company, 1923, p. 143。

式——需要得到社会控制。此外,也考虑到法律秩序、审判的权威性规则体以及司法和行政过程这三种观念,一如前述,乃是通过社会控制这个观念而在社会学法理学中得到统一的,因此我们必须把握庞德法律功能论赖以为凭的“社会控制”概念。首先需要强调指出的是,庞德并不是在经济学家长期用它指称运用政治组织社会的强力去刻意计划和指导经济过程的意义上使用“社会控制”这个术语的,他毋宁是在一种更宽泛的意义上使用这个术语的,即最初由罗斯教授所采用的那种意义——它意味着通过我们每个人的同胞的压力而对每个人施以的控制,而不论它是无意识的和不自愿的还是直接的和有目的的。正是这种压力,在越来越得到组织和受到指导的情况下,确立了和维续着我们对人性的支配:促使人们在维续文明社会的方面做出最大的努力,并且制止人们采取与维护社会秩序相违背的行为。其次,对内在的人的本性的控制一直是通过社会控制而实现的,而且在今天也是通过社会控制而得到维续的,但是不容混淆的是,整个社会控制却不是法律人意义上的法律,也不是通过法律实现的,因为宗教、伦理习惯以及亲属群体的戒规和法律都是社会控制的力量,只是庞德指出,自 16 世纪始,法律一直是社会控制的一种首要力量,因为从那时以降,“政治组织社会已占据了首要的地位。它具有或要求具有对强力的垄断,而且从整体上来讲也保有着一种对强力的垄断。所有其他的社会控制手段只能行使从属于法律以及法律所确定的范围内的戒规性权力。”[①]因此,社会学法理学所关注的只是通过系统适用政

① Roscoe Pound, *Social Control through Law*, New Haven, 1942, p. 24.

治组织社会的强力的社会控制，亦即产生了法律秩序的那种社会控制。[①]

当然，由于庞德坚信任何解释都是通过类比方式而实现的，[②]所以他又把社会控制的法律力量类比成“社会工程”，一如他所指出的，“我认为，这种类比应当由社会工程(engineering)来提供”[③]，而“社会工程被认为是一个过程、一种活动，而不只是一种知识体系或者一种固定的建筑秩序。它是一种作为，而不是数学公式和机械规律按照亘古不变的指定方法而据以自我实现的一种被动工具”[④]。与此相应，庞德又把研究这种社会控制的法理学类比成“社会工程科学”，一如他所说的：“让我们暂时把法理学看成是一门社会工程科学(a science of social engineering)。这门科学所必须处理的事务乃是整个人类领域中可以通过政治组织社会对人际关系进行调整的做法而得以实现的那一部分事务。”[⑤]在1954年修订版《法律哲学导论》(*Introduction to the philosophy of law*)一书中，庞德更是把他关于法律功能之基础的“社会工程”论和“社会控制”观做了“简洁而精彩的”综合[⑥]，“为了理解当下的法律，我

① 参见：Roscoe Pound, *Jurisprudence*, St. Paul, Minn, 1959, vol. Ⅲ, pp. 6－7；尤请参见庞德在本书第七章中对这个问题所做的详尽讨论，第156—165页(此为原书页码即本书边码)。

② 参见：Roscoe Pound, *Interpretations of Legal History*, The Macmillan Company, 1923, p. 151。

③ 同上书，第152页。

④ 同上。

⑤ 同上。

⑥ 博登海默称庞德有关这个问题的论述乃是对法律的基本看法所做的“简洁而精彩的”表述，参见博登海默：《法理学：法律哲学与法律方法》，邓正来译，中国政法大学出版社1999年版，第146页。

满足于这样一幅图景，即在付出最小代价的条件下尽可能地满足人们的各种要求。我愿意把法律看成这样一种社会制度，即在通过政治组织的社会对人们的行为进行安排而满足人们的需要或实现人们的要求的情形下，它能以付出最小代价为条件而尽可能地满足社会需求——即产生于文明社会生活中的要求、需要和期望的社会制度。就理解法律这个目的而言，我很高兴能从法律的历史中发现这样的记载：它通过社会控制的方式而不断扩大对人的需求、需要和欲望进行承认和满足；对社会利益进行日益广泛和有效的保护；更彻底和更有效地杜绝浪费并防止人们在享受生活时发生冲突——总而言之，一项日益有效的社会工程"。[①]

按照庞德的观点，如果我们把法律类比成"社会工程"或把法理学类比成"社会工程科学"，亦即拥有一种庞德所谓的根据当时占支配地位的活动解释事物的类比，那么我们就可以获得很大的益处，因为(1)它有可能产生种种与我们的法律应予适用的当时生活相一致的结果；(2)它既不以形式的和逻辑的决定论为前提条件，也不以实证主义的决定论为前提条件，但是却能够提醒我们：我们在法律方面的所作所为会受到许多因素的限制；(3)它可以为我们提供一种以活动为根据的法律史解释，引导我们不仅把法律制度视作是固有之物，而且也把它们视作是被创造的事物；不仅把法律制度视作是传承至我们的传统之物，而且也把它们视作是人们在此前某个时代创制的事物，并且是那些相信它们和需要它们

① 转引自博登海默：《法理学：法律哲学与法律方法》，邓正来译，中国政法大学出版社 1999 年版，第 147 页。

的人在当下所创制的事物；(4)它还可以为我们提供一种以有条件的活动为根据的法律史解释：人的活动会受到那些计划并从事活动的人的能力、性格和偏好的制约，会受到他们必须使用的材料的制约，会受到他们必须在其间进行工作的环境的制约，也会受到他们为之工作的特殊目的的制约。[①]

第三，一些中国论者乃是在相同意义上使用"社会学法理学"和"法律社会学"(sociology of law)这两个术语的，[②]但是实际情况却并非如此。庞德本人乃是从 1911 年开始使用"社会学法理学"这个术语的[③]，然而他却明确指出，社会学法理学即使与法律社会学有着紧密的关系，也不能被等而视之。一门是应用科学，而另一门则是一种理论科学。那些在欧陆国家接受训练的研究法律社会学的论者和社会学家与美国社会学法理学的倡导者就下述两个问题展开了广泛的争论：首先，前者反对后者关注法律秩序的问题以及司法和行政过程的问题，反对后者除了考虑理论的适用性

① 参见：Roscoe Pound, *Interpretations of Legal History*, The Macmillan Company, 1923, pp. 151 - 152。

② 赵震江、季卫东和齐海滨指出："我们在这里对'法律社会学'与'社会法理学'不做区别。尽管这种区别并非无足挂齿，而且也曾有过一些有意义的讨论，然而我们还是倾向于这样一种意见即二者实质上具有同一含义。"(北京大学法律系法学理论教研室和中国经济体制改革研究所法律室编：《法律社会学》，山西人民出版社 1988 年版，第 20 页)倪正茂也指出，庞德"宣布了他的'社会学法学'亦即法律社会学的纲领"。(倪正茂：《法哲学经纬》，上海社会科学院出版社 1996 年版，第 175 页)本文之所以强调这个问题，并不是因为我认为人们不可以把这两个术语等而视之，而是因为我旨在指出这两个术语在庞德社会学法理学中所存在的区别乃是相当重要的，因此我们不可以用我们自己的主张去遮蔽这两个术语之间所存在的这种区别。

③ Roscoe Pound, The Scope and Purpose of Sociological Jurisprudence, 1911, 24 *Harvard Law Rev.*, 591.

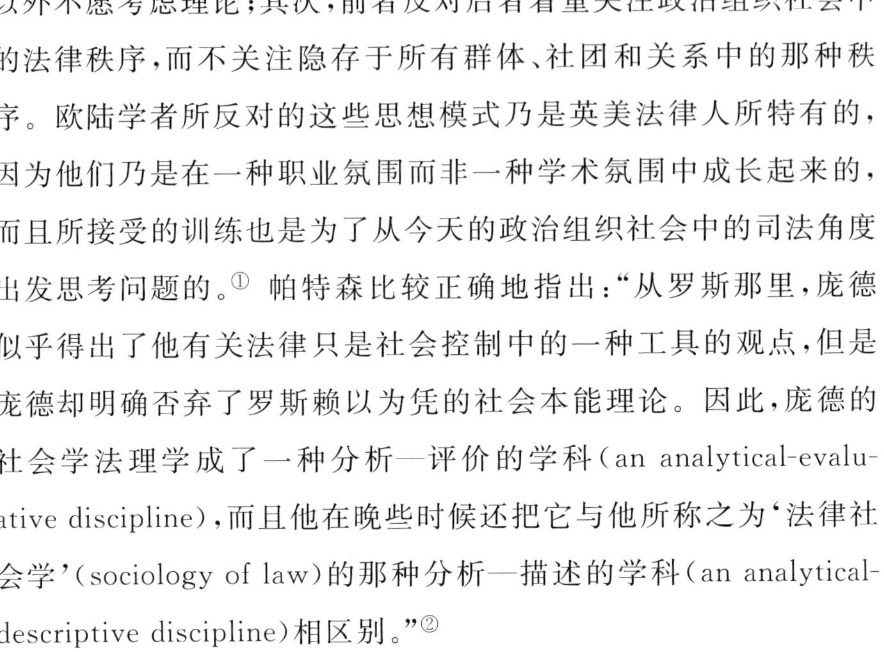

以外不愿考虑理论；其次，前者反对后者着重关注政治组织社会中的法律秩序，而不关注隐存于所有群体、社团和关系中的那种秩序。欧陆学者所反对的这些思想模式乃是英美法律人所特有的，因为他们乃是在一种职业氛围而非一种学术氛围中成长起来的，而且所接受的训练也是为了从今天的政治组织社会中的司法角度出发思考问题的。[①] 帕特森比较正确地指出："从罗斯那里，庞德似乎得出了他有关法律只是社会控制中的一种工具的观点，但是庞德却明确否弃了罗斯赖以为凭的社会本能理论。因此，庞德的社会学法理学成了一种分析—评价的学科（an analytical-evaluative discipline），而且他在晚些时候还把它与他所称之为'法律社会学'（sociology of law）的那种分析—描述的学科（an analytical-descriptive discipline）相区别。"[②]

二、法律人的理性创造

分析法学派把法律（即在指导审判的权威性规则体意义上的法律）视作是立法者刻意创制而成的某种东西，而不论立法者是立

---

① 参见：Roscoe Pound, The University and the Legal Profession, 1940, *Ohio State University Law Journal*, 4, 14－24。

② Edwin W. Patterson, *International Encyclopedia of the Social Sciences*, vol. 12, The Macmillan Company & The Free Press, 1968, "Roscoe Pound", p. 396. 尽管他对庞德所描述的"法律社会学"有所误解，但是根据我的研究，庞德确实反对把社会学法理学视作是那种仅仅旨在探明和描述各民族社会制度的传统"描述性社会学"的一个法理学方面，参见：Roscoe Pound, *Jurisprudence*, St. Paul, Minn, 1959, vol. Ⅰ, pp. 295－296。

法机构还是司法者。历史法学派出于对17—18世纪唯理主义的某种反动而把法律视作是某种被发现的东西，而不是刻意创制而成的东西，而且从长期来看也不可能是刻意创制的东西。哲理法学派因侧重考虑法律中的理想要素而在19世纪赞同历史法学派的观点，即法律不是创制的而是发现的东西；但是，他们通常却不反对权立机构制定法律律令，因为作为一种一般性的命题，他们认为，当原则被发现的时候，它们可以而且应当经由某种哲学方法并通过有意识的方式而被发展成规则并且根据某种哲学判准对它们进行检测。因此，哲理法学派在一般意义上都信奉法典化努力。但是与上述三大法学派不同，社会学法学派则把法律秩序意义上的法律视作是一种社会制度，它既涵括了经由经验而发现法律而且也包括了刻意创制法律这两种方式。他们认为，法律乃是由理性发展起来的经验，而且是得到经验证明的理性。这里的关键在于，我认为，庞德实际上是主张理性对于当下的法律来说乃是最为基本的创制手段，因为传承至我们的传统法律制度虽然对于我们来说是经验，但是它们却是人们在此前某个时代创制的事物，而且当下的法律制度对于我们来说既含有这种特定的经验，也含有那些相信它们和需要它们的人在当下创制它们时的理性。[①] 由于社

① 参见：Roscoe Pound, *Interpretations of Legal History*, The Macmillan Company, 1923, pp. 151－152。尽管庞德反对17—18世纪唯理主义的自然法和19世纪分析法学派的唯理主义，但是在我看来庞德所主张的社会学法理学中实际上也充满了唯理主义的影响，尽管他并不是那种试图依凭理性创制全新法律并认为理性能够创制全新法律的唯理主义者。囿于篇幅，本文只能在这里对这个问题做一番简要的讨论。众所周知，庞德主张在法律制度既有框架中展开“无法司法”的创制法律工作以及他认为法律乃是文明的产物，而这意味着他承认经验的重要性，但是不容我们忽视的是：第一，

会学法理学把法律视作是一种可以经由智性努力而加以改善的社会制度，所以他们认为，法律科学的一个目的就是要使我们能够做出这种智性努力，而法学家的一项使命便是要发现最佳的手段以促进和指导这种智性努力。

关于社会学法理学的这项特征，特别值得我们注意的是庞德

就法律的变化而言，社会学法理学视法律为一种适应特定时空之文明的可以经由智性努力而加以改善的社会制度，而这里的关键在于庞德实际上是主张理性对于当下的法律来说乃是最为基本的创制手段，因为传承至我们的传统法律制度虽然对于当下的我们来说是经验，但是它们却是人们在此前某个时代创制的产物，而且当下的法律制度的发展也依凭于当下的我们创造性理性。第二，就法律如何变化而言，社会学法理学更是强调法律人理性的重要性，因为唯有凭靠法律人经由其理性而确定特定时空之文明的法律先决条件和相关的利益组合，人们才能获致权衡法律及其发展是否有效的目的性判准，而且他所确立的"社会"神才能有所依凭。当然，劳埃德也颇为确当地指出："现代技术的勃兴以及它对人类社会与经济生活的冲击，促使庞德以'社会工程'来解释法律过程。美国社会普遍的乐观态度与对未来的前瞻心理，配合着想把社会中关于人的研究置于真正科学基础上的强烈意愿，创造了一种思想环境，使人似乎有理由相信我们社会中的各种问题，大部分根源于人类的无知，而不是人性中的缺陷。如果能对问题牵涉的各项因素获得真正的了解——这种了解，只能在用科学方法所做的实际研究中去寻求——适当的解决办法就会自行出现。"[Dennis Lloyd:《法律的理念》，张茂柏译，(台湾)联经出版事业公司 1984 年版，第 198 页]因此，在我看来，理性在庞德社会学法理学中有着核心的作用，而这不仅致使他看不到规则产生的另一种基本的方式，即人们在日常生活中形成法律规则的自生自发方式，而且也致使他看不到理性不及的但却确实影响和支配人们行动的那些默会规则，更致使他看不到"人不只是追求目的的动物也是遵循规则的动物"这个基本生活事实。此外，尽管庞德认为，立法的成就不可能比那些观念给立法者所提供的那种法律图景更好，但是他却无法认识到人类在各个方面包括法律方面所取得的实际成就实是人们的知识所无法企及的，而且其间有诸多成就甚至是人之行动但却未意图的结果。关于对唯理主义的批判，请参见哈耶克:《自由秩序原理》，邓正来译，生活·读书·新知三联书店 1997 年版；哈耶克:《法律、立法与自由》(三卷本)，邓正来等译，中国大百科全书出版社 2000 年版；哈耶克:《哈耶克论文集》，邓正来选编/译，首都经济贸易大学出版社 2001 年版；哈耶克:《个人主义与经济秩序》，邓正来译，生活·读书·新知三联书店 2003 年版；拙著:《自由与秩序》(江西教育出版社 1998 年版)和《哈耶克法律哲学的研究》(法律出版社 2002 年版)。

在批判 19 世纪历史法学派的过程中以法律的稳定和变化为架构所提出的一项核心主张，即法律因为是一种社会制度而从内在方面预设了法律人通过智性努力而改善它的可能性，正如黑兹尔坦在“《剑桥英国法律史研究丛书》总序”中所确当评价的：“庞德博士有关法学家作用的富有启迪的思想，乃是他对法律科学所做出的又一项有价值的贡献。在他看来，法学家是——或者至少应当是——法律发展中一支具有创造性和形构性的力量。”① 显而易见，庞德的这项主张至少涵括了这样两个在逻辑上紧密相关的要点。第一，庞德对 19 世纪历史法学派各种法律解释无视法律人的作用的观点进行了彻底的批判。一如我们所知，根据权威做出的解释或以哲学观念代替权威为依据而做出的解释属于僵化且稳定的时期。就研究法律而言，以黑格尔哲学为主要依凭的历史法学派实际上就是这样一种消极且压抑性的思想模式，因为它完全背离了哲学时代那种积极且创造性的法理学思想，尤其是背离了晚期自然法学派相信理性的力量可以在立法中创造奇迹的思想。历史法学派有关法律可以被发现但不能被创制的观点，乃是以一种按照刚性的逻辑机械地建立并加以实施的封闭的规则体系为前设的，更为重要的是，历史法学派在机械自动的法律这个假设背后又设定了一种自我发展的法律史的假设。正是按照这样一幅图景，各种事件和各项制度都是以一种缓慢且有条不紊的方式承前启后前后相继展开的，并且都是通过逐渐演化的方式而趋于完善的。但是正如

① H. D. Hazeltine, “The Jurist's Explanation of Legal Development in England and Elsewhere”(即《剑桥英国法律史研究丛书》总序), Roscoe Pound, *Interpretations of Legal History*, The Macmillan Company, 1923, p. xiii。

庞德所指出的那样，历史法学派在反对自然法理论的过程中朝着相反的方向走得太远了，因为他们据此而试图把所有个体化的创造性因素都从法律适用中切割掉，进而试图把人类经由理性创制法律和发展法律的努力从人类进行有意识努力的领域中完全排除出去。

历史法学派无视人的取向可以见之于下述两个方面：一是它把法律发展这种复杂现象视作是一种纯粹的事件，仿佛人在这些事件的发生过程中根本就是无所作为的。在历史法学派的图景中，行为人是没有意义的，因为人只是在作为具有民族精神的某个民族中的一个特殊范例时才具有意义。因此，他们所思考的只是抽象的人，而不是具体的人——在他们的眼中，真正的行为人只是种种公式或符号而已，因为行为人的行为实质上只是遮盖了其背后真实运动的一种表面现象而已。具体言之，历史法学派的各种解释基本上是经由各自的方式根据行为的条件而非根据行为人本身去解释法律的，亦即是根据外在于行为人的某种东西去解释法律的，因此在他们那里，具体且繁复的法律历史进程变成了某种抽象且绝对的形而上学观念在其间的日益展现和实现的过程，而具体且个殊化的人际关系则变成了表现这种观念的抽象的法律概念。[①] 二是历史法学派在其法律史解释中不仅把诸如律师、法官、

① 关于这个问题，庞德指出："我们不得不认真对待每一起案件中的独特因素，因为这种独特因素要求'对由本能支配的那种特殊情势做彻底的把握或控制'。任何两起疏忽案件都绝不会是一样的。在这类案件中，具有重要意义的并不是这类案件中的一般性特征（亦即机械适用法律规则的做法颇适合于的那些一般性特征），而是那些要求凭直觉适用一项标准的特殊情势。一张汇票中并不存在任何独特的东西，但是人之行为的每一个情形却都是一个独特的事件。"Roscoe Pound, *Interpretations of Legal History*, The Macmillan Company, 1923, p. 155。

法学论者及立法者等法律人的创造性活动这个因素切割了出去，而且还只字未提这些法律人通过创造性的理性或一种创造性的试错过程而在调适或协调各种相互重叠或冲突的权利主张的方面所做出的不懈努力和取得的成就。法律史的伦理解释和政治解释认为，指导法律进化进程的乃是康德所奠定的那种权利和正义的观念或黑格尔所确立的那种自由的观念，因为立法的成就不可能比那些观念给立法者所提供的那种法律图景更好；因此，法学家充其量只能在逻辑整理和系统安排法律律令这项有限的工作中运用这些观念。此外，经济学解释认为，法律人甚至都不具有上述那些有限的作用，因为不仅法律的发展进程是不可避免的，而且法律人也只不过是统治阶级之利益的代言人而已。因此，在历史法学派看来，当法律人宣称自己能够有所作为的时候，他们不是在欺骗自己便是在欺骗公众，或者是在同时欺骗二者。总而言之，历史法学派的这些解释排除了人类的创造性能力，并且把法律视作是人们只能够进行观察的某种东西，而观察法律的目的则是为了证明有关法律发展原则的那些假设；此外，他们还把法律视作是任何法学力量所无力形成的某种东西，只是一种具有不可抗拒之力量的无意识的工具。

历史法学派否定法律人作用的主张和认为批判无益的观点终于在法学研究和司法领域中导致了恶果，套用柯勒的话来说：“对罗马执政官所发布的敕令中的一页文字进行评注，被认为要比探究法律发展的规律重要得多……法律规则成了一个暴虐专横的君主。哲理法学家遭到了压抑。”[1]由于历史法学派认为所有的法律

[1] Kohler, *Lehrbuch der Rechtsphilosophie*, 6, 1909；转引自：Roscoe Pound, *Interpretations of Legal History*, The Macmillan Company, 1923, p. 70。

史因而所有法律的未来发展都必须与某种方案相一致，所以这些方案的专断性也就致使历史法学家放弃了根据法律的实际效用或它们是否能够满足法律秩序的目的对这些法律进行批判的使命，而只是一味地为这些法律进行辩护。此外，耶林也指出，这些观点导致了概念法理学（the jurisprudence of conceptions）的产生，而根据概念法理学，法律概念乃是既与过去的生活没有关系也与今天的生活没有关系的抽象杜撰之物。这意味着一个从历史上抽象出来的概念成了衡量司法行为的唯一标准——这种概念不是用来适应某个特定案件并为该案件带来一个结果的，因为特定案件的结果乃是无足轻重的，重要的是特定案件应当以削足适履的方式去适应这种概念。[①]

立基于上述分析，庞德对历史法学派的实质做了进一步的批判。他指出，对那种试图在进步和发展观念中探寻法律发展方案的历史法学派[②]进行分析以后，我们将认识到，它实际上是在主

① 参见：Roscoe Pound, *Interpretations of Legal History*, The Macmillan Company, 1923, p. 119。

② 参见庞德对这个问题的说明，“19 世纪的法律史论著都有着一个与 19 世纪前的论著根本不同的目的。它们所考虑的并不是那种一成不变的法律，而是一种发展起来的法律。它们通过确立发展原则去探寻法律的稳定性，而所谓确立发展原则，也就是探寻法律发展所遵循的并将继续遵循的路线。它们试图用一种把历史权威观与哲学历史观结合起来的方法将法律的稳定与法律的变化统一起来，而且还试图通过运用权威观为 17 和 18 世纪的法律理论奠定一个历史的基础，作为对某种比立法者或法官本身的宣告具有更高权威的东西的宣称。法律并不是对道德规范的宣称，也不是对作为道德实体或理性动物的人的本性的陈述，而是对经由人类执法经验而发现的那些发展原则的宣称，亦是对文明社会中人类交往经验的那些原则的陈述。那些原则并不是经由理性发现的自然法原则，而是对一种展现于人类经验和各种制度发展过程之中的观念的实现——这种观念需要得到形而上的论证和历史的验证。关于这种认识的整个学说的发展并不是一蹴而就的，但是，这确确实实就是那个在整个 19 世纪法律科学中处于支配地位的学派所遵奉的信条。”同上书，第 9 页。

张:(1)法律史乃是一种绝对给定的基据;(2)进步乃是某种我们可以从其自身内部发现一种基础的东西、一种理性的进步或精神的进步,以及一种蕴涵于观念展现之中的进步;(3)法律史中只有一种单一的因果因素在发挥作用,因此凭靠这种单一观念便足以对所有的法律现象做出全面的说明。由此可见,这样一种历史法学派不仅最终会否认一切有效的和真正意义上的发展和进步,而且根本就不能被认为是一种历史学派,因为它以为自己发现了一条永恒不变的发展道路或一劳永逸地勾画出了一条固定的进步轨迹,而偏离它所设定的那条道路或轨迹,任何运动都是不可能发生的。

第二个要点是庞德在此基础上提出的法律人在法律发展中具有重要作用的观点。一如我们所知,历史法学派的分崩离析乃是与各个领域普遍否弃历史哲学思想和恢复对人类努力之功效的信念——同时要求用创造性哲学取代刚刚走向没落的政治宿命论和法理学悲观主义——的状况相应合的。正是在这种脉络中,庞德指出:"即使观念水火不进且不为其他之物所影响,事实还是会对人产生影响的。于是,人们也会相应地重构这些概念或否定这些概念。人们对事实做出的这种回应,或多或少会受到传统技术和逻辑方法的指导。正是人们做出的这种回应,而不是概念所具有的那种自我发展的内在力量,形构了法律制度、法律规则和法律学说。"[①]因此,与工程师的公式一样,法律秩序意义上的法律不仅代

① 参见:Roscoe Pound, *Interpretations of Legal History*, The Macmillan Company, 1923, p. 124。

表了经验、科学对这种经验的阐释以及这些科学阐释的逻辑发展，而且也代表了人们在用一种发达的手段去认识新方法并系统阐释它们的要求的过程中所具有的创造性的技艺。法律人在对社会事实进行回应时能够通过下述两种方式而在发展法律的进程中发挥自己的作用：一是创造性的立法活动，亦即设计新的制度、提供新的法律律令和发现新的原则这类发明活动，它们主要表现为这样几种形式：(1)确立程序性拟制(procedural fictions)的形式，或者为人们广泛运用的解释、衡平法和自然法的拟制形式；(2)司法经验主义的形式，或者经由司法审判而展开的反复试错或兼容否弃的形式；(3)立法的形式。二是创造性的法律科学活动。这种活动经常从外部吸纳新的因素，并且用类比的方法发展这些新因素或者将这些新因素与现有的法律因素相结合以创制出更新颖的复合物。[①] 这些新的复合物一般来讲并不是某种观念渐次展现的结果，而是人们努力规定某一具体案件的结果——这种努力导致人们适用一种具体的解决方法，而在此之后，其他人则着手进行尝试性的概括，直至人们在最后构设出一种更具包容性的秩序。在上述过程中，那些具有强劲性格的法律人会从现存的各种可能的法律材料之间做出自己的选择或者从使用这些材料的各种可能的方法之间做出自己的选择，并且把他自己的选择强加给同代人，进而为此后数代人标示

① 参见 Roscoe Pound, *Interpretations of Legal History*, The Macmillan Company, 1923, pp. 130 - 131。

出了将要处理的法律材料。[①] 为了说明这个问题，庞德列举了一些促使法律发展的重要的法律人：柯克给严格法的法律结果赋予了一种权威性的形式，曼斯菲尔德使得那种获致系统阐释的严格法得到了解放并且使它成了一种能够在19世纪传遍世界的法律，马歇尔在美国宪法形成时期对美国宪法所做的颇具政治家风格的法律解释使得美国宪法成了一种有效的工具并经受了内战的考验，肯特和斯托里的努力使得美国在19世纪前期接受英国法律的工作具有了可能性。这些法律人之所以特别重要，实是因为他们的努力不仅影响了法律及其发展方向，而且还影响了其他法律人对法律的看法。[②]

由于庞德认为，法律秩序之所以始终能够自我维续，法律之所以能够取代较陈旧的各种社会控制力量并且成为其间的首要社会控制力量——其他各种社会控制力量都成了从属于法律的力量，实是因为法律人在这种努力的过程中始终坚韧不拔并取得了重大的成果，所以庞德号召法律人在为满足日益变化的社会正义需要而改造旧法和创制新法的工作中发挥其应有的领导作用；[③]套用

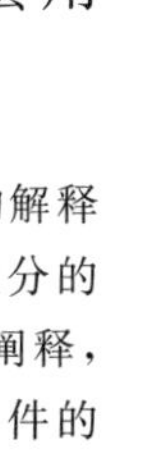

① 然而值得我们注意的是，庞德指出，人们有可能对这样一种著名法律人的解释提出过分的要求，一如人们有可能对19世纪历史法学派中每一种解释都提出过分的要求一般。但是庞德根本就不主张把著名法律人的解释视作是法律现象的唯一阐释，亦即撰写法律史的唯一方法。庞德真正主张的乃是根据那些参与各种法律史事件的人以及他们的个性、性格和偏好（将其视作是各种法律史事件之结果中的一个因素）来看待各种法律史事件这种方法所具有的重要性。参见：Roscoe Pound，*Interpretations of Legal History*，The Macmillan Company，1923，p. 140。

② 参见同上书，第139—140页。

③ 参见：H. D. Hazeltine，“The Jurist's Explanation of Legal Development in England and Elsewhere”（即《剑桥英国法律史研究丛书》总序），Roscoe Pound，*Interpretations of Legal History*，The Macmillan Campany，1923。

庞德本人的话来说："我们必须对19世纪所取得的法律成就进行条理化并做出重述，从而为重新启动司法和法理学的发展奠定一个坚实的基础。在法律经历了19世纪的修正、条理化和系统化的活动（而不是创造性的法理学活动）以后，我们必须再次解放法律并且从外部世界吸纳更多更新的养料。显而易见，这些就是不远的将来的要求，而这些要求则需要有人去做出19世纪的法律科学所没有做出的许多伟大的事情，而且还需要我们坚信人有力量做出19世纪法律科学所没有做出的许多伟大的事情。"①

三、作为法律终极权威的社会利益

就法律的权威性渊源而言，分析法学派主要看到的是法律律令背后的强制力和约束力，因为对他们来说，法律权威的关键在于国家司法机构的强制实施，因此任何不能确获强制实施力的东西都不是法律。这意味着分析法学派所重视的是制裁理论。历史法学派主要强调的是法律律令背后的社会力量。与分析法学派只注重法律背后的政治组织社会的压力不同，历史法学家考虑的是所有形式的社会压力。因此对他们来说，应当从人们服从法律的习惯、从公众情绪和舆论中或从社会上盛行的正义标准中去发现制裁。哲理法学派关注法律律令的伦理和道德基础，而不是它们的

① Roscoe Pound, *Interpretations of Legal History*, The Macmillan Campany, 1923, p. 140.

制裁，因此对他们来说，法律律令的约束力根植于道德基础之中。与上述三大法学派不同，社会学法理学强调法律（即在所有上述三种意义上的法律）所促进的各种社会目的，而不强调法律的制裁。他们认为，法律律令乃是从保障社会利益中获致其终极权威的，即使它们的即时性权威或直接权威源出于政治组织社会。

关于社会学法理学的这个特征，我认为最值得我们关注的是庞德所说的作为法律终极权威的以及法律旨在达致的社会目的，而围绕着这个问题，我们需要强调这样两个方面：

（一）正如庞德所指出的，有三种关于法律目的的理想先后在不同的时期占据着支配地位。[①] 在罗马法和日耳曼法的初期，人们信奉一种颇为简单的维持治安的理想，亦即满足社会对一般安全所提出的最低限度的要求。第二种关于法律目的的理想出现在古希腊政治哲学中和罗马法的古典时期及其成熟阶段中，亦即通过满足社会制度中的社会利益的安全而间接地维持一般安全。中世纪后期，由于人们接受了查士丁尼的法律和亚里士多德的哲学，所以上述那种有秩序地维续社会现状的理想渐渐地也成了这一时期的理想。的确，在由氏族组织社会向一种按照氏族组织模式以政治方式组织的社会的过渡时期，人们的观念很容易从保持氏族组织之间的社会治安转向保持每一个人在城邦国家之社会秩序中的本分和既有地位，并且转向用维持那些决定身份地位及其所包

① 参见：Roscoe Pound, *Interpretations of Legal History*, The Macmillan Campany, 1923, pp. 30－33。

含的权利义务的社会制度来防止公民间的摩擦或冲突。[1] 正是在这种背景下,产生了有关最大限度地保障个人自我主张的第三种理想。这种理想于16世纪开始影响法理学思想,于17世纪获得系统形式,并在形而上学法理学和历史法学派盛行的19世纪得到了充分的发展。这种新图景一开始是作为一种确保人类自然平等地位的政治理论而存在的[2],后来逐渐发展成了一种确保人类自然权利(即人们据以正当拥有某些东西或做某些事情的理想特性)的法学理论[3];此后经过进一步的简化,它又发展成了一种确保人类具有抽象的意志自由的理论。[4]

① 具体言之,庞德指出,古希腊哲学家试图通过彻底摆脱陈旧的部落社会或氏族组织社会的残迹的方式(亦即认为法律把人置于了注定与其"本性"或其"价值"相适应的地位之中并为法律秩序所确定的方式)而使这种社会秩序理想化。罗马法学家则通过描绘实现社会本质(亦即符合上述理想)的社会制度和描绘实现法律本质(亦即与那个维续其所描绘的社会秩序之理想相一致)的法律制度而使古希腊先哲的理论具有了实际效用。中世纪也继承了上述理想,并用它用以指称一种根据各种关系而组织起来的社会,并且认为法律的目的就是通过强制实施对等的权利和义务来维护社会现状;这些对等的权利和义务存在于由传统确立并由权力机构加以保护的各种关系之中。参见:Roscoe Pound, *Interpretations of Legal History*, The Macmillan Company, 1923, pp. 30 - 31。

② 这种理论乃是一种从个人是道德单位因而也是政治单位出发的经院观点;这种理论取代了相互关系的观念,也取代了这些个体单位具有平等的道德权利和道德责任的观念。

③ 这种理论是一种自然法观点;其出发点是这样一种观点,即人是一种理性实体,因此根据这种实体的特质,人能够在一种自然状态中——即在一种理性存在的抽象特质得以充分实现的状态中——与其邻人共同相处。

④ 这种理论乃是19世纪形而上学的观点。这种观点始于这样一个出发点,即个人意识乃是终极的基据;此外,它还认为,法律秩序问题乃是一个调和那些在各种不尽相同的生活活动中独立行使自己意志的个人之间彼此冲突的自由意志的问题。康德据此将权利理论阐述成了一种通过普遍规则而实现调和的理论;他认为,根据这些普遍规则,每个行动者的意志可以与所有其他行动者的意志和谐共存。后来,萨维尼把这种观点变成了一种法律理论,而他的追随者则依照这种法律理论来解释法理学和法律史。

但是，社会学法理学却认为，法律秩序意义上的法律的作用和任务在于确定、承认和保障各种利益以求达到社会控制的目的。美国哲学家威廉·詹姆斯在其所撰写的“道德哲学家和道德生活”(The Moral Philosopher and the Moral Life)一文中，试图确定伦理学上的“善”的本质。他在论证的过程中得出了如下的结论：“在探寻一种普遍原则的过程中，我们不可避免地会被引向这样一项全涉的原则，即善的实质在于满足人的要求。”①他认为，所有的要求实际上都是值得尊重的，而最理想的世界乃是一个在每个要求一经提出以后就能够尽快得到满足的世界。然而，由于理想与现实之间始终存在着距离，所以他提出了这样一个问题，即“难道伦理哲学的指导原则(因为在这个可怜的世界上，人们并没有办法满足所有的要求)就不应当是在任何时候都尽我们的所能去满足尽可能多的要求吗”?② 庞德将这个指导观念中的“在任何时候都尽我们的所能去满足尽可能多的要求”的文字替换成了“在任何时候都尽我们的所能去满足尽可能大的总量”。③ 庞德明确认为，詹姆斯的这番话乃是对法律的任务所做的一种陈述。这是一项旨在调整各种关系和协调人们之间彼此重叠或相互冲突的权利主张、旨在通过规定每个人可以安全地坚持自己的权利的范围来保障各种利益，而且旨在发现那些能够在使更多的权利主张或要求得到满足的同时牺牲更少的权利主张或要求的手段的任务。但是，“在我

① William James, “The Moral Philosopher and the Moral Life”, in *Essays on Faith and Morals*, New York, 1943, p. 201.

② 同上书，第 205 页。

③ Roscoe Pound, *Jurisprudence*, St. Paul, Minn, 1959, vol. Ⅲ, p. 16.

们尽自己所能保障各种利益之前，我们却无法得到安全，而且那些没有得到保障的利益或没有得到满足的要求也都会不停地敦促我们努力去寻找范围更为广泛的解决方法。我们并不指望描绘出一幅可以通过实际调整人际关系而得到实现的法律秩序的图景。然而，如果我们能够就我们试图做的事情以及欲求达到的目标描绘出一幅较为清楚的图景，如果我们能够更为明确地认识到法律秩序乃是在不断地努力实现尽可能多的利益的进程中调整彼此重叠的权利主张和协调相互冲突的要求或愿望的一种过程，那么无意识的扭曲现象也会少得多。换言之，我们越是清楚地认识到我们正在做的事情以及我们为什么做这些事情，我们的社会工程也就会越有效。"①

（二）为了更清楚地认识庞德所说的法律所旨在达致的社会目的及其由此而表现出来的法律功能，我们就必须理解法律所旨在确定、承认和保障的各种利益。② 社会生活表明，各种利益之间之所以会发生冲突或竞争，乃是因为在努力满足人之主张、需求和欲求的过程中个人之间会发生竞争、群体或团体或社团彼此之间会发生竞争、个人与这些群体或团体或社团之间也会发生竞争。如果人们没有对个人把人类生存的物质资料用于满足个人权利主张的做法做出有序的安排，那么人类生存的物质资料就会蒙遭损失或浪费，或者我们至少可以说，人们从人类生存的物质资料中所获

---

① Roscoe Pound, *Interpretations of Legal History*, The Macmillan Company, 1923, p. 157.

② 关于利益问题的讨论，主要请参见：Roscoe Pound, *Jurisprudence*, St. Paul, Minn, 1959, vol. Ⅲ, pp. 15－34，尤其是其间的第15—30页。

得的满足便会大大减少。只有当人们有效地消除和杜绝了人们在使用和运用现有物质资料过程中的摩擦和浪费以后,只有当人们有效地杜绝了对所拥有的财力的纵情享用以后,上述两种情况中的有序化才有可能得到维续。因此,庞德认为,社会科学的任务就在于发现下述各种手段:(1)如何在满足人们的权利主张和要求的过程中不断减少浪费现象的手段;(2)如何在满足人们的权利主张和要求的过程中不断减少摩擦现象的手段;(3)如何使这一过程在满足不断增长的人类需求的方面变得更为有效的手段。由于上述诉求能够经由法律秩序而得到实现或者得到增进,所以它们便被归进了法理学的研究范围之内。这在根本上意味着,如果文明要得到维续和增进,又如果我们不想让社会发生解体和崩溃,那么法律就必须对各种利益做出某种规定,而法律则是通过下述三项手段而达致这一目的的:(1)承认某些利益(个人的、公共的和社会的利益);(2)明确界定范围,在这些范围内,那些利益将通过法律律令(由司法以及今天的行政活动根据一种权威性的技术加以发展和适用的那些律令)而得到承认和获得效力;(3)努力保障在上述明确界定的范围内得到承认的那些利益。就这个问题而言,值得我们注意的是,形而上学法学派主张思考统一和协调问题的观点虽说是正确的,然而它的错误却在于以一种过于狭隘和过于抽象的方式认识统一和协调这项任务,也在于认为一种普遍而抽象的统一能够实现那些必须经由特定时空中的协调和调整工作方能达致的成就。当然,任何试图把那种以科学的方式平衡各种利益并且努力使它们协调一致从而以最小的牺牲来保障最大多数利益的做法视作是决定审判和立法的唯一因素的法学派,也将注定归于

失败，因为正如庞德所说，权利主张、要求或欲望所具有的压力以及社会心理学家告诫我们需要关注的许多东西的压力，都将在不同程度上扭曲法律秩序所做出的实际调整。

当然，庞德对这个问题的讨论始于这样一个命题，即法律并不创造利益，法律只是发现那些急需得到承认和保障的利益。这个命题的设定显然预设了一系列价值准则的必要性，用以决定何种利益应当得到承认、用以确定保障得到承认的利益的范围、用以判断在特定情形中设定实际限度的重要性。因此庞德指出，在确定一个法律体系的范围和对象的时候，社会学法理学必须考虑五个要点：(1)我们必须对急需承认的各种利益拉出一份清单，而且必须对它们进行概括和分类；(2)我们必须选择和确定法律应当承认和努力保障的那些利益；(3)我们必须确定保障按此方式选择出来的那些利益的范围；(4)我们必须对法律据以保障那些得到承认和限定的利益的手段进行权衡；(5)为了完成上述任务，我们还必须确定评价利益的各项原则，而这些原则的主要意义在于确定什么利益应当得到承认以及选择应当得到承认的利益。正是在上述洞见的基础上，当然也是在耶林的利益观念的启发下，庞德提出了他的著名的利益论。他首先把利益界定为“人(无论是个人还是在群体或团体或关系中的人)努力满足的一种要求或欲求或预期，因此，人们在用政治组织社会的强力去调整人际关系和规制人之行为的时候必须对这种利益进行考虑。”[①]需要强调指出的是，利益乃是由个人所主张的，但是这些利益却并不因此而都是个人利益；

① Roscoe Pound, *Jurisprudence*, St. Paul, Minn, 1959, vol. Ⅲ, p. 16.

此外,"我们也绝不能把作为权利主张的利益(法学家使用的那个术语)与作为好处的利益(经济学家使用的那个术语)混为一谈。"[①]根据这样一种对利益的定义,庞德在其雄心勃勃的方案中进一步对法律秩序应予保障的各种利益进行了分类。他把利益划分为三类:个人利益(individual interests:"直接涉及个人生活并以个人生活名义所提出的主张、要求或愿望"),其间包括"人格利益"、"家庭利益"和"物质利益";公共利益(public interests:"涉及政治组织社会的生活并以政治组织社会名义提出的主张、要求或愿望"),其间包括"国家作为法人的利益"和"国家作为社会利益捍卫者的利益";社会利益(social interests:"涉及文明社会的社会生活并以这种生活的名义提出的主张、要求或愿望"),其间包括"一般安全利益"、"社会组织安全利益"、"一般道德的利益"、"保护社会资源的利益"、"一般进步的利益"和"个人生活方面的利益"。[②]

显而易见,庞德关于利益的分类,特别是他关于社会利益的学说,不仅在他的社会学法理学中至关重要,而且在西方法律理论中也是极其著名的。但是不容我们忽视的是,虽说庞德明确意识到立法、司法、行政和法学等活动都必须密切关注如何估量和评价这些利益、根据什么原则来权衡它们彼此之间的相对重要性、在它们发生冲突的时候何种利益应当让位等问题,但是庞德本人却拒绝就评价上述利益的严格价值标准的问题进行表态,因为他认为,在一个时期可能应当优先考虑一些利益,而在另一时期则应当优先考虑其他一些利益:"我认为,法学家所必须做的就是认识这个问

① Roscoe Pound, *Jurisprudence*, St. Paul, Minn, 1959, vol. Ⅲ, p. 23.

② 参见同上书,第 23—24 页。

题，并意识到这个问题是以这样一种方式向他提出的，即尽其可能保障所有的社会利益并维持这些利益之间的与保障所有这些利益相一致的某种平衡或协调"[①]；这显然给法学家提出了一项不确定的任务，但是根据庞德的观点，法理学根本就不可能为法律人提供比此更绝对且更可靠的标准了。[②]

四、特定时空下的法律

分析法学派认为，典型的法律是制定法，因为它是由国家刻意创制的法律类型。历史法学派宣称，法律类型乃是习惯或那些构成了法理传统或判例法的习惯性审判模式。哲理法学派并不必然地偏好任何特定的法律形式。与上述各法学派不同，社会学法理学则把法律的形式主要视作是立法、判例法和教科书法[③]，但是他们更倾向于从功能的角度来看待法律制度、法律学说和法律律令。

由于社会学法理学把法律律令的形式仅仅视作是一个手段的问题，所以他们认为法律的形式乃是这样一个问题，即何者最适应特定时空下的法律秩序的目的。因此我认为，我们在理解社会学法理学这个特征的时候，在前文业已讨论过的作为庞德建构其法律功能论之基础的"社会工程"观或"社会控制"说的情况下，还必须探讨一下一个更为基本的限定性问题。不容我们忽视的是，这

① 转引自博登海默：《法理学：法律哲学与法律方法》，邓正来译，中国政法大学出版社 1999 年版，第 148 页。

② 这个问题涉及庞德关于特定时空之文明的法律先决条件的理解，请参见本文第四部分以及结语部分对这个问题所做的较为详尽的讨论。

③ 参见：Roscoe Pound，*Jurisprudence*，St. Paul，Minn，1959，vol. Ⅲ，p. 416。

个问题在庞德的社会学法理学中乃是极其重要的，因为社会学法理学意义上的法律及其功能并不是抽象的和超越时空的，而是受特定时空限制的。众所周知，每个特定时空的社会都会面临一些社会控制的重大问题，而法律思想家则试图激励他们同时代的人去关注他们各自时空中所存在的那些尖锐且迫切需要解决的问题。因此，在社会制度不平等极为凸显并引发威胁社会基础的强烈不满的社会中，有洞见的法律思想家所提出的法律哲学便会更多地强调平等；在蒙遭混乱和无政府主义所危及的社会制度中，人们会更强调秩序和法律安全；而在一个政治上实行专制主义的社会中，人们则可能更倾向于在政治控制所确定的限制范围内或者甚至在无视这种限制的情形下强调法律中的反专制主义因素和个人自由因素。[①] 由此可见，法律的对象乃是由特定时空的文明所决定的。换言之，由于法律秩序意义上的法律把个人彼此间的关系以及个人的行为（只要它们影响其他人或影响社会秩序或经济秩序）作为自己的对象，而指导司法审判和行政活动的权威依据或规则体意义上的法律则把个人或群体所主张或持有的影响其关系或决定其行为的需求或主张或预期视作自己的对象，所以这些指导司法审判和行政活动的依据或规则体经由其所调整的对象而与特定时空下的文明形成了一种密不可分的关系。这意味着，法律与文明相对，而且不同的法律与不同的特定时空的文明相对。因此，庞德征引柯勒的观点指出，我们必须从下述三个方面来看待法律：“对过去来说，法律是文明的一种产物；对现在来说，法律是维

① 参见博登海默：《法理学：法律哲学与法律方法》，邓正来译，中国政法大学出版社 1999 年版，第 203 页。

系文明的一种工具；对未来来说，法律是增进文明的一种工具。”[①]

按照柯勒的定义，文明就是最大限度地展现人类力量的社会发展。他认为，法律秩序的任务是双重的：维系文明的既存价值和促进人类力量的发展。文明有两个方面：控制外部的或物理的自然和控制内在的或人的本性，然而这两种控制是相互依赖的：一方面，至今经由科学的成就而推进的对外部自然的控制使得人类能够维系地球——使得日益增加的人口有可能获致安全和相对富足；另一方面，对内在的或人的本性的控制则使得科学成就据以实现的调查、实验和研究有了可能性，因为确获保障的和平、免受攻击或侵扰的条件乃是科学取得奇迹所依凭的调查和研究所不可或缺的。[②] 就此而言，庞德明确指出：“诸位一定能够发现，柯勒的解释比以往的任何一种解释都更接近我们所设定的那些要求。”[③]因为：(1)它承认法律史中的创造性因素，但是却不赞同狂妄地否弃旧因素的那种做法以及按照直觉抽象的理据去迷信抽象的理性方案的那种做法，而这是18世纪自然法所犯的错误；(2)它通过承认我们必须认真对待社会历史和法律历史提供给我们的材料而考虑到了法律稳定的必要性，而且也通过认为法律与某一持续变化的特定文明相关而考虑到了法律变化的必要性；(3)它并没有将法律

---

① Roscoe Pound, *Interpretations of Legal History*, The Macmillan Company, 1923, p. 143.

② 参见：Roscoe Pound, *Jurisprudence*, St. Paul, Minn, 1959, vol. Ⅲ, p. 6。

③ Roscoe Pound, *Interpretations of Legal History*, The Macmillan Company, 1923, p. 150. 庞德指出：“如果我们至此以上的论辩得以成立的话，那么我们就需要一种能够考虑到下述四个因素的法律史解释：第一，那些探寻并调适法律材料的人；第二，他们所处理的法律材料；第三，他们工作时的各种情势；第四，他们为之工作的各种目的。”同上书，第141页。

的发展局限在那些确定不变的途径之内，因为每一条确定不变的法律发展途径却只有狭小的拓展空间。[①]

法律的具体规定乃是不尽相同的，但是法律规则的基本要求却是相同的，那就是“通过对事物的强制性安排来维系和增进文明。”尽管庞德非常赞同柯勒的这个观点，尽管他也坚决反对用教条的方式制定一个抽象的普遍法律的方案，但是他还是指出，为了实现法理学和法律的直接目的，我们仍需要有某种比维系和增进文明这样一种观点更为明确的图景。[②] 庞德认为，这种更为具体的图景就是特定时空之文明的法律先决条件——这些法律先决条件既不是整个文明的法律先决条件，也不是法律规则，而是特定时空之文明所预设的法律制度和法律律令应予实现的那些有关正义和权利的观念。由于世界上没有永恒的法律而只有一个永恒的目

① 参见：Roscoe Pound, *Interpretations of Legal History*, The Macmillan Company, 1923, p. 150。需要强调指出的是，柯勒的观点乃是一种动态的社会观念，因此它与古希腊哲学家和古罗马法学家所信奉的那种有关理想型静止社会的观念存在着一种根本的区别。后者认为，由于人类社会时常会出现偏差，所以人们必须根据这种静止的观念类型对其做出纠正。但是这种观点却与柯勒的观点不同，因为柯勒认为，文明是不断进步的，但是文明的进步却并不是一种简单的发展，套用柯勒本人的话来说，“文明乃是按照这样一种方式向前发展的，亦即在现存的文明中有着唾手可得的新文明的种子，而且随着新文明对旧文明的更替，新价值会不断地从旧文明中得到产生”。同上书，第145—146页。

② 这是因为庞德认为，法官头脑中必须有一幅更为详尽的图景，以便在他们发现法律规则、解释法律规则并将法律规则适用于判案的时候为他们提供指导。立法人员的头脑中必须有一幅指导他们制定法律的更为详尽的蓝图。法学家的头脑中也必须有一幅明确的图景，以便在他们构设创造性活动的方向、条理化活动的方向和系统化活动之方向的时候为他们提供指导。此外，法学家还至少应当认识到，这幅图景只不过是一幅适用于特定时空的图景，而且他们也应当有理由对修改这幅图景或彻底重新绘制这幅图景的可能性持欢迎的态度。当然，法学家必须有这样一幅图景，而且也将受到某幅图景的支配，而不论他们是否意识到这幅图景。参见同上书，第147—148页。

标，亦即最大限度地发展人类的力量，所以我们必须努力把特定时空中的法律变成达致特定时空中那个目标的一种工具；又由于任何特定时空下的文明都具有各自的某些特定的法律先决条件，因此为了完成把法律变成达致其目标的一种工具这项任务，法学家就必须确定和系统阐释我们所了解的特定时空之文明的法律先决条件，并且努力形构那些传承至我们的法律材料以使它们能够表达或者实施那些法律先决条件。[①] 值得我们注意的是，从更为具体的角度上看，特定时空之文明的法律先决条件在庞德的社会学法理学体系中乃是作为一种衡量应予得到承认和保障的利益的标准而存在的[②]，所以在这些法律先决条件得到确定以后，立法人员便可以根据这些法律先决条件去修正旧的法律规则和创制新的法律规则；法官便可以按照它们去解释(亦即根据类比来发展和适用)法典和传统的法律材料；法学家便可以根据它们去组织和批判立法机构和法院的工作。[③]

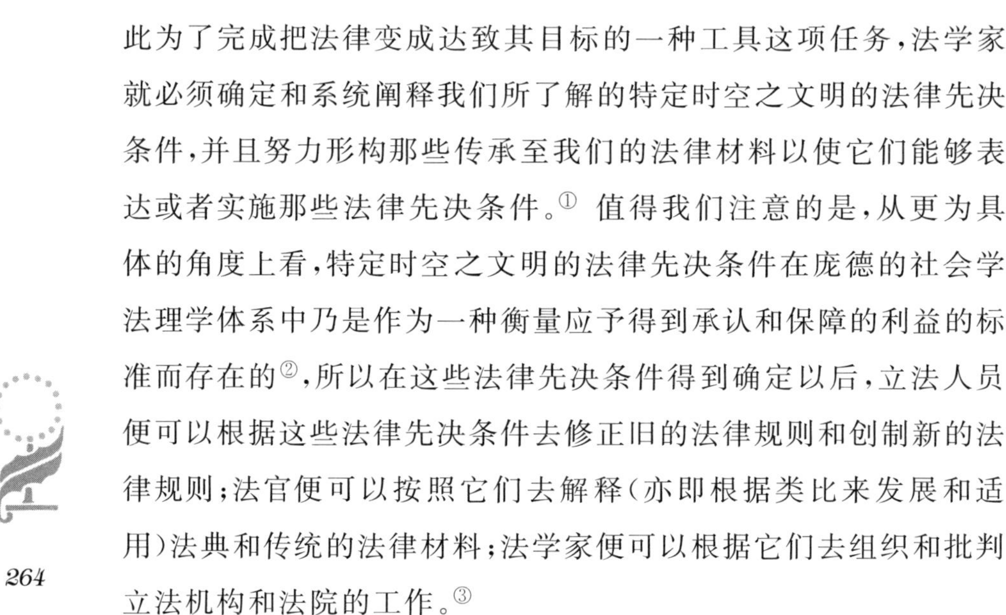

① 参见：Roscoe Pound, *Interpretations of Legal History*, The Macmillan Company, 1923, p. 148。

② 参见庞德五项条件的标题："作为一种衡量应予得到承认和保障的利益的标准的特定时空之文明的法律先决条件"，Roscoe Pound, *Jurisprudence*, St. Paul, Minn, 1959, vol. Ⅲ, p. 8。

③ 关于如何确定特定时空之文明的法律先决条件的问题，庞德指出，在教授法律的方面人们业已发现两种进路模式是有用的。一种模式把得到法律承认或没有得到法律承认的各种项目和旨在保障它们的法律律令视作是特定时空之文明的先决条件，表明每个项目是如何与文明社会生活中的一项前设相符合的。另一种模式是对那些被主张并需要得到承认和保障的预期、要求或欲求拉一份分类清单。一种模式表明了我们期望发现那些得到主张并需要得到承认和保障的东西以及承认和保障它们的依据。另一种模式表明了何者得到了承认和保障以及何者正急需得到承认和保障——就立法和司法的进程所能表明的而言。参见同上书，第7—8页。

正是根据上述对法学家任务的设定，庞德阐发了适用于美国法律领域的先决条件，而其中至少包括以下五项：(1)在文明社会中，人们必须能够假设其他人不会有意识地侵害他们；(2)在文明社会中，人们必须能够假设他们可以出于有益的目的而控制他们发现和占有的东西以供自用、他们通过自己的劳动而创造的东西，以及他们根据现行的社会秩序和经济秩序而获取的东西；(3)在文明社会中，人们必须能够假设他们在一般的社会交往中与之相处的那些人会按诚信方式行事；(4)在文明社会中，人们必须能够假设那些在行为过程中的人会按适当谨慎的方式行事而不至于给其他人带去一种不合理的伤害风险；(5)在文明社会中，人们必须能够假设其他拥有东西或实施力量(它们在其用途领域中无害但在其常规行动的其他方面却是有害的而且还有一种不顾其适当用途范围的自然趋向)的人会约束它们或把它们局限在它们的适当范围之内。[①]

庞德认为，对特定时空之文明的法律先决条件进行阐释这种方法，乃是 20 世纪初法律科学所取得的最为重要的成就之一，因为对这些法律先决条件所做的阐释给人们提供了一种自然法的观点，亦即在法律与文明之间所存在的一种恒久的关系因素，而面对

① 参见：Roscoe Pound, *Jurisprudence*, St. Paul, Minn, 1959, vol. Ⅲ, pp. 8 - 10。值得我们注意的是，朱利叶斯·斯通(Julius Stone)指出，确定特定时空之文明的法律先决条件的方法存在着四大困难，因为这种方法的"完善运作"预设了四项条件：第一，明确界定了空间的文明——亦即"文明区域"；第二，明确界定了时间的文明——亦即"文明时段"；第三，存在着发现这样一套先决条件的可能性，亦即可以在实质上解释特定文明时段之特定文明区域中的所有事实性的要求的先决条件；第四，在任何时空中都可以获得适于承担制定先决条件之任务的人之心智。参见：Julius Stone, *The Province and Function of Law*, 1946, pp. 356 - 368；转引自：Roscoe Pound, *Jurisprudence*, St. Paul, Minn, 1959, vol. Ⅲ, p. 11。

不同的人类文明，这种关系则会使法律先决条件具有不同的内容。因此庞德指出，这种自然法乃是一种经由考察特定时空中的具体文明而得来的自然法，是一种通过努力探寻特定文明所预设的有关权利和正义的观念而得来的自然法，因而也是一种实用的自然法，亦即一种具有不断变化和不断发展之内容的自然法。由此可见，庞德所说的这种实用自然法，既不是对18世纪从抽象的人性中推演出来的普遍自然法的复兴，也不是对19世纪形而上学法学派所主张的那种僵化的自然法的复兴；相反，它是对17和18世纪那部分创造性自然法的复兴，但是却只是对作为某种相对的东西的复兴，而不是对作为某种永远停滞的东西的复兴。①

值得我们注意的是，庞德在这个问题上并不完全赞同柯勒的观点，因为柯勒认为，并不存在一种可以适用于所有文明的普世性的法律制度和法律规则；相反，存在的只是一种普遍的观念，亦即人类文明的观念，而柯勒的这种解释在庞德看来实是一种唯心主义的解释，因为它为我们所提供的只是一种文明观念，亦即只在其内部起作用并在它日益发展和逐渐展现的过程中促使法律发展的那种观念。因此，庞德担忧：(1)与此前的各种唯心主义解释一样，这种解释也会倾向于继续保有19世纪法理学所具有的那种僵化特性；(2)这种解释所具有的黑格尔主义形式会趋于遮蔽人之活动这个因素；(3)那些接受这种解释的法学家会期望文明观念在法律制度、法律规则和法律学说中展现自身并且期望法律在其发展过

① 参见：Roscoe Pound, *Interpretations of Legal History*, The Macmillan Company, 1923, pp. 149－150。

程中得到自我完善，因而这种形式的解释即使不陷入此前不久的法理学悲观主义之中，也会驻步于法理学停滞主义之中。① 与此紧密相关的是，由于柯勒的解释将它的观念当作一种因果关系来对待，所以它为我们提供的并不是一种工具，而庞德的社会学法理学则倾向于一种工具主义者的观点（an instrumentalist point of view）。众所周知，人们通过运用这种工具可以在事后理解法律的发展，组织法律发展的现象，进而使它们适合于法理学的目的。②就法律工具主义观而言，我以为我们可以颇为确当地征引波斯纳经由阐述卡多佐所主张的法律实用主义而对法律工具主义观所做的精彩概括：“我所谈论的是一种态度而不是一种教条；这种态度的‘公分母’是‘一种面向未来的工具主义，它努力运用思想作为一种武器，以便更有效地行动。’本书的大部分都与批判教条有关，并且让实用主义作为一种自然而然的其他选择而出现。……法律规则应当从工具主义的意义上来理解，这意味着可争论性、可修改性和可变化性。”③

五、统合的法理学

分析法学派的哲学观点乃是以边沁和奥斯丁为代表的功利主

① 参见：Roscoe Pound, *Interpretations of Legal History*, The Macmillan Company, 1923, pp. 150－151。当然，这也正是为什么柯勒有关法律的文明解释在20世纪的前十年中得到了社会—哲理法学家（the social-philosophical jurists）中的新黑格尔派学者的大力弘扬的原因之所在。

② 参见同上书，第150页。

③ 波斯纳：《法理学问题》，苏力译，中国政法大学出版社1994年版，第38页。

义；当然，分析法理学观点在欧洲大陆流行开来的关键人物乃是德国的耶林，而他所依据的则是社会哲学派中的社会功利类型（social-utilitarian type）。由于分析法学派信奉刻意立法，所以他们自然倾向于一种立法哲学。尽管功利主义是一种伦理理论，但是它却是边沁为了建构立法理论而倡导和阐发的一种理论，因此庞德认为，功利主义实际上是一种应用伦理学的理论，是一种试图为人们提供一种有效可行的立法规则的立法理论。[①] 通常来讲，历史法学派的哲学立场乃是黑格尔式的历史哲学，因为从试图通过历史研究而发现普遍原则到视历史为人类发现的原则在其经验中的展现或实现不仅是容易的，也是极自然的。因此，伴随着历史法学派中的历史方法，人们始终可以发现某种唯心主义的法律史解释形式在起着支配作用——无论是伦理唯心主义的还是政治唯心主义的；无论是视法律史为一种权利观念逐渐实现或日益展现的记载，还是视法律史为一种自由观念逐渐实现或日益展现的记载。哲理法学派的哲学观点不尽相同，主要是康德、黑格尔和克劳泽学派的哲学观点。与前述三个法学派不同，社会学法理学虽说在开始时都信奉实证主义，但是在20世纪初，他们的哲学观点却发生了分野：有的信奉实证主义、有的信奉不同类型的社会哲理思想、有的信奉极端的经验主义、还有的则信奉新现实主义。但是值得注意的是，社会学法理学家都采用一种实用主义的方法，而这种方法又是与他们各自所信奉的不同的形而上学出发点相一致的。

---

① 参见：Roscoe Pound, *Jurisprudence*, St. Paul, Minn, 1959, vol. Ⅰ, p. 79。

关于社会学法理学的这个特征，我认为最值得我们关注的乃是它对法理学方法的认识，因为这一点常常为论者们所忽视。由于社会学法理学都采用一种实用主义的方法，因此它乃是从功能的角度来看待法理学方法的。具体而言，我们可以把社会学法理学有关法理学方法的认识转换成它所追问的下述三个问题：第一，法理学方法是如何工作的？第二，这些方法在行动中导致了什么后果？第三，这些法理学方法在多大程度上能够使法律实现它的目的，或者说，它们在多大程度上干扰了法律去实现它的目的？[①]正是通过对这三个问题的追问，庞德指出，法理学可以采用四种方法来看待一个发达的法律体系。[②]（1）分析方法。这种方法在于对一个法律体系的律令、对象和结构进行考察，以求通过分析达致它在逻辑上预设的原则、理论和概念，并且在这个基础上对司法和行政审判的权威性材料进行组织。它假定了一种在逻辑上相互依赖的律令体，或者把它视作是一种理想。需要强调的是，这只是一种假定甚或只是一种理想。从来就不存在逻辑上完全相互依赖的律令体。但是为了使法律可以得到传授和得到理解，以及为了使法律的律令与理性相符合，这项假定却是颇有助益的。这种方法乃是人们科学对待一种特定的法律体的最为古老的方法。（2）历史方法。这种方法在于对法律体系及其制度、学说和律令的历史起源和沿革进行探究，以求通过关注法律的过去而揭示当今法律的原则，并且试图根据这些在历史上发展起来的材料对司法和行

① 参见：Roscoe Pound, *Jurisprudence*, St. Paul, Minn, 1959, vol. Ⅰ, p. 91, pp. 20－23。

② 参见同上书，第17—20页。

政活动的权威性材料进行组织。它假定了一种在特定时空的权威性法律材料中达致终极形式的发展连续过程。在19世纪得到承认的三种方法(即分析方法、历史方法和哲学方法)中,历史方法乃是最后发展起来的一种科学对待特定法律体系的方法。作为一般法律科学的一种方法,历史方法形成于哲学方法之后,也是为了反对哲学方法而产生的。(3)哲学方法。这种方法在于对法律体系的制度和学说的哲学基础以及该体系的理想要素进行研究。它试图达致法律体系的哲学预设,并且通过哲学而理解和组织它的理想要素。它假定了人们能够据以对制度、学说和律令进行权衡和批判的各种有关法律目的的理想或各种法律秩序的目的。(4)社会学方法。这种方法在于从功能上研究一种法律体系,亦即把它当作一种社会工具或当作社会控制的一部分进行研究,并且根据法律应予服务的各种社会目的而对它的制度、学说和律令进行研究和批判。它预设了法律乃是社会控制的一种专门化的力量。

尽管人们可以采用上述四种法理学方法来研究一个发达的法律体系,但是庞德却颇具洞见地指出,19世纪法学派所遵循的分析、历史和哲学这三种方法,不是预设了18世纪的自然法(即特定时空之法律多少是对一种理想的律令体的不完善确认),就是预设了一种形而上学的法律理论——作为一种观念的实现。更为关键的是,19世纪的法学派认为,自然法或相关观念应当经由上述三种方法中的一种单一方法而达致。正是基于这一认识,庞德对19世纪法学派有关采用单一方法就能达致法理学的目的的观点进行了批判。[①] 从社会学法理学的角度来看，当分析方法被确立为法律科学中唯一的方法的时候，它导致了两个严重的后果：(1)它在19世纪导向了我们在前文所述的那种概念法理学，其间，新的社会生活情势应当始终根据人们从传统上所确定的概念做出的推论而加以满足，但是根据法律应予服务的目的对法律推理的前提进行批判这一维度却被根本否弃了；(2)它还导向了一种有关法律的命令理论——亦即有关法律只是人之意志的有意识产物的理论，而这种理论则从断然否定传统经验的立场出发促使立法者(立法机构和司法者)无视根据既有的制定法汇编修正规则的必要性。当历史方法被确立为法律科学中的唯一方法的时候，它也经由采用这种单一方法而导致了两种后果：(1)它使法学家把传统法律中作为历史研究之特定形式的核心概念误作是法律科学中必要且基本的概念，进而反对任何与传统历史路线不相符合的改进，或者反对任何与那些被理想化的路线不相符合的改进；(2)它还导致法学家把法律史中的偶发事件误作是普遍法律的必要原则或必要范畴。[②] 当哲学方法被确立为法律科学中的唯一方法的时候，它也经由下述三种的滥用情形而使得哲理法学派在19世纪下半叶变

① 参见：Roscoe Pound, *Jurisprudence*, St. Paul, Minn, 1959, vol. Ⅰ, pp. 91 - 101。但是不容我们忽视的是，它们也有各自的合理成分，尤其是历史法学派和哲理法学派。这里仅列举庞德所认为的哲学方法的重要性，哲学方法在功能上具有三种服务作用：(1)它准确地阐释了社会理想并明确建构起当下有关法律目的的观念，因此可以纠正实践者的幼稚的自然法；(2)它对影响做了理性化处理；(3)它对法学家据以解释或证明过去的规则为正当的各种理由进行了批判。参见同书，第107—111页。

② 参见我在本文第二部分"法律人的理性创造"中对庞德批判历史法学派的观点所做的讨论。

得声名狼藉:(1)与所有法理学方法一样,哲学方法的使用也变得极其机械化。实际上,哲学方法乃是人们在当时用以纠正机械使用分析方法和历史方法的手段,但是哲学方法的机械使用却使得它的主要目的之一落空了;(2)哲理法学派还因为一些基本术语的混乱而造成了人们在认识上的很大困惑;(3)19 世纪的论者在把哲学方法适用于具体问题时的主要目的乃是发现各种原则的特殊理据,而不是用哲学方法对这些原则或其理据进行批判。

显而易见,在庞德看来,任何单一方法都无法有效地服务于法理学,一如沃德(ward)所指出的,任何一种方法对于法律科学来说都绝对不是全能全涉的,而且对于法理学来说,也根本不存在任何一条排他性的通道可言。[①] 然而不容忽视的是,即使法学论者将上述四种方法或其中几种方法统合起来,仍可能导致对法理学极不可欲的结果。这是因为当论者将上述四种法理学方法或其中的几种方法用来研究任何特定法律体系时,他们所采取的研究模式有可能是教条的,也有可能是批判的。前者是指从实然的角度出发阐述它的律令以及它所具有的发展和适用这些律令的技术;后者是指根据分析或历史或哲学或应予服务的社会目的(或者根据所有上述的方面)去考虑什么应当是它的律令以及它所应当具有的发展和适用这些律令的技术。比如说,分析法学派就认为从历史或哲学或社会目的所进行的这种批判根本就不是法理学的一

① 参见:Roscoe Pound, *Jurisprudence*, St. Paul, Minn, 1959, vol.Ⅰ, p. 326。当然,沃德的这个观点乃是以另一个观点为基础的,即所有社会学研究的进路都具有它们的价值,但是人们不能依赖任何一种进路去承担社会科学的全部任务。因此,社会科学没有单一的钥匙,也不存在任何一种全能全涉的方法。

部分，因而只采取教条的法律研究模式。[①] 因此，庞德的社会学法理学主张，在进行法理学研究的时候不仅应当将分析、历史、哲学和社会学这四种方法统合起来，而且还认为根据分析或历史或哲学或应予服务的社会目的（或者根据所有上述的方面）对既有法律进行批判的模式实是法理学中一个极其重要的部分。

与社会学法理学强调法理学方法的统合以及研究模式的结合的主张紧密相关，庞德还坚持认为，尽管社会学法理学不仅把法律视作是社会控制的一项工具，而且，还把分析、历史、哲学和社会学视作是为人们提供使法律秩序成为一种有效的社会控制能动力量之机器的重要部分，但是这并不意味着社会学法理学认为分析或历史或哲学或社会学——无论是单一的还是集合的——能够给我们提供一种全涉的和自足的法律科学。社会学法理学认为，法理学只是社会科学群中的一门科学。[②] 这是因为庞德认为，19 世纪的

① 庞德指出，毋庸赘言，分析法学家描绘的图景有这样一个优点，即在他们的图景中唯有法律而别无其他。但也正是因为此，他们的图景才不如任何其他法学家的图景，因为被描绘的对象并不是一种会耐心地坐以待画的东西，而是一种在不断地发生变化的东西，因此当分析法学家进行描绘的时候，他们所描绘的图景也就成了一幅有关过去某种事物的理想图景了。分析法学家所具有的那种逻辑方案也许可以被用来指导微小的变化，但是实在的法律却是由那些随时随地都在发生的重大变化决定的。而这些重大的变化乃是由法律以外的观念所指导的。参见：Roscoe Pound，*Interpretations of Legal History*，The Macmillan Company，1923，pp. 33 - 34。

② 参见：Roscoe Pound，*Jurisprudence*，St. Paul，Minn，1959，vol. Ⅰ，p. 292。庞德指出：“我之所以在 1911 年开始使用‘社会学法理学’这个术语并且继续使用它，乃是因为这个学派是从那门有关社会的科学……中产生的并且是与它一起发展起来的；再者，该学派还努力把法律科学恰当地置于一门更为宽泛的有关社会的科学之中。”（同书，p. 297）庞德的这个观点所依据的乃是斯莫尔（Small）的观点，即人们渐渐认识到，不仅需要把此前社会学中所采纳的若干方法统合起来并且将这门科学统一起来，而且还需要把社会学与其他的社会科学联系起来。参见同上书，第 326 页。

法理学与其他社会科学的完全分离乃是极不可欲的:一方面,只关注法理学且无视其他社会科学向它提出的各种问题乃是一种错误;另一方面,法学家坚信法理学的自主性和自足性也是不幸的——从一般角度来看,它因致使人们对法律科学所能达致的自主性和自足性的程度产生了一种误识而产生了一种极其狭隘且片面的观点;具体来讲,它必须在很大程度上对下述情形负责:(1)法律在满足社会目的方面的滞后;(2)法律人在承认甚或洞见这些社会目的方面的迟钝;(3)法律思想与当时盛行的观点就社会改革等问题之间存在的鸿沟。我们必须承认,法律在一个孤立封闭的容器中不可能得到健康的发展,而且我们也没有正当的理由以所谓"法律视角"这种专断方式把法律同它周围的构成其"生命"赖以为凭的基础的社会生活隔离开来。

当然,在我看来,庞德有关法理学必须与其他社会科学相结合的主张主要是以他的这样两个观点为基础的:一是他在对 19 世纪历史法学派进行批判的过程中所表现出来的对那种根据单一因素解释法律的做法的根本否定;二是他从法理学所研究的核心问题出发而表现出来的对法理学与其他社会科学之间的"团队作用"(team play)的强调。[①] 第一,正如本文开篇所指出的那样,庞德在批判历史法学派的过程中所指向的主要是唯心主义的伦理学和宗教解释、政治解释、生物学或人种学解释以及各种经济解释。这四种解释既产生于 19 世纪的法律之中,又反过来影响了 19 世纪的法律,而且还对 20 世纪的法律科学产生了重大的影响。在庞德看

① 参见:Roscoe Pound, *Jurisprudence*, St. Paul, Minn, 1959, vol. Ⅰ, p. 327。

来，这四种解释有着一个共同的特点，即每一种解释都试图把握某种单一的重要因素（亦即在努力使那些从昔日文明传承下来的法律材料与当今文明的要求相调适的过程中以及在发现或创造新的法律材料并使它们与旧有的法律材料一起形构成一个颇为和谐的法律制度的过程中或多或少具有重要意义的那种单一因素），并且把这种单一因素确立成自己的法律之神，作为支撑法律律令的不容置疑的权威和法律发展中的终极动因。当然，这些解释之所以努力为所有的法律现象去探寻一种单一的终极动因，实是因为它们是以这样一项未经论证的假设为其基本前设的，即人们只要根据一项从这种单一因素中推论出来的单一原则便能够充分解释所有的法律现象。这就是我所称之为的“以单一因素去阐明所有的法律现象的谬误”。然而，历史经验却表明，任何理论都不可能根据某个单一的和绝对的因素或动因去解释所有的法律现象。在现实生活中，各种社会的、经济的、心理的、历史的和文化的因素以及各种价值判断都在影响着甚或决定着立法和司法；尽管在某个特定时空下，某种社会力量或某种正义理想会对法律产生特别强烈的影响，但是根据单一的社会因素（如权力、经济、心理、种族）或根据单一的法律理想（如权利、自由、安全或人类的幸福），却不可能对社会控制的法律做出全面的解释。[①]

① 另请参见博登海默所持的相同的观点：“只需列举为数不多的几个例子就足以说明进路单一的、维度单一的法律理论只具部分效力，而且在整体上也是不充分的。就法律控制的目的而论，越来越清楚的是：平等、自由、安全和公共利益都不应当被假设为绝对价值，因为它们都不能孤立地、单独地表现为终极和排他的法律理想。所有上述价值既相互结合又相互依赖，因此在建构一个成熟和发达的法律体系时，我们必须将它们置于适当的位置之上。主张理性本身或宣称经验本身应当成为我们司法的指导原则，也同样都是片面的。”博登海默：《法理学：法律哲学与法律方法》，邓正来译，中国政法大学出版社 1999 年版，第 199 页。

第二，庞德认为，有关在最少牺牲整个利益系统并且在最少冲突和最少浪费的前提下为人之需求或预期（亦即那些一直要求或正在要求得到承认和保障的利益）的整个框架提供最全面的安全或保障的问题，从某个角度上讲，实是所有社会科学都必须面对的一个问题；换言之，尽管论者们把它视作法理学中的一个问题，但是从这个问题的较宽泛的方面来看，它却并不只是法律科学中的一个问题，因为这个问题的有效解决乃是通过思考严格法律科学以外的各种社会问题并且求助于一种有关社会的科学而得到实现的。[①] 因此，社会学法理学不仅把法律（即法理学家赋予该术语的所有意义上的法律）视作是——从较宽泛角度看——某种有关社会的科学的一个极其专门的方面进行研究，[②]而且也把上述问题视作是一个特殊的问题加以对待，亦即通过法律秩序，通过业已确立的规范或律令体、发展它们和适用它们的技术以及它们据以得到发展和适用的为人们承认的有关法律目的的理想图景，以及通过司法和行政过程，来实现对人之各种利益的承认和保障。总而言之，一如庞德本人所明确指出的，社会学法理学经由认为一门自主和自足的法律科学的不可能性而坚持社会科学的统合；社会学法理学还坚持认为，法律秩序乃是社会控制的一个方面，因此唯有把它置于整个社会现象背景之中，我们才能理解它。[③]

① 参见：Roscoe Pound, *Social Control through Law*, New Haven, 1942, Lect. Ⅰ。

② 参见：Roscoe Pound, *Jurisprudence*, St. Paul, Minn, 1959, vol. Ⅰ, pp. 344－347。

③ 参见同上书，第 328 页。

结语:“社会”神的建构与批判

众所周知,庞德明确认为,法律的发展史在经历了“原始法”、“严格法”、“衡平法和自然法”和“成熟法”四个阶段以后又达致了“法律的社会化”阶段。[①] 所谓“法律的社会化”阶段,按照庞德的界定,指的是19世纪末以降西方国家的法律发展阶段。这一阶段的法律的重点,乃是从个人利益逐步向社会利益的转化,而法律的目的就是以最低限度的阻碍和浪费尽可能地满足各种社会利益。庞德以美国法律为例,分析了法律社会化阶段的法律的十二个特征,其中主要包括对财产的使用以及对违反社会利益的自由、契约自由、处分权、债权人或受害人的求偿权的限制;无过失损害赔偿责任;公共财产观念;强调社会对被抚养家属的关系;由公共资金支付个人因公共机构造成的损害;保护集团的联合利益,等等[②]。

① 庞德认为,原始法阶段的法,如古希腊法、古罗马的《十二铜表法》、古日耳曼法、盎格鲁—撒克逊法以及《汉穆拉比法典》等,都是为了保持和平、防止无限制的血亲复仇而未从或刚从一般安全控制手段中初步分化出来的原始且简单粗糙的法律。严格法阶段的法(如公元前4世纪的罗马法以及13世纪英国的普通法)乃是以维护一般安全为目的的法,其特征主要是形式主义、硬性和不变性,法律不考虑道德因素,而且权利与义务仅属于具有法律人格的人。衡平法和自然法阶段的法(如英国17和18世纪的衡平法和欧洲同期的自然法)乃是以符合伦理和符合善良道德为目的的法,其特征是法律与道德的一致性、强化义务观念及依靠理性而非专横的规则。成熟法阶段的法(如19世纪欧洲国家的法律)乃是以保障机会平等和安全为目的的法,其特征是彻底的个人权利观念和人皆具有法律人格。此外,庞德还认为,在“法律社会化”阶段以后还有可能出现一个“世界法”的阶段。参见 Roscoe Pound, *Jurisprudence*, St. Paul, Minn, 1959, vol. Ⅰ, pp. 361 – 460。

② 参见:Roscoe Pound, *Jurisprudence*, St. Paul, Minn, 1959, vol. Ⅰ, pp. 457 – 459。

但是需要强调指出的是，在我看来，所谓“法律社会化”的阶段，并不只是一种纯粹的事实展现，而且也是法律人在法律目的的理想图景等因素的影响下所形构的一个结果，更是庞德本人依据他的社会学法理学对法律发展过程中某些因素的强调而做出的界定。因此，与“法律的社会化”阶段相适应，社会学法理学也达到了庞德所说的内部“统合”阶段。所谓“社会学法理学统合”的阶段，乃是指社会学法理学在19世纪与20世纪之交经历了机械阶段、生物学阶段和心理学阶段三个进路的内部发展以后所达致的一个新阶段。这个新的阶段又可以分为两个阶段：一是各种社会学方法达致统合的早期阶段，人们在其间认识到，社会学法理学在此前所采取的每一种发展进路都有助益于整个法律科学，而且其中的任何一种进路都不应当得到排他性的遵循；二是晚期阶段，亦即前文所讨论的分析、历史、哲学和社会学四种法理学方法在社会学法理学中的统合以及法理学与其他各门社会科学达致统合并产生“团队”作用。[①]

当然，在我看来，上文所述的社会学法理学的五大特征以及与其紧密相关的诸多观点，更为明确和更为集中地反映在经由诸多论者所阐释的且由庞德系统阐明的社会学法理学纲领之中。庞德指出，世界各地的社会学法理学家为了使立法（无论是立法机构的或司法的还是行政的立法）以及法律律令的发展、解释和适用能够

① 关于这个问题，我们必须指出，社会学法理学在此后还得到了进一步的发展。塞尔茨维克把社会法学的发展界分为三个阶段：一是“交流看法”的阶段；二是“社会学工匠”的阶段；三是“真正的理性上自治和成熟”的阶段。请参见张乃根：《当代西方法哲学主要流派》，复旦大学出版社1993年版，第131页。

更全面地和更智慧地考虑法律必须赖以为据并且应适用于的那些社会事实，一般都主张下述八点中的一部分或全部：(1)研究法律制度和法律学说的实际社会效果。① (2)为准备立法的工作进行社会学研究。② (3)研究使法律律令实际有效的手段。③ (4)对法律方法进行研究：既要对司法、行政、立法和法学等活动进行心理学的研究，又要对各种理想进行哲学研究。④ (5)对法律史进行社会学的研究；这就是说，不仅要对法律学说如何演变和发展(即仅仅把它们当作法律材料)进行研究，而且还要对这种法律学说在过去产生了什么社会效果以及它们是如何产生这些效果的问题进行研究。⑤ (6)承认个殊化适用法律律令的重要性——亦即承认合理且正当解决个别案件的重要性。但是，在不久以前，人们还往往为了使法律的确定性达致一种不可能达到的程度而牺牲了这个要求。因此，需要对法律适用个殊化的制度进行研究，其间包括对司法过程与行政过程之间的关系进行研究。⑥ (7)强调司法部在普

① 庞德在这项主张上主要征引了坎托罗维茨(Kantorowitz)、埃利希(Ehrlich)、施塔姆勒(Stammler)和萨莱耶(Saleilles)等论者的观点。

② 庞德在这项主张上主要征引了柯勒(Kohler)、巴洛格(Balogh)、加拉诺(Galano)和利瓦伊(Levi)等论者的观点。

③ 庞德在这项主张上主要征引了沙尔蒙(Charmont)、德莫格(Demogue)等论者的观点。

④ 庞德在这项主张上主要征引了埃利希、坎托罗维茨和佩奇(Page)等论者的观点。

⑤ 庞德在这项主张上主要征引了卡多佐(Cardozo)、威格莫尔(Wigmore)、艾萨克斯(Isaacs)和莫里斯(Morris)等论者的观点。

⑥ 庞德在这项主张上主要征引了霍兰兹(Hollans)、卢埃林(Llewellyn)、帕里(Parry)和史密斯(Smith)等论者的观点。

通法国家中的作用。[①] (8)最后，上述各点只不过是达致这样一个目的的手段(当然只是部分手段)，即力求使实现法律秩序各种目的的努力变得更为有效。[②]

关于上述社会学法理学的八点纲领，庞德还在另一个场合做了较为简洁明了的说明。他指出，在社会工程中，人们评判工程人员的标准是他所做的工作，而评判他的工作的标准则是它是否符合该项工作的目的，而不是它是否符合某种理想型的传统方案。因此庞德宣称，与19世纪不同，我们正在开始以一种与工程人员相同的方法来认识法学家、法官和立法者。我们正在着手对法律秩序进行研究，而不是就法律的性质进行争论。我们开始考虑各

① 庞德在这项主张上主要征引了费里(Ferri)、斯诺(Snow)和卡多佐等论者的观点。

② 庞德在这项主张上主要征引了柯勒的观点。关于庞德所概括的社会学法理学纲领，请参见：Roscoe Pound，*Jurisprudence*，St. Paul，Minn，1959，Vol. Ⅰ，pp. 350－358。这里需要强调指出的是：第一，庞德所归纳的社会学法理学纲领中的前七项主张并不是达致法律秩序的目的的全部手段，因为他明确意识到其间还缺失了柯勒所强调的神学手段，一如柯勒所指出的："法学家必须从神学的角度或用神学的方法去研究法律。"(Kohler，Introduction to Rogge's Methodologische Vorstudien zu either Kritik des Rechts，1911，viii)当然，最为重要的是，庞德本人在讨论神学解释的时候也明确承认这种方法的重要性，一如他在《法律史解释》一书中所明确指出的："宗教观念在美国法律形成时期的作用常常是决定性的；再者，如果不考虑宗教，我们就无从全面认识美国法律史，也无法理解19世纪的美国法律。此外，我还感到，我们总有一天会认为，在当今的英国衡平法各项原则的历史形成过程中，宗教观念乃是一个极为重要的因素。……由于宗教解释促使人们去关注一种在法律规则、法律学说和法律制度的形成过程中常常居于首要地位的因素，所以人们绝不应当忽略宗教解释。"(Roscoe Pound，*Interpretations of Legal History*，The Macmillan Company，1923，pp. 24－25)第二，值得我们注意的是，庞德在"社会学法理学的范围和目的"一文中只概括了其中的六项主张，不过在《法理学》一书中又增加了两项主张：一是第四项主张，二是第七项主张。参见沈宗灵：《现代西方法律哲学》，北京大学出版社1992年版，第282页。

种利益、主张和要求，而不是考虑权利；我们开始考虑我们必须确保或满足的东西，而不只是考虑我们据以努力确保或满足这些东西的制度——就好像那些制度本身就是它们为之存在的终极目标似的。我们开始考虑我们对于摆在我们面前有待我们去做的事情做到什么程度的问题，而不只是考虑我们如何做这些事情的问题；我们开始考虑制度是如何运作的，而不只是考虑如何系统完善制度的问题。因此，我们也就越来越多地根据法律秩序（亦即过程）而不是根据法律（亦即经过阐释的经验的规定或规范体系）进行思考；我们也就越来越多地考虑调整各种关系的活动或协调和统一各种主张和要求的活动，而不是去考虑调整本身或者作为一种体系的协调和统一本身——在这个体系中，生活事实就好像一种逻辑必然性似的按照机械的方式安排自己。①

我们必须承认，庞德经由智性创造而非简单效仿的努力所建构的社会学法理学确实在法理学脉络中回答了19世纪分析法学派、历史法学派和哲理法学派未能回答甚或竭力回避的若干问题，而且还因为在关注法律变化的必要性这一基调下强调法律的社会目的、社会基础、社会作用和社会功效而对不同时空中的法律人产生了很大的影响。② 但是我们同样必须指出的是，庞德社会学法

① 参见：Roscoe Pound, *Interpretations of Legal History*, The Macmillan Company, 1923, pp. 152 - 153。

② 庞德的社会学法理学除了对1949年前的中国法律人产生了很大影响以外，还对1978年以后的中国法学界产生了重大的影响，而这种影响最主要的表现便是1989年以前中国的法律人对法律社会学展开的大讨论以及试图建立法律社会学学科的努力。其成果主要表现为北京大学法律系法学理论教研室和中国经济体制改革研究所法律室在1988年编辑出版的《法律社会学》一书（山西人民出版社1988年版）。

理学所达致的相对于19世纪的这些或其他知识增量以及它所产生的影响本身，并不能够当然地成为它免遭批判——亦即源出于与其智性创造相同的那种批判——的理由或豁免权。当然，由于本文所选择的乃是一种以社会学法理学相对于19世纪三大法学派的理论特征为基本框架的论述进路，所以在我们尝试对它进行批判之前，我们还有必要对庞德建构社会学法理学的极其繁复的内在理路做一番简要的重构。

在我看来，第一，庞德在黑格尔历史进化观和柯勒文明观的影响下提出了他有关法律乃是与文明一起按螺旋式方式发展的观念，而这意味着：首先，没有永恒不变的法律而只有一种永恒的目标，即最大限度地发展人类的力量；其次，按螺旋式方式进化的法律内含着表现为传统性经验的理性和当下即时性的理性。[①] 因

① 庞德关于法律既不是相同的又不是完全不同的或者既有传统成分又有创新成分的螺旋式发展的观点，至少可以见之于他的下述三项论辩：(1)庞德指出，17—19世纪的法律秩序的理想图景乃是以个人自由竞争为基础的，但是到了20世纪，这一理想图景已经不再适合了，应当代之以一幅新的理想图景，其中既有社会合作，又有个人自由竞争。(2)庞德指出，法律必须稳定，但又不能静止不变。一般安全中的社会利益促使人们去探寻某种据以彻底规制人之行动的确定基础，进而使一种坚实而稳定的社会秩序得到保障。但是，社会生活情势的不断变化却要求法律根据其他社会利益的压力和种种危及安全的新形式不断做出新的调整。因此，法律秩序就必须既稳定又灵活。如果我们探寻原则，那么我们就必须既探索稳定的原则，又探寻变化的原则。(3)庞德指出，可以据法司法(justice with law)，也可以无法司法(justice without law)。这里重要的是无法司法，即根据某个在审判时拥有广泛自由裁量权且不受任何既定的一般性规则约束的个人的意志或直觉进行的一种行政性的司法。这是应司法个殊化(individualization of justice)的要求而出现的一种司法形式。因此我们可以说，庞德的这些论辩实是由其所信奉的法律发展按螺旋式方式进化的观点所决定的。

此，特定时空的文明限定了法律的时空性，而特定时空文明按螺旋式方式进化的历史观又限定了法律发展的“经验—理性”架构。但是值得我们注意的是，在庞德的社会学法理学中，特定时空的文明并不是直接或者自动限定法律的，而是通过法律人的理性作用而达成的。法律人的理性作用乃是勾连特定时空的文明与法律的关键之链，也是庞德之所以一再强调法律人具有重大作用的根本原因。一方面，法律人经由设定特定时空之文明的法律先决条件而构设出一幅比“最大限度地发展人类的力量”这一目标更为具体的图景：(1)作为一种框架，法律可以在其间得到发展；但是这个框架并不是固定的，因为文明一旦改变了，它也会随之改变。比如说，19 世纪认为契约自由乃是当时的法律先决条件之一，但是庞德却指出，20 世纪初的新时代逐渐承认了一些限定契约自由的新主张。因此，一种缓慢的变化也由此展开，现行的法律规范正是从这种变化中汲取力量并由这种变化决定它们未来发展趋向的。(2)作为一种行动标准，法律人可以依其进行各自的活动；具体言之，它可以在法官发现法律规则、解释法律规则并将法律规则适用于具体案件的时候为他们提供指导；它可以在立法人员制定法律时为他们提供一种更为详尽的指导；它可以在法学家构设创造性活动的方向、条理化活动的方向和系统化活动之方向的时候为他们提供指导。(3)作为一种“实用自然法”的价值判准，法律人可以依其选择和确定法律应予承认和保障的各种利益。另一方面，法律人经由设定作为“实用自然法”的特定时空之文明的法律先决条件而从相应

的社会生活中选择和确定法律应予承认和保障的各种与这些法律先决条件相符合的利益种类。显而易见，正是通过法律人上述两个方面的理性努力，应当被限定在特定时空中的法律在实质上转变成了达致特定时空之社会目的的一种工具，而且被认为与那些法律先决条件相符合的各种利益也在实质上构成了法律调整的对象。

第二，为了实现“最大限度地发展人类的力量”这个文明目标，人们需要通过各种手段对人之本性进行社会控制：要求人们做出最大努力去实现这个目标并制止人们做出与这个目标不相符合的行为。这就是庞德所类比的“社会工程”，而法律则是这项社会工程中的一种工具，因此法律的任务和作用就是通过调整、协调和统合各种彼此冲突或重叠的利益而以最低限度的阻碍和浪费尽可能地满足各种利益。按照庞德前述的观点，在社会工程中，人们评判工程人员的标准是他所做的工作，而评判他的工作的标准则是看他的工作是否符合该项工作的目的，而不是看它是否符合某种理想型的传统方案。[①] 因此，按照庞德的这一类比，我们可以说在社会工程的法律维度上，人们评判法律人的标准是他们从各自角度出发就法律展开的工作，而评判他们立法、司法和法学研究工作之功效的标准则是看它们是否符合上文所说的通过对人之本性的控制而“以最低限度的阻碍和浪费尽可能地满足各种利益”这个法律目的，而不是看它们是否符合形而上学派所建构的某种有关权利

① 参见：Roscoe Pound, *Interpretations of Legal History*, The Macmillan Company, 1923, p. 152。

或自由的先验观念。[①]

经过上文的简要讨论，我们可以明显地洞见到庞德社会学法理学内在理路中的核心环节乃是他对各种利益所做的框架性建构：首先，利益不是先定的权利，因为权利只是业已得到保障的利益，而这意味着法律人必须从经验上去关注在特定时空的文明中究竟哪些利益应当得到法律承认和保障的问题；其次，各种应予承认和保障的利益表不仅是特定时空之文明的法律先决条件的具体推论，而且也是法律人选择和确定这些法律先决条件以及

① 关于对“自然权利”以及由此演化出来的“法律权利”的批判，庞德明确指出，自然权利的理论(the theory of natural rights)，以及作为其结果的 19 世纪的法律权利理论，不仅被用来替代真正的法律秩序，而且也被用来取代法院、法律制定者和法官的实际作为。最初，这种理论认为，自然权利乃是抽象的人的特性，而根据这些特性，人拥有某些东西或做某些事情乃是正当的或正确的。存在于一种自然状态中的抽象的人，亦即存在于一种理想型的至善至美状态中的抽象的人，只能够主张他作为一个理性的道德实体并且根据他的特性以及与他相关的同样作为理性道德实体的其他人的特性所应当拥有的东西。因此，这些特性所意指的东西，便是他所享有的东西。这些东西乃是由被称为自然法的理想型法律律令授予他的，因此被称为实在法的现行法律律令也应当把这些东西授予他并对此进行保障。事实上，这是人们根据一种理想型的、抽象的、理性的人有可能提出的那些抽象的要求而对彼此冲突的各种要求所做的一种哲学上的调和。它描绘了这样一幅图景，其间，人们经由考虑理想型的人的权利主张并且根据在此基础上以理性方式提出的普遍性规则而对人的各种权利主张和要求进行调整。19 世纪，各种自然权利乃是从基本的自由观念中推论出来的权利，因而法理学问题也就变成了如何推论每一项权利的确切范围的问题，以确使每一项权利都可以按照逻辑的方式贯彻下去而不会在彼此之间发生冲突，因为从自由中做出的各种推理并不会发生冲突。因此，这个方面的问题也就被化约成了一个定义问题。由此演化出来的一个间接结果就是要制定出一种切实可行的“法律权利”(legal rights)体系——而根据这种“法律权利”体系，个人的人格利益和个人的物质利益则可以得到有效的保障。但是，试图为各种法律权利进行确切定义的努力却失败了，这是因为第一，这种基本的权利观念并不像人们想象的那样是一个简单的观念，而是一个涉及诸多独特内容的观念；第二，人们所需要的那些协调和调整也是无法从一个简单的自由观念中推论出来的。19 世纪的法律典籍中，便充满了由诸如此类的努力所不断导致或导向的稀奇古怪的逻辑矛盾。参见：Roscoe Pound, *Interpretations of Legal History*, The Macmillan Company, 1923, pp. 158－159。

各种利益赖以为凭的有关法律目的的理想图景的反映；最后，各种应予承认和保障的利益不仅是作为社会控制之工具的法律所调整的对象，而且也是法律终极权威的渊源：它是检测现行法律之社会功效的判准，是为了使现行法律发挥更大功效而对它进行校正或修正的判准，进而也是确定法律未来发展方向的基准——这一判准的关键在于它是一种从法律外部对法律的批判，亦即根据法律应予服务的社会目的对法律推理的前提进行的批判。[①] 显而易见，庞德正是经由社会学法理学这一论证逻辑而为"社会"神的实质性建构铺平了道路，[②]因为他经由各种"社会

① 庞德指出，19 世纪的三大法学派都试图仅根据并且以法律本身为基础而建构一种法律科学。这特别适用于分析学派和历史学派，它们实际上确立了一种根据特定时空下的法律对这种法律的批判。哲理学派在 19 世纪旨在发展一种从外部的批判，但是事实上只是组织了一种根据法律本身对法律的批判。参见：Roscoe Pound, *Jurisprudence*, St. Paul, Minn, 1959, vol. Ⅰ, p. 91。

② 庞德明确指出："一如我们所知，个人自我主张这个简单的自由观念乃是形而上学派的出发点或者是形而上学所认为的那种在法律史中不断实现的观念。人们将认识到，我们在这里乃是在用一个持续发展文明(亦即无限发展人类力量)的复杂观念去取代个人自我主张的那种简单观念。持续发展文明这个观念并不是一种范围狭窄且固定不变的简单观念，而是一种复杂的且日益发展的观念。人们由此可以想到威廉·詹姆斯(William James)所提出的那个日益发展的上帝。如果说这种解释与所有唯心主义的解释一样是用一个重新命名的上帝取代了法律初始阶段中那种神性的权威，那么它至少是一个发展的而且不会因为妒忌而否认人类行动之效力的上帝。"(Roscoe Pound, *Interpretations of Legal History*, The Macmillan Company, 1923, p. 145)显而易见，庞德的"社会"神乃是一种以具有不断变化和不断发展之内容为根本特征的"实用自然法"：第一，这种"社会"神与 17—18 世纪自然法理论所建构的普遍"理性"神不同，因为尽管自然法理论从法律外部对实在法进行批判，但是在一般安全利益的压力下，自然法理论又趋于确立起一种以"事物之本性"或"人之本性"这种哲学权威为基础的"理性"神，因为一旦法律世界依其想象而得到改造，法律进程、法律结构和法律学说就会变得僵化、固化和难以改变。第二，这种"社会"神也与 19 世纪形而上学的僵化自然法截然不同，因为它乃是按照实在法的图景创制一种理想并按照这种理想图景去创制实在法，因此它乃是一种根据法律自身的理想型而对法律展开的批判。

利益”的选择和确定并明确认为所有这些社会利益都要比个人自我实现更为重要(亦即比个人生活中的利益更为重要)而建构起了一种新的具体的特定时空之文明以及他所称之为的“法律社会化”阶段。

因此,作为本文的结语,我将围绕着庞德社会学法理学所建构的这个“社会”神提出若干批判性的观点。当然,本文之所以尝试对庞德的“社会”神进行批判,除了上述有关它在社会学法理学的内在逻辑中具有首位性以外,还有一个我认为极为重要的原因,即一些论者不是误解了这个问题就是没有意识到这个问题可能具有的危害性。比如说,博登海默指出,与康德和斯宾塞不同,庞德主要不是从最大限度地自我维护的角度,而主要是从最大限度地满足需求的角度来思考法律目的的。但是,这并不意味着庞德希望否认法律对关心自己利益的冲动的保护。他说:“自由的个人主张——亦即自生自发的自由活动——与有秩序的合作,这二者都是促进文明发展的力量。”[①]我赞同博登海默有关庞德既强调保障

① Roscoe Pound, *The Task of the Law*, Lancaster, Pennsylvania, 1944, p. 36. 中国的一些法学论者在讨论社会学法理学的时候也显然没有注意到这个问题的负面,参见北京大学法律系法学理论教研室和中国经济体制改革研究所法律室编:《法律社会学》,山西人民出版社1988年版。帕特森(Patterson)也有大体类似的判断,因为他颇有限定地指出:“庞德认为利益观念乃是法律保护的基本要素,因为一项权利乃是一种在法律上得到保护的利益。从这种个人利益的观念出发,庞德提出了公共利益和社会利益的观念。庞德赞同耶林有关社会是最高者以及国家应当隶属于社会的观点。立法与司法乃是这样的过程,其间所发生的就是对利益的平衡以及相互抵触的要求的协调;社会利益占有着如此重要的支配地位,以至于个人利益只应当在一种或多种社会利益得到增进或维护的前提下得到保护。……庞德的理论似乎是敲响了19世纪个人主义的丧钟”。Edwin W. Patterson, *International Encyclopedia of the Social Sciences*, vol. 12, The Macmillan Company & The Free Press, 1968, “Roscoe Pound”, p. 397.

个人利益又强调保障社会利益的判断，因为从庞德所信奉的法律历史螺旋式发展观来看，作为传统性经验的个人利益以及作为当下法律之建构的社会利益都是不可或缺的，但是我认为，我们必须意识到，对于庞德的社会学法理学建构来说，个人利益并非很重要——至少不具有首位性，因为没有社会利益的确立，就不可能有一种所谓新的特定时空之文明的出现，不可能提出“法律社会化”的要求，也不可能建构起这个文明衡量法律之社会功效的社会判准。实际上，庞德本人也承认，“标志着20世纪法理学特点的法律思想在整个世界范围内的态度变化，乃是以承认个人生活中的社会利益为基础的，认为它比个人自我主张更宽泛，也更具包容性。”[①]

沈宗灵在《现代西方法理学》一书中指出，庞德法理学观点中的一个关键问题是：“他是怎样理解‘社会’的？法律的确是一种社会现象，法学也的确应该研究法律和社会的关系、法律的社会目的、作用和效果。但什么是社会呢？”[②]我同意沈宗灵提出的问题，

---

① 参见：Roscoe Pound, *Interpretations of Legal History*, The Macmillan Company, 1923, p. 147。在庞德的社会学法理学中，“社会”神的具体表述可以见之于他的这样一种观点：“自16世纪以降，越来越多的人开始根据个人自我主张的最大化来认识法律目的，而这种现象到了19世纪则变得愈发普遍了。……个人自我主张乃是人的基本本能之一；如果你愿意的话，你也可以把个人自我主张视作是人的基本欲求之一。足够的经验表明，如果人对自由的自我主张的欲求所遭到压制的程度超出了保障其他社会利益所要求的合理妥协的限度，那么其后果是极其严重的。……承认个人生活中存有社会利益的观点乃是当今立法、司法判决，尤其是当今法理学思想的一个重要特点。它是一种新方法，亦即将19世纪历史法学派所努力追求的那种‘自由’观念作为当今努力实现之目标的一种更具包容性的新方法。”同上书，第116—117页。

② 沈宗灵：《现代西方法理学》，北京大学出版社1992年版，第306页。

但是却不赞同他对庞德观点所做的批判[①]。关于这个问题，我个人认为，哈耶克在批判“社会正义”观念的过程中所提出的观点有可能给我们在认识庞德“社会”神时提供某种启示。哈耶克指出：“在我早年致力于对社会正义这个概念进行批判的研究过程中，我始终都有一种无的放矢的感觉；最后，我试图像每个人在遇到这种情况时所应当采取的做法那样，先想方设法把支撑‘社会正义’这个理想的理据视作是正确的。只是在如此尝试以后，我才真正地意识到‘社会正义’这个皇帝原来没有穿衣服；这就是说，‘社会正义’根本就是一个空洞无物、毫无意义的术语。……基于这样情况，我认为，仅仅指出那些试图实现‘社会正义’的特定努力不会奏效这一点是远远不够的，所以我还必须对这样一个问题做出解释，即社会正义这个说法本身是毫无任何意义的，而且使用这种说法的人，如果不是愚昧，那就肯定是在欺骗。……但是必须指出的是，社会正义这个信念在当下所具有的普遍性，与人们在过去普遍相信巫术或点金石的情形一样，都不能证明其目标的实在性。”[②]实际上，早在1957年发表的“什么是社会的？——它究竟意味着

① 沈宗灵在批判庞德观点的时候所依据的是马克思主义的阶级社会观并且认为庞德的法律观是有助益于资产阶级的（参见同上书，第306—307页）；而我之所以不赞同他的批判，实是因为我认为：第一，如果人们试图在阶级社会的论辩与庞德的法律观有助于资产阶级的论辩之间建立起一种因果逻辑关系，那么一般性的判断并不足够。这显然需要论者就这个问题做出更为详尽的具体论证，否则我们就很难回答庞德试图以社会利益取代个人自我主张之教条中的“个人”是谁的问题以及相关的问题。第二，本文的观点认为庞德的“社会”乃是虚构的，参见我在正文“结语：‘社会’神的建构与批判”中对这个问题的讨论。

② 哈耶克：《法律、立法与自由》第二卷，邓正来等译，中国大百科全书出版社2000年版，“社会正义的幻象”的“序言”，第2页。

什么?”一文中,哈耶克就已经强调指出,“从一个语词所可能产生的这种甚少为人所知的影响力来看,我认为,在近百年的岁月当中,‘社会的’(social)这个词在整个政治题域中所发挥的而且还在继续发挥的作用可以说是一个最好的范例。”[①]

依此逻辑,我们可以这样认为,就“社会利益”这个组合词而言,真正重要的乃是这样两个问题:(1)它与社会力量的具体特性毫无关系;甚少有人能够真正解释清楚这个附加上去的形容词“社会的”是什么意思,因为这个词已经变成了一个使它所形容的术语都不再具有其原有的清晰含义的形容词,而且也变成了一个致使这种术语演变成一种具有无限弹性的术语。(2)以自生自发的方式发展起来的东西与国家刻意组织起来的东西之间的区别在这个组合词中被完全遮蔽了,因为如果我们不只是满足于把个人在社会中的独立活动所形成的协调力量视作是社会的,而且还想把只要与社会共同体有任何联系的所有其他东西都视作是社会的,那么我们就会彻底混淆它们之间的本质区别;在这种情况下,生活中原本不是“社会的”东西也就所剩无几或者根本就没有了,而且就所有的东西都已变成“社会的”东西而言,“社会的”这个词本身也就变得毫无意义可言了。哈耶克甚至还据此得出结论认为,大量在今天自称是社会的东西,从“社会的”这个词所具有的更为深层

① 哈耶克:“什么是社会的?——它究竟意味着什么?”,载《哈耶克论文集》,邓正来选编/译,首都经济贸易大学出版社 2001 年版,第 169—170 页。哈耶克在该文中还列举了一系列流行的术语:“社会的利益”、“社会的市场经济”、“社会的法治国”、“社会问题”、“社会的意识”、“社会的良知”、“社会的责任”、“社会的活动”、“社会的福利”、“社会的政策”、“社会的立法”、“社会的正义”、“社会的保障”、“社会的权利”、“社会的控制”、“社会的民主”等。

且更为真实的含义来看，实际上是一些彻头彻尾反社会的东西。

一如前文所述，庞德的“社会利益”说产生了很大的影响，一如帕特森所赞誉的那样，这乃是他对法律哲学做出的“最重要的贡献”，“他关于社会利益的分类，看来包括了立法机关和法院在制定或解释法律时所必须考虑的全部公共政策，至少可以像门捷列夫的化学元素表所起的作用那样……”[①]尽管庞德明确宣称法律并不创造利益，但是不容我们忽视的是，这样的法律却必定会在人们当中创造出要求或主张这些“社会利益”的取向。再者，从“社会利益”这个组合词本身来看，它所设定的乃是这样三项假设：一是“社会”有着所有的人都知道并认可的某些具体利益；二是“社会”应当指导它的个体成员去努力实现和增进这些社会利益；三是“社会”中的成员对应予承认和保障的各种“社会利益”达成了一致的认识——实际上，这种应予承认和保障的“社会利益”只是庞德根据其对特定时空之文明的认识或理想化想象而确定的，再者，这种共识在一个社会成员彼此并不相识而且不知道相同的特定事实的大社会中也根本就是不可能达成的。因此，一方面，“社会”在这里具有了一种双重人格：首先，它是一个有思想的集合体；它有着自己的愿望、主张或需求，而这些愿望、主张或需求则不同于组成它的个人所具有的那些愿望、主张或需求；其次，通过把社会与人等而视之，社会也就变成了某些自称代表着社会利益的既得利益群体或个人的人格化体现。另一方面：第一，为了选择、确定、承认和保障这种“社会利益”，亦即在法律必须对变化了的社会目的有效的

① 转引自沈宗灵：《现代西方法理学》，北京大学出版社 1992 年版，第 295 页。

名义下，就必须创设各种各样的机构和法律制度安排，但是庞德却恰恰没有意识到，正是通过这些机构和法律制度安排，那些旨在要求人们追求特定结果的目的依赖性规则会渐渐地取代那些抽象且一般的目的独立性个人行为规则，亦即导致人们用各种旨在实现和保障"社会利益"的"社会立法"去替代那些个人行为规则，正如劳埃德所确当指出的那样，在现代福利国家中，"某种形式的法律规定几乎渗入了人类社会与经济事务中的每一个层面"[①]；甚至还会一步一步地摧毁自生自发秩序所必须依凭的基础；更为重要的是，那种试图通过各种"社会立法"去实现或保障各种"社会利益"的做法，还必定会渐渐地侵吞个人自由，至少会给个人自由设定种种不正当的限制。第二，与此紧密相关的是，当一些人以"社会利益"的名义要求法律对某些所谓的"社会利益"予以承认和保障的时候，这往往意味着是在要求法律对某个群体既有的相对地位施以保护或者是在要求法律对某个群体既有的利益予以增进；因此，"社会利益"实际上构成了一些个人或既得利益群体谋求利益的理据，甚至还会演变成国家对某些既得利益群体进行保护的理据以及为他们创生新的特权的理据。

显而易见，庞德在根据其所设定的特定时空之文明的法律先决条件而阐发的"社会利益"说的基础上确立的"社会"神，一旦成为法律承认和保障的对象并且成为衡量法律之功效的判准，即使不会即刻扼杀个人自由，也会在一定程度上为某些个人或群体以

① Dennis Lloyd:《法律的理念》，张茂柏译，(台湾)联经出版事业公司 1984 年版，第 321 页。

各种“社会利益”之名侵损真正的个人利益开启“合法”之门。当然，为了预先回应可能性的辩护，我们还可以退一步——亦即撇开庞德在特定时空之文明的法律先决条件与利益框架之中所注入的实质性内容不论——来看庞德的社会学法理学。在一定意义上讲，我们或许可以承认庞德的社会学法理学对于法理学的价值或贡献乃在于它所提出的一种中性的框架——亦即一种以具有不断变化和不断发展之内容为根本特征的“实用自然法”，可以供处于不同特定时空之文明中的法律人根据其特定的法律理想图景或意识形态而确定特定的法律先决条件和利益组合，而套用庞德的话来说“关于这个问题……让人们凭其意愿完全自由地缔结合同是否能够维系和增进文明，乃是一个时间与地点的问题。或者说，法律秩序是否应当在某些情形中和为了某些目的而抑制个人的自我主张，也是一个时间与地点的问题。”[①]但是值得我们注意的是，即使如此，这里的关键问题仍在于法律人既可以在其间注入法治自由主义的内容而使法律成为善法，可以注入极权主义的内容而使法律成为恶法，也可以注入福利国家式的内容而使法律成为规制型法。[②] 当然，这个问题实是庞德以实用主义为依凭的社会学法理学并不旨在关注——而且也无力回答——的问题，因为在我看来，庞德所强调的法律的功效只是有利于特定法律目的理想图景

① Roscoe Pound, *Interpretations of Legal History*, The Macmillan Company, 1923, p. 147.

② 关于这些不同性质的法律，本文的界分只是法律性质连续谱中的明确而极端的类型，而在这个连续谱中，上述三种类型之间实际上还存有若干性质混杂的类型。因此，本文的界分只是为了论证的方便而采取的一种策略。

的功效，而不论这种特定的法律目的理想图景为何[①]；换言之，实用主义的法律思想往往把法律的功效与法律的性质这两个虽有联系但却截然不同的问题混为一谈：凡是对特定法律目的的理想图景有用的和有效的法律，就是具有“真理”性质的法律。但是，这决不意味着这种实用主义意义上的“真理”性质的法律就一定是善法。[②]

由此可见，庞德的“社会”神乃是一种以具有不断变化和不断发展之内容为根本特征的“实用自然法”，换言之，尽管庞德的“实用自然法”与只关注单一因素的17—18世纪和19世纪各种“自然

① 庞德本人明确承认：“这种法律理想图景对实际司法的重要性很容易被忽略。我们绝不能忘记，那些律令乃是根据法官头脑中的理想图景而获得其形式的，得到解释和得到适用的；此外，对那些图景的批判乃是一种对我们称之为法律中的一种决定性的要素所做的批判。”（Roscoe Pound, *Jurisprudence*, St. Paul, Minn, 1959, vol. Ⅰ, p. 89）但是，在庞德的社会学法理学中，庞德又能根据什么进行这种批判呢？实际上，庞德所设定的检测法律功效的特定时空之文明的法律先决条件以及据此阐发的利益说，都是可以因法律人所信奉的意识形态以及有关法律目的的理想图景的不同而变得截然不同的。

② 关于这个问题，我们可以举一个极端的事例来说明：假设法西斯德国的法律与自由美国的法律相对于最大限度地发展人类的力量这个目的而言——并假设它们对于根据各自设定的特定时空之文明的法律先决条件而确定的各自利益表而言——都是有效的，但是显而易见，这两种法律在性质上却是截然不同的，前者是恶法，而后者则被认为是善法。当然，关于实用主义哲学对手段—目的以及功效—真理的看法，我们可以从庞德的这样一个观点中见出：“实用主义之所以认为行为具有效力，并不是因为行为能够实现某种理念，而在于行为对其目的来说是有作用的；当然，实用主义还认为目的是有效的，因为这些目的能够最大限度地满足人类的需求。”（Roscoe Pound, *Interpretations of Legal History*, The Macmillan Company, 1923, p. 11）另请参见：William James, *Essays on Faith and Morals*, New York, 1943；詹姆斯：《实用主义》，陈羽纶等译，商务印书馆1979年版；万俊人：《现代西方伦理学史》，北京大学出版社1995年版，第259—281页；王守昌等：《现代美国哲学》，人民出版社1990年版，第一部分，第29—61页。

法”截然不同，但是他的这种“实用自然法”仍是一种“神”，亦即一种世俗的信奉“消费主义”的“社会”神。因此，我们还需要对庞德社会学法理学中的这样一个问题做进一步的追问，即这样一种并不能确保法律达致或通向一种善法的法律理论在其更强调法律变化之必要性的意义上究竟还具有多少实质性的价值——尽管在我看来，这样一种法律理论对于法律史解释仍不失为一种颇有助益的分析架构。不过，我们还是应当承认，庞德的社会学法理学正是在这个意义上为法理学论者开放出了一个极其基本的问题，即假如我们还希望坚守社会学法理学的其他观点，那么我们又如何可能在这种情势下建构出一种关注法律性质的法律理论？显而易见，这个问题的设定，不仅要求我们在关注法律功效问题的同时必须关注法律性质的问题，而且还在更深的层面上要求我们必须打通关注这两种问题所依凭的两种哲学观。当然，在我看来，这个问题更是处于制度转型和社会变迁的中国法学论者所必须直面且思考的头等重要的法理学大问题。

图书在版编目(CIP)数据

法律史解释/(美)罗斯科·庞德著;邓正来译.—北京:商务印书馆,2017
(汉译世界学术名著丛书:120年纪念版:珍藏本)
ISBN 978-7-100-14508-4

Ⅰ.①法… Ⅱ.①罗… ②邓… Ⅲ.①法学—思想史—世界 Ⅳ.①D909.1

中国版本图书馆CIP数据核字(2017)第153758号

汉译世界学术名著丛书
(120年纪念版·珍藏本)
法律史解释
〔美〕罗斯科·庞德 著
邓正来 译

商 务 印 书 馆 出 版
(北京王府井大街36号 邮政编码100710)
商 务 印 书 馆 发 行
北京新华印刷有限公司印刷
ISBN 978-7-100-14508-4

2017年12月第1版 开本710×1000 1/16
2017年12月北京第1次印刷 印张18¾
定价:95.00元